krok po kroku
Polski

POZIOM 1

IWONA STEMPEK, ANNA STELMACH
SYLWIA DAWIDEK, ANETA SZYMKIEWICZ

**SERIA PODRĘCZNIKÓW
DO NAUKI JĘZYKA POLSKIEGO**
DLA OBCOKRAJOWCÓW

Polski, krok po kroku zanurzy Cię w polskim środowisku, gdzie będziesz zmuszony używać polskiego na okrągło, w rozmaitych sytuacjach codziennych. Wraz z grupą przyjaciół z różnych krajów zamieszkasz w Krakowie - najbardziej znanym na świecie polskim mieście o wspaniałych zabytkach, bogatym życiu kulturalnym i niepowtarzalnej atmosferze miasta uniwersyteckiego. Szybko odkryjecie, że miejsce to idealnie nadaje się do nauki polskiego, a także do przeżycia niepowtarzalnych wakacji. Będziecie razem nie tylko uczyć się języka, lecz również chodzić na zakupy i do restauracji, gotować, zwiedzać ciekawe miejsca oraz poznawać polską kulturę. Z gościnnością Polaków i ich zwyczajami, zaznajomicie się mieszkając w polskiej rodzinie. W tajniki języka wprowadzą was doświadczone i pełne entuzjazmu lektorki, dla których nauczanie polskiego jest największą życiową pasją.

Polski, krok po kroku will immerse you in the Polish environment and you will have no choice but to use Polish all the time, in all types of everyday situations. Together with a group of friends from different countries you will live in Krakow – the most popular city in Poland, a seat of learning, a city of magnificent monuments, rich cultural life and unforgettable atmosphere. You will quickly discover that this is the place for studying Polish and an ideal location for exceptional holidays. Together you will not only learn the language, but also go shopping, eat in restaurants, cook, visit interesting places and discover Polish culture. Living with a Polish family, you will have the chance to experience Polish hospitality and become familiar with Polish customs. Experienced and enthusiastic teachers, who treat their work as a genuine passion, will show you the ins and outs of the Polish language.

Polski, krok po kroku heißt völlig ins Land einzutauchen und so die Sprache rund um die Uhr in den verschiedensten alltäglichen Situationen nutzen zu können und zu müssen. Wohnen werdet ihr gemeinsam mit anderen internationalen Teilnehmern in Krakau – der bekanntesten polnischen Stadt mit außergewöhnlichen Sehenswürdigkeiten, reichem Kulturleben und dem einmaligen Flair einer Universitätsstadt. Schnell entdeckt ihr, dass diese Stadt nicht nur zum Polnischlernen perfekt geeignet ist, sondern dass man hier auch unvergessliche Ferien verleben kann. Ihr lernt nicht nur gemeinsam, sondern macht auch Einkaufstouren, besucht Restaurants, kocht, besichtigt interessante Orte und lernt die polnische Kultur kennen. Die Gastfreundschaft der Polen und ihre Sitten und Bräuche erlebt ihr in einer polnischen Gastfamilie. Erfahrene, enthusiastische Sprachlehrerinnen führen euch in die Geheimnisse der Sprache ein. Für sie ist ihr Beruf zur Leidenschaft geworden.

IWONA STEMPEK
Moją największą pasją są podróże.
Travelling is my greatest passion.
Meine größte Leidenschaft sind Reisen.

ANNA STELMACH
Jestem konkretna i kreatywna.
I am straightforward and creative.
Ich bin zielstrebig und kreativ.

SYLWIA DAWIDEK
Wolny czas najchętniej spędzam z przyjaciółmi.
I like spending my free time with friends.
Meine Freizeit verbringe ich am liebsten mit Freunden.

ANETA SZYMKIEWICZ
Uwielbiam polską wiosnę.
I just adore spring in Poland.
Ich liebe den polnischen Frühling über alles.

Dodatkowe informacje o autorkach patrz strona 181.
You will find more information about the authors on page 181.
Zusätzliche Informationen über die Autorinnen – siehe Seite 181.

Jak korzystać z podręcznika i platformy internetowej e-polish.eu zobacz na stronach 178 i 179.
The information on pages 178 and 179 explains how to use this handbook and the internet platform e-polish.eu
Wie das Buch und die Internetplattform zu nutzen sind – siehe Seiten 178 und 179.

bohaterowie

Mami, **Angela**, **Uwe**, **Tom** i **Javier** przyjechali do Krakowa z różnych zakątków świata, aby uczyć się polskiego. Choć są postaciami fikcyjnymi, to mają swoje pierwowzory w uczących się z nami studentach. Każdy z nich z innego powodu podejmuje naukę, ale wszyscy dzielnie radzą sobie z językiem i nową sytuacją. Wspólnie spędzony czas - nauka, zabawa, bliższe i dalsze wyjazdy, wspieranie się w trudniejszych momentach stają się zaczątkiem ich przyjaźni.

Mami, Angela, Uwe, Tom and Javier have come to Krakow from different parts of the world to learn Polish. Although these characters are fictitious, they are based on real students that have learnt Polish with us. They take up studying Polish for different reasons, but all of them approach the language and new situation enthusiastically. The time they spend together – learning, having fun, going on long and short trips, helping each other in difficult moments – becomes the beginning of a friendship.

Mami, Angela, Uwe, Tom und Javier sind aus verschiedenen Ländern der Welt nach Krakau gekommen. Obwohl es fiktive Figuren sind, kann man ihre Typen unter unseren Studenten finden. Die Gründe, warum sie Polnisch lernen, sind bei jedem unterschiedlich. Trotzdem versuchen alle tapfer mit der Sprache und der neuen Situation klarzukommen. Gemeinsam verbrachte Zeit – Lernen, Spielen, nahe und ferne Ausflüge, gegenseitige Unterstützung in schwierigeren Momenten sind der Anfang ihrer Freundschaft.

MAMI

Mami przyjechała z Japonii, chce studiować malarstwo na Akademii Sztuk Pięknych w Krakowie.

Mami comes from Japan and wants to study painting at the Academy of Fine Art in Krakow.

Mami ist aus Japan gekommen, sie will Malerei an der Akademie für Bildende Künste in Krakau studieren.

Angela jest Angielką, chce mówić po polsku, ponieważ jej rodzina pochodzi z Polski.

Angela is English and wants to speak Polish because her family comes from Poland.

Angela ist Engländerin, sie möchte Polnisch sprechen, weil ihre Familie aus Polen stammt.

ANGELA

UWE

Uwe Stein to niemiecki biznesmen, potrzebuje polskiego ze względów zawodowych.

Uwe Stein is a German businessman and needs Polish for his job.

Uwe Stein ist ein deutscher Geschäftsmann, er braucht Polnisch aus beruflichen Gründen.

Javier Pérez jest z Argentyny. Polski to dla niego po części hobby, a po części szukanie nowego pomysłu na życie.

Javier Pérez comes from Argentina. For him Polish is partly a hobby and partly a way to look for new inspiration in life.

Javier Pérez kommt aus Argentinien. Polnisch ist für ihn sowohl Hobby, als auch die Suche nach einem neuen Lebensstil.

KAROL I KAROLINA

Karol i Karolina to sympatyczne rodzeństwo. Ona lubi fotografować i robić zakupy. On uwielbia czytać i chodzić po górach.

Karol and Karolina are brother and sister. She likes taking photos and shopping. He loves reading and trekking in the mountains.

Karol und Karolina sind ein sympathisches Geschwisterpaar. Sie fotografiert gern und geht gern einkaufen. Er liest und wandert für sein Leben gern.

Tom jest z USA, uczy się polskiego, bo jego dziewczyna jest Polką.

Tom comes from the USA and he is learning Polish because his girlfriend is Polish.

Tom ist aus den USA, er lernt Polnisch, weil seine Freundin Polin ist.

TOM

Państwo Maj to jedna z polskich rodzin, która gości u siebie przyjeżdżających na kursy studentów. **Joanna Maj** – ekonomistka, ale także świetna gospodyni. Robi fantastyczne pierogi. **Grzegorz Maj** jest informatykiem. Zwykle towarzyski i gadatliwy.

The Majs are one of the Polish families hosting students from the course. Joanna Maj – an economist, but also a skilled housewife. She makes fantastic pierogi. Grzegorz Maj is a computer specialist. Usually sociable and talkative.

Herr und Frau Maj sind eine der polnischen Familien, die die Studenten bei sich aufnehmen. Joanna Maj ist – Betriebswirtin, aber auch hervorragende Hausfrau. Sie macht fantastische Piroggen. Grzegorz Maj ist Informatiker. Er ist gesellig und redet gern.

PAŃSTWO MAJ

JAVIER

		KOMUNIKACJA	SŁOWNICTWO	GRAMATYKA	STR.
01_	Pierwszy dzień w szkole.	powitania, pożegnania przedstawianie się	podstawowe zwroty	alfabet liczebniki 0 – 10	6
02_	Cześć, skąd jesteś?	Co słychać? Skąd jesteś? Gdzie mieszkasz?	dane osobowe	zaimki osobowe koniugacja -m, -sz czasownik: być liczebniki 11 – 29	12
03_	Mami, kto to jest?	Kto to jest? Co to jest? Czy to jest…?	rzeczy w klasie podstawowe przymiotniki kolory	mianownik l. poj. rzeczowników i przymiotników ten, ta, to	20
04_	Jaki jesteś?	prezentacja siebie i innych	opis osoby przymiotniki	koniugacja -ę, -isz / -ysz	28
05_	Jesteś instruktorem tanga?	Kim jesteś? Czym się interesujesz? Ile masz lat?	zawody zainteresowania	narzędnik l. poj. liczebniki 20 – 100 formy: rok, lat, lata	34
06_	Co robisz? Nudzę się!	Co lubisz robić? wyrażanie posiadania	podstawowe czasowniki hobby sport	koniugacje: -m, -sz; -ę, -esz; -ę, -isz / -ysz; zaimki: mój, twój	40
07_	Małe zakupy.	Ile kosztuje? zakupy	kiosk galeria handlowa	biernik l. poj. rzeczowników i przymiotników liczebniki 100 – 1000	46
08_	Mami, jesteś głodna?	Co lubisz jeść? Z czym jesz kanapkę? wyrażanie preferencji	posiłki jedzenie	narzędnik l.mn. rzeczowników i przymiotników przymiotniki odrzeczownikowe czasowniki: jeść, pić, woleć	52
09_	Lubisz marchewkę?	zakupy	owoce, warzywa supermarket	mianownik i biernik l. mn. rzeczowników niemęskoosobowych	58
10_	Uwielbiam polskie jedzenie!	kawiarnia restauracja	dania, potrawy, desery	dopełniacz l. poj. -negacja zaimki osobowe w narzędniku	64
11_	Rodzina.	Czyj? Czyja? Czyje? Jak często? Kiedy?	rodzina pory dnia zawsze, zwykle… nigdy	zaimki dzierżawcze	70
12_	Co robisz w poniedziałek o ósmej?	umawianie się na spotkanie zapraszanie	godziny dni tygodnia	liczebniki porządkowe 1 – 24	78
13_	Gdzie byłaś Mami? Byłam w kinie.	Co robiłeś? Co robiłaś?	spędzanie wolnego czasu	czas przeszły czasowniki: jeść, pójść	84

spis treści

		KOMUNIKACJA	SŁOWNICTWO	GRAMATYKA	STR.
14	Z przewodnikiem po Krakowie.	pytanie o drogę	obiekty w mieście	czasowniki: iść / chodzić jechać / jeździć zaimki osobowe w bierniku	92
15	Karton czy pudełko?	zakupy wyrażanie prośby	ilości i miary opakowania poczta	dopełniacz l. mn. rzeczowników i przymiotników zaimki osobowe w dopełniaczu rekcja liczebników	98
16	Co ma być, to będzie.	plany na przyszłość	pogoda pory roku miesiące andrzejki	przysłówek czas przyszły złożony	106
17	Plotki, plotki. Kto z kim i o czym?	Podoba ci się? wyrażanie uczuć i opinii pozytywnych / negatywnych	samopoczucie	*lubić / podobać się* deklinacja zaimków osobowych	112
18	Pokaż mi swoje mieszkanie...	Gdzie to jest? opis mieszkania	mieszkanie: pomieszczenia i sprzęty; lokalizacja przedmiotów	miejscownik l. poj. i l. mn. przyimki: *na, w, przy, o, po*	118
19	Wszędzie dobrze, ale w domu najlepiej.	szukanie i wynajmowanie mieszkania	lokalizacja przedmiotów	przyimki statyczne	124
20	Podróże kształcą.	dworzec PKP	kierunki geograficzne atrakcje turystyczne w Polsce	przyimki statyczne i dynamiczne	130
21	Kiedy to było?	Kiedy? W którym roku? życzenia	pary aspektowe biografia	aspekt w czasie przeszłym daty	136
22	Dokąd pojedziemy na weekend?	Co robisz w weekend? telefonowanie	plany na weekend	aspekt w czasie przyszłym	144
23	Za małe? Za duże? W sam raz!	zakupy komplementy	ubrania materiały i wzory	stopniowanie przymiotników konstrukcje: *mieć na sobie / nosić + biernik*	150
24	Jak cię widzą, tak cię piszą.	u fryzjera w studio fitness wyrażanie aprobaty i dezaprobaty	wygląd zewnętrzny części ciała	stopniowanie przysłówków	158
25	Ani ręką, ani nogą...	u lekarza u dentysty dawanie rad	idiomy związane z częściami ciała	czasownik: *powinien*	166
26	Same problemy!	wymiana informacji prośby reklamacje	usługi wypadek kradzież	tryb przypuszczający czasowników: *móc, chcieć*	172

pięć _ 5

PIERWSZY DZIEŃ W SZKOLE
Lekcja_01

komunikacja
powitania, pożegnania
przedstawianie się

słownictwo
podstawowe zwroty

gramatyka
alfabet
liczebniki 0-10

tak, nie, proszę, dziękuję, przepraszam, nie rozumiem, nie wiem, proszę powtórzyć

nowe słowa

A SEKRETARIAT - PREZENTACJA

Cześć, jestem Tom, a ty?

Jestem Agnieszka Polańska.

Miło mi.

DIALOG_1
Sekretarka: *Dzień dobry. Jestem Agnieszka Polańska.*
Studentka: *Dzień dobry. Nazywam się Mami Takada.*
Sekretarka: *Bardzo mi miło.*
Studentka: *Miło mi.*

101A1

DIALOG_2
Student: *Cześć, jestem Tom, a ty?*
Studentka: *Cześć, jestem Mami.*
Student: *Miło mi.*
Studentka: *Mnie również.*

101A2

nieoficjalnie
Miło mi cię poznać.

uniwersalnie
Miło mi.
Bardzo mi miło.

Miło mi pana poznać.
Miło mi panią poznać.

oficjalnie

6_ sześć

Ćwiczenie 1

Proszę posłuchać i uzupełnić dialogi.

A
Sekretarka: *Dzień dobry. Jestem Agnieszka Polańska.*
Studentka: *Dzień dobry. Nazywam się Mami Takada.*
Sekretarka: *Bardzo mi miło.*
Studentka: *Miło mi.*

B
Student: *Cześć, jestem Tom, a ty?*
Studentka: *Cześć, jestem Mami.*
Student: *Miło mi.*
Studentka: *Mnie również.*

Ćwiczenie 2

Proszę uzupełnić dialogi.

A Ty i sekretarka.
Sekretarka: *Dzień dobry. Jestem Agnieszka Polańska.*
Student: ....
Sekretarka: *Bardzo mi miło.*
Student: ....

B Ty i koleżanka.
Student: ....
Studentka: *Cześć, jestem Mami.*
Student: ....
Studentka: *Bardzo mi miło.*

POWITANIA - POŻEGNANIA

01

Pierwszy dzień w szkole | sekretariat - prezentacja

siedem_7

B) ALFABET

01

To jest polski alfabet. Proszę posłuchać i powtórzyć.

/a/	a	Adam
/ą/	ą	są
/be/	b	bar
/ce/	c	co
/cie/	ć	ćma, być
/de/	d	dom
/e/	e	Ewa
/ę/	ę	gęś, się
/ef/	f	film
/gie/	g	grupa
/ha/	h	herbata
/i/	i	imię
/jot/	j	ja
/ka/	k	kolor, kto
/el/	l	lekcja
/eł/	ł	łatwo
/em/	m	mam
/en/	n	noc
/eń/	ń	koń
/o/	o	okno
/o kreskowane/	ó	ósma, Kraków
/pe/	p	pan
/er/	r	rozumiem
/es/	s	sens
/eś/	ś	śnieg, coś
/te/	t	to
/u/	u	ulica
/wu/	w	woda
/igrek/	y	syn, dobry
/zet/	z	zebra
/ziet/	ź	źle
/żet/	ż	że

c	cena		s	sens
cz	czas		sz	szansa
ci	ciemno		si	się
ć	ćma		ś	śnieg
d	dom		n	noc
dz	dzwon		ni	nic
dż	dżungla		ń	koń
drz	drzwi		z	zebra
dzi	dzień		ż	żona
dź	dźwig		zi	zima
			ź	źle

h=ch	herbata, chleb
rz=ż	rzeka, żona
u=ó	ulica, ósma

Ćwiczenie 1
Proszę powtórzyć.

być, dym, dziecko, jak, żakiet, książka, rower, Rzym, rzadko, szybko, silny, drzewo, drżeć, fotografia, bank, restauracja, program, interesujący, kino, teatr, plan, projekt, komputer

Ćwiczenie 2
Co mówi lektor?

a) cześć
b) ....
c) ....
d) ....
e) ....
f) ....
g) ....
h) ....

Ćwiczenie 3
Co mówi lektor?

a)	**krzywy**	grzyby	l)	zimno	ciemno
b)	sześć	cześć	m)	ze	że
c)	dziewięć	dziesięć	n)	młoda	moda
d)	szybko	sitko	o)	chata	kata
e)	grzeczny	grzeszny	p)	wódka	łódka
f)	jeden	żaden	r)	sen	syn
g)	prasować	pracować	s)	kaseta	gazeta
h)	cudy	cudzy	t)	chart	żart
i)	ładny	łatwy	u)	tom	dom
j)	drugi	długi	w)	proszę	prosię
k)	mały	małe	y)	Chiny	siny

KLASA PREZENTACJA C

01

OFICJALNIE

- Jak się pani (pan) nazywa?
- Jak pani (pan) ma na imię?
- Nazywam się Takada. Mami Takada.
- Mam na imię Mami.

NIEOFICJALNIE

- Jak się nazywasz?
- Jak masz na imię?
- Mam na imię Mami.
- Nazywam się Takada. Mami Takada.

Jestem _Bond. James Bond._
Mam na imię _James._
Nazywam się _James Bond._

DIALOG_1
Angela: Cześć, jestem Angela, a ty?
Tom: Mam na imię Tom. Bardzo mi miło.
Angela: Miło mi.

101C1

DIALOG_2
Mami: Cześć, jestem Mami Takada. Jak się nazywasz?
Angela: Miło mi. Nazywam się Angela Brown.
Mami: Bardzo mi miło.

DIALOG_3
Uwe: Cześć, mam na imię Uwe.
Tom: Miło mi cię poznać, jestem Tom.
Uwe: Miło mi.

Ćwiczenie 1  101C2
Proszę posłuchać i uzupełnić.

Nauczycielka: Dzień _dobry_. Nazywam się Iwona Stempek. .... nauczycielką. **Proszę się przedstawić.**
Angela: Prze... prze... - ojej, ... rozumiem!
Nauczycielka: „Przedstawić się" to znaczy: „Jak się pani ....?", „Jak się pan nazywa?". Prezentacja.
Angela: Aaa, nazywam .... Angela Brown.
Nauczycielka: **Proszę powtórzyć:** „przed-sta-wić się".
Angela: „Przed-sta-wić się" Uff! Skomplikowane!

Ćwiczenie 2 101C3
Proszę uzupełnić.

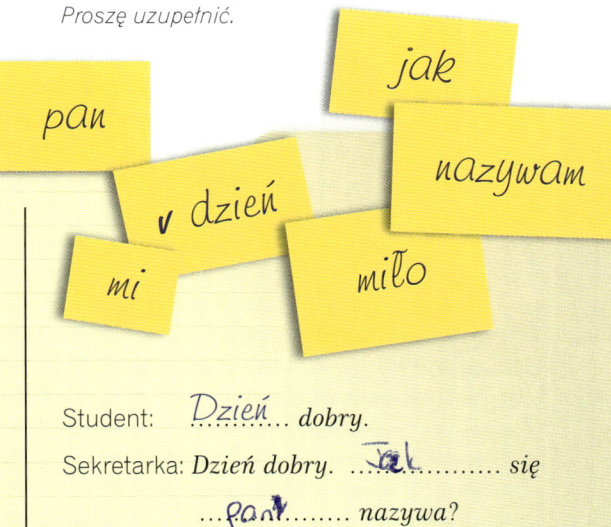

Student: _Dzień_ dobry.
Sekretarka: Dzień dobry. _Jak_ się _pan_ nazywa?
Student: _Nazywam_ się Uwe Stein.
Sekretarka: Bardzo _mi_ miło.
Student: _Miło_ mi.

Pierwszy dzień w szkole | klasa - prezentacja

dziewięć_9

D PRZERWA
GDZIE JEST... ?

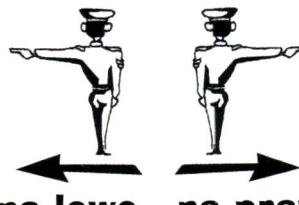

na lewo   na prawo

tutaj   tam
tu

PONIEDZIAŁEK Spacer po Krakowie
WTOREK Film
ŚRODA Warsztaty fonetyczne
CZWARTEK Wieczór w PUB-ie
PIĄTEK Film
SOBOTA Wycieczka: Tatry i Zakopane
NIEDZIELA

DIALOG_1
Angela: *Przepraszam, gdzie jest toaleta?*
Nauczycielka: *Toaleta jest tam, na prawo.*
Angela: *Dziękuję bardzo.*

DIALOG_2
Mami: *Przepraszam, gdzie jest Internet?*
Sekretarka: *Komputery są tutaj. Internet jest gratis.*
Mami: *Dziękuję pani bardzo.*

DIALOG_3
Tom: *Przepraszam, gdzie jest woda?*
Angela: *Tu jest woda. Kawa, herbata i cukier są tam.*
Tom: *Dziękuję.*

DIALOG_4
Mami: *A co to jest?*
Sekretarka: *To jest program kulturalny.*
Mami: *Program kulturalny? Co to jest?*
Sekretarka: *To coś specjalnego: film, spotkanie, specjalna lekcja.* (something)
Mami: *Aha, rozumiem.*

☑ tak ☐ nie   Przepraszam, gdzie jest toaleta?   ? Mam pytanie. Czy tu można palić?   proszę ♥ dziękuję

E NIE ROZUMIEM.
PROSZĘ POWTÓRZYĆ!

Proszę powtórzyć.
Proszę przeliterować.
Proszę przeczytać.
Proszę napisać.

Nie wiem.
Nie rozumiem.
Co to znaczy?
Mam pytanie.

DIALOG_1
Nauczycielka: **Proszę przeliterować** swoje imię i nazwisko.
Uwe: **Nie rozumiem. Proszę powtórzyć.**
Nauczycielka: Proszę przeliterować imię i nazwisko.
Uwe: Aha, rozumiem U-w-e S-t-e-i-n.
Nauczycielka: Dziękuję.

DIALOG_2
Nauczycielka: **Proszę powtórzyć** „szkoła".
Angela: Szkoła.
Nauczycielka: Dziękuję, a teraz **proszę przeliterować** „szkoła".
Angela: S-z-k-o-ł-a.

DIALOG_3
Nauczycielka: **Proszę przeczytać** dialog i **proszę napisać** ćwiczenie.
Tom: **Mam pytanie, co to znaczy** „szkoła"?
Nauczycielka: „School".
Tom: Dziękuję bardzo.
Nauczycielka: Proszę.

DIALOG_4
Uwe: **Mam pytanie**, jak się mówi po polsku „tired"?
Nauczycielka: „Zmęczony".
Uwe: Jestem bardzo zmęczony.

Ćwiczenie 1 [101E3]
Proszę dopasować.

📖   **proszę powtórzyć**

💬   **proszę przeliterować**

✏️   **proszę przeczytać**

a-b-c   **proszę napisać**

Ćwiczenie 2 [101E4]
Co pasuje?

1. Proszę przeliterować „dom".
2. Proszę powtórzyć „dziękuję".
3. Proszę powtórzyć „szkoła".
4. Co to znaczy „dziękuję"?
5. Co to znaczy „dom"?
6. Proszę przeczytać „dom".

A. *Dziękuję.*
B. *Szkoła.*
C. *Nie wiem.*
D. *„d-o-m"*
E. *Dom.*
F. *Thank you.*

01

F LICZEBNIKI

Ćwiczenie 1 [025] [101F1]
Proszę posłuchać i uzupełnić.

siedem ✓	dziesięć
sześć ✓	jeden ✓
dwa ✓	zero
trzy ✓	osiem ✓
pięć	dziewięć ✓
cztery ✓	

0 zero
1 jeden
2 dwa
3 trzy
4 cztery
6 **sześć**
7 siedem
8 osiem
9 dziesięć 7?
10 dziewięć

Ćwiczenie 2 [101F2]
Proszę uzupełnić i połączyć z cyfrą.

j_e_d_e_n   ④   _d_wa

③   t_r_zy   ⑦

si_e_d_e_m   ②   ⑨

⑩   sze_ś_ć   _c_ _z_tery

①   d_z_ _i_esię_ć_   ⑥

dz_i_ewię_ć_   ⓪   p_i_ę_ć_

⑤   ⑧

z_e_r_o_   os_i_em

Ćwiczenie 3 [026] [101F3]
Co mówi lektor?

a) O
b)
c)
d)
e)
f)
g)
h)

POWTÓRZENIE G

DIALOG 1 — DANE PERSONALNE [101G1] [027]

Sekretarka: **Imię?**
Studentka: *Mami.*
Sekretarka: **Nazwisko?**
Studentka: *Takada.*
Sekretarka: **Narodowość?**
Studentka: *Jestem Japonką.*
Sekretarka: **Adres?**
Studentka: *Kraków, ulica Spacerowa 9.*
Sekretarka: **Numer telefonu?**
Studentka: *12 639 84 57.*
Sekretarka: *Dziękuję.*
Studentka: *Proszę.*

DIALOG 2

Nauczycielka: *Dziękuję i do jutra.*
Mami: *Dziękuję, do widzenia.*
Tom: *Do jutra!*

Do zobaczenia!   Do widzenia!   Do jutra!   Cześć!

CZEŚĆ, SKĄD JESTEŚ?
Lekcja_02

komunikacja
Co słychać? Skąd jesteś?
Gdzie mieszkasz?

słownictwo
dane osobowe

gramatyka
zaimki osobowe; koniugacja -m,-sz
czasownik: być; liczebniki 11-29

nowe słowa
co słychać? wszystko w porządku, wszystko dobrze, dlaczego, uczyć się polskiego
pracować, mój chłopak, moja dziewczyna, moje hobby, chcieć, bezokolicznik

A DANE PERSONALNE

Dzień dobry
Nazywam się Tom Peterson

Ćwiczenie 1
Proszę posłuchać i uzupełnić.

A   *Angela Brown*

Sekretarka: Dzień dobry. Jak .....*się*..... pani ....?
Studentka: Nie ....
Sekretarka: .... i nazwisko.
Studentka: Aha, ... Angela Brown.
Sekretarka: Skąd pani ....?
Studentka: ...., nie rozumiem.
Sekretarka: Z Anglii? Z Francji? Z Niemiec?
Studentka: .... z Anglii.
Sekretarka: .... pani mieszka .... Krakowie?
Studentka: Adres?
Sekretarka: Tak, tak. Adres w ....
Studentka: Kraków, ... Długa 3.
Sekretarka: Tak, w porządku. .... Angela Brown z Anglii, intensywny .... języka polskiego. To jest pani .... studenta, segregator i ....
Studentka: Dziękuję .... Do widzenia.
Sekretarka: .... bardzo. Do widzenia.

B   *Tom Peterson*

Student: .... dobry.
Sekretarka: Dzień ...., jak się pan nazywa?
Student: Nazywam się Tom Peterson.
Sekretarka: .... pan jest?
Student: Przepraszam, proszę ....
Sekretarka: .... pan jest?
Student: Jestem z ....
Sekretarka: .... pan .... w Krakowie?
Student: Nie rozumiem.
Sekretarka: .... w Krakowie.
Student: Aaa, rozumiem. .... Urzędnicza ...., mieszkanie numer ....
Sekretarka: Tak, Urzędnicza 10 .... 3.
Student: Przez?
Sekretarka: Tak, 10 przez 3 to znaczy: dom numer 10, mieszkanie 3.
Student: Aha, dziękuję.
Sekretarka: Proszę.

ANGELA BROWN
adres:
Kraków, ul. Długa 3, tel. 12 429 40 51
e-mail: angela@student.glossa.pl

B CO SŁYCHAĆ?

02

Co u ciebie?

A u ciebie?
Dziękuję, wszystko dobrze.

Co słychać?
Co u pana/pani słychać?
Co nowego?

| Dziękuję, wszystko świetnie. / wszystko dobrze. / wszystko w porządku. Nic nowego. Po staremu. | A u ciebie? A u pana? A u pani? |

102B1

"what's up?"   all good

DIALOG_1
Tom: Cześć, co słychać?
Uwe: Cześć. Dziękuję, wszystko dobrze, a *ty*?   all ty
Nauczycielka: Nie „a ty?", ale „a u ciebie?" Proszę powtórzyć.
Uwe: Dziękuję, wszystko dobrze, a u ciebie?
Tom: Dziękuję, wszystko w porządku.

DIALOG_2
Nauczycielka: Angela i Uwe. Proszę teraz dialog oficjalny.
Uwe: Dzień dobry. Co u pani słychać?
Angela: Dzień dobry. Dziękuję, wszystko świetnie, a u pana?
Uwe: Dziękuję, w porządku.

DIALOG_3
Tom: Cześć, co u ciebie?
Mami: Cześć. Nic nowego.

Ćwiczenie 1 102B2
Transformacja: oficjalnie → nieoficjalnie
„Dzień dobry" → „Cześć"

 Mami: Dzień dobry. Co u pana słychać?
Uwe: Dzień dobry. Dziękuję, wszystko dobrze, a u pani?
Mami: Dziękuję, w porządku.

Mami: ....
Uwe: ....
....
Mami: ....

Ćwiczenie 2    102B3
Proszę uzupełnić.

a) c _z_ eść
b) c__ s_yc_ać
c) ws_ys__o _ po__ąd_u
d) _o u ci_b_e
e) n_c n_w_g_
f) dz_ęk_j_ _szy_t_o św_et_i_
g) _o st_re___

Cześć, skąd jesteś? | Co słychać?

trzynaście _13

C GDZIE ONA JEST?

BYĆ *Proszę uzupełnić.*

l. poj.		l. mn.	
(ja)	jestem	(my)	jesteśmy
(ty)	jesteś	(wy)	jesteście
on / ona / ono	jest	oni / one	są

jesteście ✓
jestem ✓
są ✓
jesteśmy ✓
jest ✓
jesteś ✓

on + on
on + ona → **oni**
on + ono

ona + ona
ona + ono → **one**
ono + ono

on → **pan**
ona → **pani**
ono → **dziecko**

pan + pan → **panowie**
pani + pani → **panie**
pan + pani → **państwo**
panowie + panie → **państwo**

Ćwiczenie 2 102C2
on? ona? ono? oni? one?

a) Gdzie jest Angela? *Ona* .... jest tam.
b) Gdzie są Tom i Uve? .... są tam.
c) Gdzie są Angela i Mami? .... są tam.
d) Gdzie jest Tom? .... jest tam.
e) Gdzie są Angela i Tom? .... są tam.
f) Gdzie jest dziecko? .... jest tam.

Ćwiczenie 1 034 102C1
jestem? jesteś? jest?

Uwe: Mami, gdzie ty *jesteś*........?
Mami: .... tutaj.
Uwe: A gdzie .... Angela?
Mami: Angela .... tam.

Tom: Gdzie wy ....?
Mami: (my) .... tutaj, a oni .... tam.

Angela: Gdzie .... pani Sylwia?
Sekretarka: Nie wiem.

Uwe: Gdzie .... Angela i Mami?
Tom: One .... tam.

Student: Gdzie .... toaleta?
Studentka: Tam.

Mami: Pani Maj .... w domu, pan Maj .... w pracy. Państwo Maj .... w Krakowie.

Angela: My .... w Krakowie i wy też .... w Krakowie.

Nauczycielka:
Pan Uwe i pan Tom to .... panowie.
Pani Angela i pani Mami to .... panie.
Pani Maj i pan Maj to .... państwo.

Ćwiczenie 3 102C3
Proszę połączyć.

ja, pan, wy, ty, państwo, panowie, one, pani, ona, oni, my, ono, panie, on

jesteś, jesteście, jestem, jest, jesteśmy, są

SKĄD JESTEŚ? GDZIE MIESZKASZ?

02

DIALOG 1

Nauczycielka: *Skąd pan jest?*
Uwe: *Przepraszam, nie rozumiem.*
Nauczycielka: *Ja jestem z Polski. A pan, skąd pan jest? Z Niemiec? Z Francji? Z Anglii?*
Uwe: *Jestem z Niemiec.*
Nauczycielka: *Ja mieszkam w Krakowie, a pan? Gdzie pan mieszka?*
Uwe: *Mieszkam w Berlinie.*

DIALOG 2
Uwe: *Skąd jesteś?*
Angela: *Jestem z Anglii.*
Uwe: *Gdzie mieszkasz?*
Angela: *Mieszkam w Londynie.*

SKĄD jesteś?
Jestem z...
Anglii
Niemiec
Francji
Hiszpanii
Włoch
Austrii
Rosji
USA

GDZIE mieszkasz?
Mieszkam w...
Londynie
Berlinie
Paryżu
Madrycie
Rzymie
Wiedniu
Moskwie

MIESZKAĆ

l. poj.		l. mn.	
(ja)	mieszkam	(my)	mieszkamy
(ty)	mieszkasz / mieszkast	(wy)	mieszkacie
on/ona/ono	mieszka	oni/one	mieszkają

Proszę uzupełnić.

mieszkasz ✓
mieszkacie ✓
mieszkam ✓
mieszkamy ✓
mieszka
mieszkają ✓

Ćwiczenie 1
mieszkam? mieszkasz? mieszka?

Tom: *Gdzie ty* mieszkasz?
Angela: Mieszkam *w Londynie, a Mami* mieszka jest *w Tokio.*

Angela: *Gdzie oni* mieszkają?
Uwe: *Oni* mieszkają *w Europie i my też* mieszkamy *w Europie.*

Mami: *Ja teraz* mieszkam *w Krakowie z polską rodziną, a wy gdzie* mieszkacie?
Uwe: *(ja)* .... *w hotelu.*
Mami: *A gdzie* .... *Angela i Tom?*
Uwe: *Nie wiem, gdzie oni* ....

Mami: *Gdzie pani* ....?
Nauczycielka: .... *w Krakowie.*

Uwe: *Gdzie* .... *państwo Kowalscy?*
Nauczycielka: *Państwo Kowalscy* .... *w Warszawie.*

piętnaście _ 15

Ćwiczenie 2
Proszę połączyć.

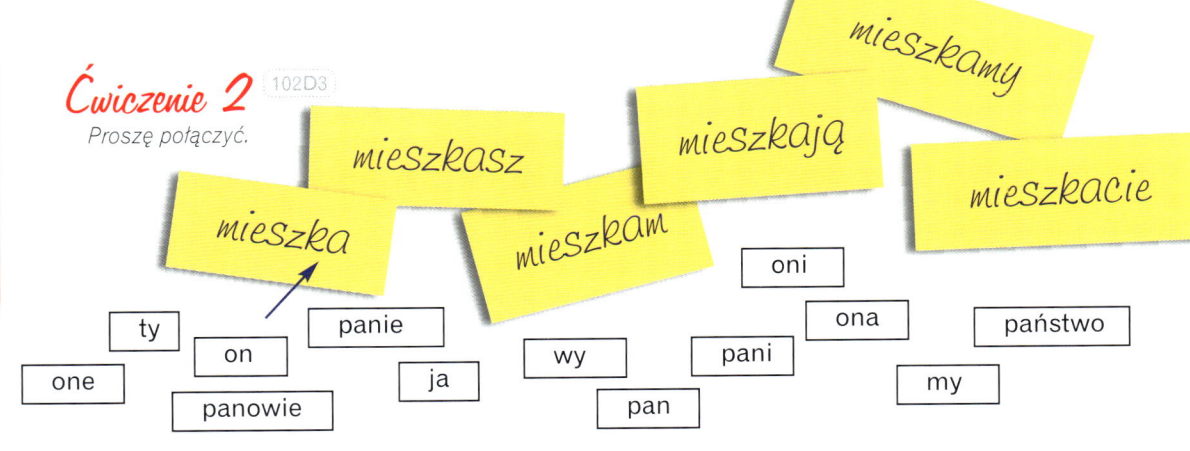

ty, on, panie, mieszka, mieszkasz, mieszkam, mieszkają, mieszkamy, mieszkacie, oni, ona, państwo, one, panowie, ja, wy, pan, pani, my

KONIUGACJA -m, -sz

NAZYWAĆ SIĘ

l. poj.			l. mn.		
(ja)	nazywam się	-m	(my)	nazywamy się	-my
(ty)	nazywasz się	-sz	(wy)	nazywacie się	-cie
on / ona / ono	nazywa się	-ø	oni / one	nazywają się	-ją

MIEĆ

l. poj.		l. mn.	
(ja)	mam	(my)	mamy
(ty)	masz	(wy)	macie
on / ona / ono	ma	oni / one	mają

ROZUMIEĆ

l. poj.		l. mn.	
(ja)	rozumiem	(my)	rozumiemy
(ty)	rozumiesz	(wy)	rozumiecie
on / ona / ono	rozumie	oni / one	rozumieją

GRAĆ

l. poj.		l. mn.	
(ja)	gram	(my)	gramy
(ty)	grasz	(wy)	gracie
on / ona / ono	gra	oni / one	grają

Ćwiczenie 3
mam? masz? ma?

Student: (ja) **Mam** na imię Piotr, a ty jak **masz** na imię?
Studentka: (ja) **Mam** na imię Manuela, a ona jak **ma** na imię?
Student: Ona **ma** na imię Mami. Oni **mają** na imię Tom i Uwe.

Ćwiczenie 4
nazywam się? nazywasz się? nazywa się?

Student: Jak oni **się nazywają**?
Studentka: Oni **nazywają się** Maj.
Studentka: Jak (ty) **nazywasz się**?
Student: **Nazywam się** Jones. A wy jak **się nazywacie**?
Studentka: (My) **Nazywamy się** Emy i Lucy Grant.

Ćwiczenie 5
gram? grasz? gra?

Uwe: Co to znaczy „grać"?
Mami: Na przykład: „grać w tenisa", „grać na gitarze".
Uwe: Aha, (ja) **gram** w tenisa, ale nie **gram** na gitarze, a ty **grasz** w tenisa?
Mami: Ja nie **gram** w tenisa, ale Angela **gra** w tenisa.
Uwe: Ja i Angela (my) **gramy** w tenisa, ale Mami i Iwona nie **grają** w tenisa.
Mami: Tak, wy **gracie** w tenisa, my nie **gramy** w tenisa.

gra w tenisa

gra na gitarze

E LICZEBNIKI

02

Ćwiczenie 1
Proszę uzupełnić.

trzy**naście** ✓	pięt**naście** ✓
siedem**naście** ✓	dwa**naście** ✓
szes**naście** ✓	jede**naście** ✓
dziewięt**naście** ✓	dwadzieścia dziewięć ✓
dwadzieścia jeden ✓	dwadzieścia ✓
czter**naście** ✓	osiem**naście** ✓

11 jedenaście
12 dwanaście
13 trzynaście
14 czternaście
15 piętnaście
16 szesnaście
17 siedemnaście
18 osiemnaście
19 dziewiętnaście
20 dwadzieścia
21 dwadzieścia jeden
29 dwadzieścia dziewięć

Ćwiczenie 2
Proszę uzupełnić i połączyć z cyfrą.

- 20 — jedenaś_ci_e
- 12 — _d_wan_a_ście
- 11 — tr_z_ynaś_ci_e
- 13 — c_z_ternas_ci_e
- 14 — pię_t_naś_ci_e
- 17 — s_z_es_n_aście
- 19 — si_e_dem _n_aście
- 16 — o_si_e_mnaście
- 18 — d_z_iewi_e_tnaś_ci_e
- 29 — dw_a_dz_i_eścia
- 15 — d_w_ade_i_ś_z_ścia d_zi_ewi_ę_ć

Ćwiczenie 3
Co mówi lektor?

a) dziesięć
b) ...
c) ...
d) ...
e) ...
f) ...
g) ...
h) ...
i) ...
j) ...

Ćwiczenie 4
Proszę przeczytać i posłuchać.

Aleja A. Mickiewicza
Świętej...
ulica Starowiślna
Rynek Główny
Plac Mariacki
Dworzec Główny
ulica Szeroka

ul. = ulica
Al. = Aleja
pl. = plac

ALEJA MICKIEWICZA 28, UL. STAROWIŚLNA 17
UL. SZEWSKA 3, UL. SIENNA 12, PLAC MARIACKI 5
RYNEK GŁÓWNY 7, UL. RADZIKOWSKIEGO 29
PL. SZCZEPAŃSKI 13, UL. ŚWIĘTEJ ANNY 23
UL. STRASZEWSKIEGO 11, UL. PACHOŃSKIEGO 19
UL. SZEROKA 18, UL. WĄSKA 16, UL. KOŚCIUSZKI 22
PLAC WSZYSTKICH ŚWIĘTYCH 6, PLAC WOLNICA 8
UL. BRZOSKWINIOWA 6, UL. PSZONA 27
UL. GRZEGÓRZECKA 6, ALEJE TRZECH WIESZCZÓW

siedemnaście _ 17

02 — F DLACZEGO UCZYSZ SIĘ POLSKIEGO?

Dlaczego uczysz się polskiego? | Cześć, skąd jesteś?

 102F1

DIALOG_1

Uwe: Cześć, jak się nazywasz?
Manuela: Cześć, jestem Manuela Sanches, a ty?
Uwe: Jestem Uwe Stein.
Manuela: Skąd jesteś?
Uwe: Jestem z Niemiec, a ty?
Manuela: Jestem z Hiszpanii.
Uwe: Mieszkasz w Madrycie?
Manuela: Nie, mieszkam w Barcelonie.
Uwe: Ja mieszkam w Berlinie.
Manuela: Gdzie mieszkasz w Krakowie?
Uwe: Ulica Floriańska, a ty?
Manuela: Ja też mieszkam w centrum, ulica świętego Jana.
Uwe: Masz telefon?
Manuela: Tak, mój numer to 12 23 13 19 5. A twój numer?
Uwe: 0 601 15 26 10.
Manuela: **Dlaczego** uczysz się polskiego?
Uwe: Przepraszam, nie rozumiem.
Manuela: Ja uczę się polskiego, **żeby studiować** w Polsce, a ty dlaczego?
Uwe: Aha. Uczę się polskiego, **żeby pracować** w Warszawie.

DIALOG_2

Tom: Nazywam się Tom Peterson, a ty?
Maria: Jestem Maria Benini.
Tom: Bardzo mi miło.
Maria: Miło mi.
Tom: Skąd jesteś?
Maria: Jestem z Włoch, mieszkam w Rzymie. A ty, gdzie mieszkasz?
Tom: Jestem z USA, mieszkam w Nowym Jorku.
Maria: **Dlaczego** uczysz się polskiego?
Tom: Uczę się polskiego, **bo moja dziewczyna jest z Polski**.
Maria: Naprawdę? Ja uczę się polskiego, **bo mój chłopak jest z Polski**!
Tom: Gdzie mieszkasz w Krakowie?
Maria: Ulica Przemyska 7, a gdzie ty mieszkasz?
Tom: Ulica Urzędnicza 10, mój telefon to 12 623 17 13.
Maria: Mój numer to 12 422 20 12.

Ćwiczenie 1 — 102F2

Proszę dopasować.

1. Skąd
2. Gdzie
3. Dlaczego
4. Uczę się, żeby
5. Uczę się, bo
6. Mieszkam → E. w Polsce.

A. studiować w Polsce.
B. uczysz się polskiego?
C. to moje hobby.
D. jesteś?
E. w Polsce.
F. mieszkasz?

Dlaczego...?

..., żeby + **bezokolicznik**
pracować.
studiować. — in order to

..., bo
moja mama jest z Polski.
to moje hobby. — because

..., bo
studiuję w Krakowie.
chcę pracować w Polsce.
moja dziewczyna jest z Polski.

Ćwiczenie 2
Proszę uzupełnić.

02

ANKIETA

	Manuela	Uwe	Maria	Tom	Ty
IMIĘ	Sanchez				
NAZWISKO	z Hiszpanii				
SKĄD JEST?	w Barcelonie				
GDZIE MIESZKA?	ul. Św. Jana				
ADRES W KRAKOWIE	012 23 13 19 5				
TELEFON	żeby studiować w Polsce				
DLACZEGO UCZY SIĘ POLSKIEGO?					

Cześć, skąd jesteś? | **Dlaczego...**

POWTÓRZENIE   G

Proszę uzupełnić dialog A oraz uporządkować dialog B.

A. W SZKOLE

Javier: *Dzień dobry.* **Nazywam** *się Javier Pérez.*
Sekretarka: *A to pan! Świetnie.*
Javier: *Tu są moje dane osobowe.*
Sekretarka: *Bardzo dziękuję. Dobrze: .... – Javier, ... – Pérez, narodowość - Argentyńczyk, ... – Kraków, Nowowiejska 12/6, ... 0 603 57 72 13. W porządku?*
Javier: *Tak, oczywiście.*
Sekretarka: *Pan Javier Pérez, intensywny .... polskiego, grupa A1, klasa nr 23.*
Javier: *Dziękuję. A jak .... nazywa moja nauczycielka?*
Sekretarka: *Grupa ma 3 nauczycielki. Teraz jest Anna Stelmach.*
Javier: *Dziękuję i ....*
Sekretarka: *Do widzenia. Miłej lekcji.*

B. W DOMU

Mami Takada mieszka w Krakowie z polską rodziną. Mami wraca do domu z koleżanką.

[4] Pani Maj: *Witam, bardzo mi miło. Nazywam się Joanna Maj. To jest mój mąż Grzegorz. Moja córka Karolina i mój syn Karol.*
[ ] Pani Maj: **Skąd pani jest?**
[ ] Mami: *Dzień dobry pani.* **To jest** *moja koleżanka Angela.*
[1] Pani Maj: *Dzień dobry Mami.*
[ ] Angela: *Dzień dobry.*
[ ] Pani Maj: *Dlaczego?*
[ ] Pani Maj: *Rozumiem.*
[ ] Pani Maj: **Dlaczego uczy się pani polskiego?**
[ ] Angela: *Jestem z Anglii.*
[ ] Angela: *Bardzo mi miło państwa poznać.*
[ ] Angela: *Uczę się polskiego,* **żeby mówić** *w domu po polsku.*
[ ] Angela: *Moja mama jest z Polski.*

dziewiętnaście _19

MAMI, KTO TO JEST?
Lekcja_03

KOMUNIKACJA
Kto to jest? Co to jest?
Czy to jest…?

SŁOWNICTWO
rzeczy w klasie, kolory
podstawowe przymiotniki

GRAMATYKA
ten, ta, to
mianownik l. poj. rzeczowników i przymiotników

nowe słowa: nowy, stary, dobry, zły, duży, mały

A KTO…? CO…?

 person
 thing

Co to jest? — To jest słownik.
Kto to jest? — To jest student.

DIALOG_1

Angela: *Mami, **kto to jest**?*
Mami: *Nie wiem!*
Nauczycielka: *To jest nowy **student**.*
Angela: *Jak masz na imię?*
Student: *Mam na imię Javier. Nazywam się Pérez.*
Angela: *Jestem Angela Brown. Bardzo mi miło! Skąd jesteś?*
Student: *Jestem z Argentyny. A wy, skąd jesteście?*
Angela: *Ja jestem z Anglii. A to jest Mami. Ona jest z Japonii, mieszka w Tokio. Normalnie jest jeszcze Uwe, z Niemiec, ale nie wiem, gdzie jest teraz. Niestety, nie w szkole!*

DIALOG_2

Javier: *Cześć Mami, co słychać?*
Mami: *Dziękuję, dobrze. Bardzo dobrze! Przepraszam, nie pamiętam, jak masz na imię…*
Javier: *Javier. J-a-v-i-e-r. Po hiszpańsku „jot" czytamy „ha".*
Mami: *Aha, rozumiem. A **co to jest**?* *what's that?*
Javier: *To jest **słownik** dictionary polsko-hiszpański. Stary i duży, ale bardzo dobry.*
Mami: *Ja też mam! Mam słownik polsko-japoński. Nowy, ale nie bardzo dobry…*
Javier: *Dlaczego jest zły?*
Mami: *Bo jest mały. Za mały!!!*

Ćwiczenie 1
Co to jest?

książka ✓	notebook zeszyt	długopis ✓	tablica ✓	krzesło ✓	stół ✓
ołówek ✓ pencil	gumka ✓	okno ✓	klucz ✓	kubek ✓	komórka ✓
	płyta CD ✓	torba ✓ bag	mapa ✓	segregator ✓	

- tablica
- okno
- segregator
- stół
- kubek
- gumka
- komórka
- torba
- ołówek
- książka
- krzesło
- zeszyt
- płyta CD
- mapa
- klucz
- długopis

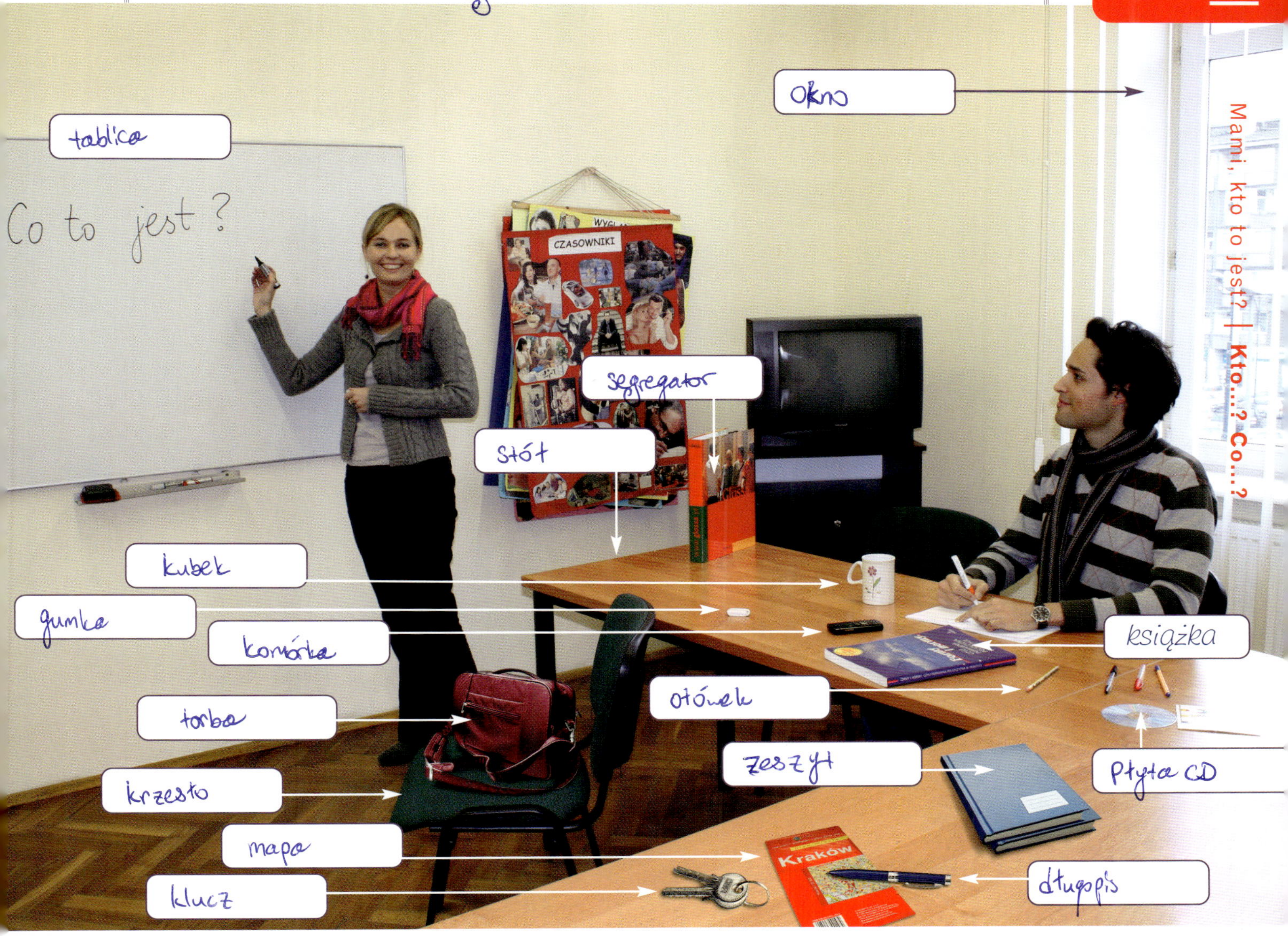

Co to jest?

Ćwiczenie 2
Kto to jest? Javier, Uwe, Mami, nauczycielka, Angela?

{ To jest _Javier_ }
{ To jest _Mami_ }
{ To jest _Angela_ }
{ To jest _nauczycielka_ }
{ To jest _Uwe_ }

Ćwiczenie 3

Proszę uzupełnić dialogi.

co ✓	co	kto	kto
to	jest	jest	jest

A

Mami: Co........ to jest?
Javier: To .... komórka. W Argentynie model numer jeden.
Mami: Super! A .... to jest?
Javier: .... jestem ja. Fajna fotografia, prawda?
Mami: A to, ... to jest?
Javier: A to jest, hm, koleżanka. Ma na imię Maria Elena.
Mami: A, koleżanka. A ...... tam jest?
Javier: Tam .... palma. To .... fotografia z wakacji, z Brazylii.

| mapa | torba | długopis | przepraszam |
| dziękuję | co | jeden | ołówek | masz |

B

Javier: Angela, ... to jest? Torba???
Angela: Tak, ..., bardzo modna!
Javier: I co tam ....?
Angela: Nic specjalnego: mam paszport, klucz, ... z gumką, zeszyt. A, jest i .... Krakowa.
Javier: Angela, masz ....? Ja nie mam.
Angela: ...., mam tylko ....
Mami: Ja mam długopis! Proszę.
Javier: .... bardzo.

Ćwiczenie 4

Co to jest?

tablica — torba
komórka — klucz
stół — zeszyt
książka — krzesło
długopis — kubek
okno — ołówek
kubek — komórka
zeszyt — płyta
książka — kubek
okno — tablica
tablica — nauczycielka
torba — kubek
pytanie — płyta

Ćwiczenie 5

Co to jest?

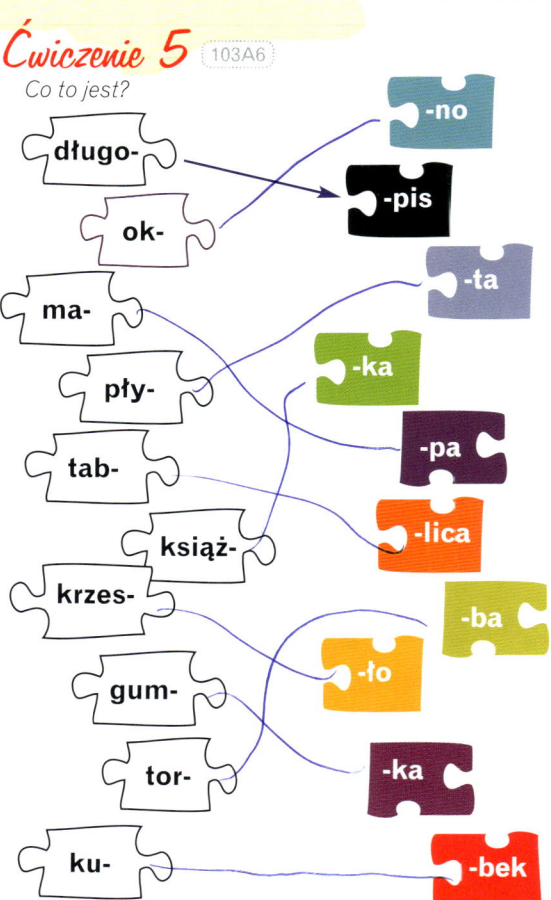

długo- → -pis
ok- → -no
ma- → -pa
pły- → -ta
tab- → -lica
książ- → -ka
krzes- → -ło
gum- → -ka
tor- → -ba
ku- → -bek

Ćwiczenie 6

Proszę uzupełnić.

Co to jest? To jest mapa.
Co to jest? To jest torba.
Co to jest? To jest zeszyt.
Co to jest? To jest komórka.

Kto to jest? To jest nauczycielka.
Co to jest? To jest gumka.
Kto to jest? To jest Mami.
Co to jest? To jest ołówek.
Co to jest? To jest okno.

03

B CZY…?

Czy to jest…?

(+) *Tak*, to jest…
(−) *Nie*, to *nie* jest…

DIALOG_1
Nauczycielka: *Mami, czy to jest książka?*
Mami: *Tak, to jest książka.*

DIALOG_2
Nauczycielka: *Angela, czy to jest ołówek?*
Angela: *Nie, to nie jest ołówek. To jest długopis. Ołówek jest tam.*

DIALOG_3
Nauczycielka: *Javier, czy to jest zeszyt?*
Javier: *Przepraszam, nie pamiętam, co to jest „zeszyt".*
Nauczycielka: *O, tu Mami ma zeszyt.*
Javier: *Tak, tak, pamiętam. Nie, to jest paszport.*

Ćwiczenie 1

Proszę uzupełnić.

Czy to jest klucz? Tak, to jest klucz.
Czy to jest tablica? Tak, to jest tablica.
Czy to jest klucz? Nie, to jest krzesło.
Czy to jest długopis? Nie, to jest.
Czy to jest okno? Tak, to jest okno.
Czy to jest książka? Nie, to jest.
Czy to jest płyta? Tak, to jest płyta CD.

Czy to jest krzesło? Nie, to jest książka.
Czy to jest torba? Tak, to jest torba.
Czy to jest komórka? Tak, to jest komórka.
Czy to jest zeszyt? Tak, to jest zeszyt.
Czy to jest tablica? Nie, to jest ołówek.
Czy to jest paszport? Nie, to jest długopis.
Czy to jest studentka? Nie, to jest nauczycielka.

Ćwiczenie 2

Proszę ułożyć zdania.

a) jest / co / to
   Co to jest?

b) to / długopis / jest / czy
   Czy to jest długopis?

c) jest / nie / nie / długopis / to
   Nie, to nie jest długopis.

d) to / jest / kto
   Kto to jest?

e) komórka / jest / to
   To jest komórka.

f) studentka / czy / to / jest
   Czy to jest studentka?

g) pytanie / to / co / jest / mam
   Mam pytanie, co to jest?

h) wiem / co / nie / jest / to
   Nie wiem, co to jest.

C MIANOWNIK

DIALOG_1

Nauczycielka: *Mam pytanie: wiecie, co to jest „rzeczownik"?*
Grupa: *Nie wiemy!!!*
Nauczycielka: *Na przykład: „mapa", „klucz", „okno", „paszport".*
Angela: *A „napisać" i „przeczytać" to nie jest rzeczownik, prawda?*
Nauczycielka: *Tak, prawda. Rzeczowniki mają trzy rodzaje: męski, żeński i nijaki.*
Mami: *Nie rozumiem! Trzy rodzaje? Co to jest???*
Angela: *Trzy rodzaje to trzy grupy!*

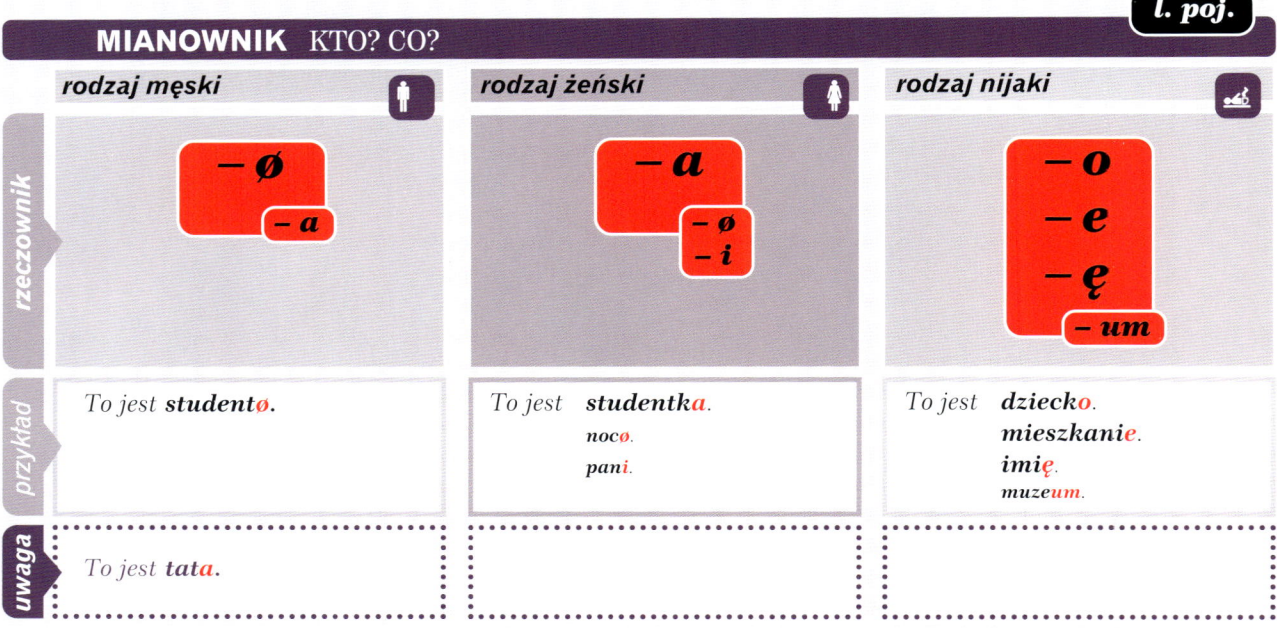

Ćwiczenie 1
on? ona? ono?

książka ✓, zeszyt, długopis, tablica, krzesło, stół, ołówek, gumka, okno, klucz, kubek, komórka, płyta CD, torba, mapa, segregator, ćwiczenie

ON	ONA	ONO
	książka	

03

Mami, kto to jest? | mianownik

słownik

DIALOG_2
Nauczycielka: Javier, jaki jest ten słownik?
Javier: Ten słownik jest dobry. Stary, ale dobry. To jest słownik polsko-hiszpański.

komórka ma radio

torba

DIALOG_3
Nauczycielka: Jaka jest ta torba?
Angela: Ta torba jest bardzo dobra, bo jest duża.

DIALOG_4
Nauczycielka: Mami, czy ta komórka ma radio?
Mami: Tak, ma.
Nauczycielka: Jakie jest to radio?
Mami: To radio nie jest bardzo dobre. Nie jest japońskie...

(on)	słownik ←	TEN
(ona)	komórka ←	TA
(ono)	radio ←	TO

(on)	jaki?	dobry, hiszpański
(ona)	jaka?	dobra, hiszpańska
(ono)	jakie?	dobre, hiszpańskie

Ćwiczenie 2
jaki? jaka? jakie?

stary ✓, hiszpański, dobra, mały, fajna, duże, męski, nowy, japońskie, modna

JAKI?	JAKA?	JAKIE?
stary		

Ćwiczenie 3 `103C5`

Proszę uzupełnić i podkreślić dobrą odpowiedź.

a) **Ten** klucz jest <u>nowy</u> / nowa / nowe.
b) ..... szkoła jest dobry / dobra / dobre.
c) ..... okno jest duży / duża / duże.
d) ..... książka jest stary / stara / stare.
e) ..... ołówek jest nowy / nowa / nowe.
f) ..... kolega jest miły / miła / miłe.
g) ..... płyta jest zły / zła / złe.
h) ..... pani jest sympatyczny / sympatyczna / sympatyczne.
i) ..... stół jest mały / mała / małe.
j) ..... słownik jest duży / duża / duże.

Ćwiczenie 4 `103C6`

Proszę uzupełnić.

Stara, Nowy, Mały ✓, Duża, Nowa, Stare, Nowy

.... Synagoga

.... Huta

Mały Rynek

.... Jork

Plac ....

ulica ....

.... Miasto

D KOLORY

Ćwiczenie 1 `103D1`

Jaki to kolor?

czerwony, niebieski, zielony, fioletowy, czarny ✓, brązowy, żółty, różowy, szary, biały, pomarańczowy

czarny

Ćwiczenie 2
Proszę uzupełnić.

1. Ta książka jest czerwona.
2. ....
3. ....
4. ....
5. ....
6. ....
7. ....
8. ....
9. ....
10. ....

03

Mami, kto to jest? | **kolory**

Ćwiczenie 3
Proszę uzupełnić.

czarny ✓, brązowy, żółty, pomarańczowy, szara, niebieskie, czerwone, brązowy, zielona, Biały, Pomarańczowa, biała, Różowa, zielona, Czerwona, biała

a) .... ser
b) .... Dom
c) .... medal
d) .... wino
e) .... Pantera
f) *Czarny* .... humor
g) .... herbata
h) .... kawa

i) Armia ....
j) .... sałata
k) .... myszka
l) .... noc
m) sok ....
n) .... niebo
o) .... cukier
p) .... Rewolucja

sałata

myszka

ser

POWTÓRZENIE E

Proszę połączyć pytanie z odpowiedzią.

Co to jest?	To znaczy, że nie jest duży.
Kto to jest?	Ten długopis jest czarny.
Czy to jest długopis?	To znaczy, że nie jest stary.
Jaki jest ten długopis?	To jest książka.
Jaka jest ta książka?	Ta książka jest bardzo dobra.
Jakie jest to okno?	To jest studentka.
Co to znaczy „mały"?	To okno jest duże.
Co to znaczy „nowy"?	Nie, to jest ołówek.

dwadzieścia siedem _27

JAKI JESTEŚ?
Lekcja_04

KOMUNIKACJA
prezentacja siebie i innych

SŁOWNICTWO
opis osoby
przymiotniki

GRAMATYKA
koniugacja -ę,-isz/-ysz

tylko, trochę, myśleć, cieszyć się, mieć rację, żart, słowo, ciekawy, chyba

nowe słowa

A KTO TO JEST? TO NOWY STUDENT

Ćwiczenie 1
Proszę posłuchać i uzupełnić dialog.

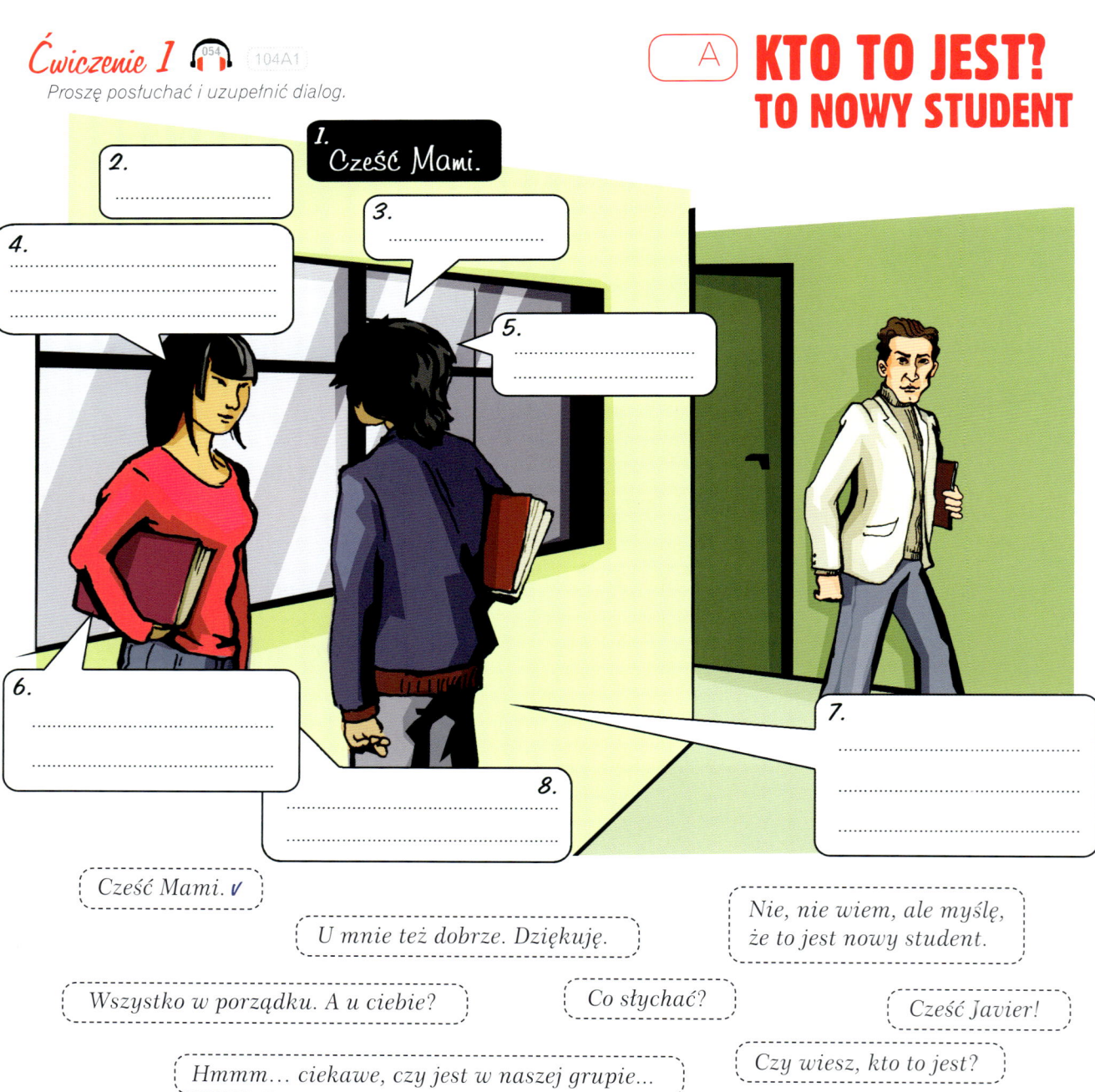

1. Cześć Mami.

- Cześć Mami. ✓
- U mnie też dobrze. Dziękuję.
- Wszystko w porządku. A u ciebie?
- Hmmm… ciekawe, czy jest w naszej grupie…
- Co słychać?
- Nie, nie wiem, ale myślę, że to jest nowy student.
- Cześć Javier!
- Czy wiesz, kto to jest?

Ćwiczenie 2 🎧 `055` `104A2`

Proszę posłuchać i uzupełnić.

po polsku ✓, po hiszpańsku
po japońsku, po hiszpańsku
po francusku, po polsku

JAKI ZNASZ JĘZYK?		CZY MÓWISZ PO ...?
Znam (język) ...		Mówię ...
francuski	🇫🇷	po francusku
hiszpański	🇪🇸	po hiszpańsku
angielski	🇬🇧	po angielsku
polski	🇵🇱	po polsku
włoski	🇮🇹	po włosku
niemiecki	🇩🇪	po niemiecku
szwedzki	🇸🇪	po szwedzku

Konstrukcja mówić po ...-u

Javier: *Hola!*
Pierre: *Przepraszam, nie rozumiem!*
Mami: *Javier! Mówimy ..po polsku..!*
Javier: *Ach! Nie pamiętam, jak mówimy po polsku „hola".*
Mami: *Cha, cha, cha!! To żart, wiem!*
Javier: *No dobrze Mami, masz rację!
„Hola" to słowo ...., znaczy „cześć".*
Pierre: *Aha! Cześć! Jestem Pierre. Pierre Lavié. Przepraszam, nie mówię ...., tylko ....
i trochę .... Tylko trochę.*
Javier: *Cześć! Ja mam na imię Javier i jestem z Argentyny, a to jest Mami. Mami Takada. Ona jest z Japonii i mówi ....*
Pierre: *Miło mi!*
Mami: *Mnie też!* — też = również
Javier: *A ty, jesteś z Francji?*
Pierre: *Tak, jestem z Francji i mieszkam w Paryżu. A wy, gdzie mieszkacie?*
Javier: *Ja mieszkam w Buenos Aires, ale teraz w Krakowie.*
Mami: *A ja w Tokio! Ale teraz też w Krakowie. Czy jesteś w grupie A1?*
Pierre: *Tak. To jest moja nowa grupa.*
Mami: *To świetnie! To jest też nasza grupa!*
Pierre: *Cieszę się!*

04

Jaki jesteś? | Kto to jest? To nowy student

Ćwiczenie 3 `104A3`

Proszę uzupełnić.

 Mami jest z Japonii i mówi po *japońsku* .

 Uwe jest z Niemiec i mówi po ....

 Javier jest z Argentyny i mówi po ....

 Angela jest z Anglii. Ona mówi po ....

 Vittorio jest z Włoch i mówi po ....

 Pierre jest z Francji i mówi po ....

 Natasza i Lena są z Rosji. One mówią po *rosyjsku* .

 Oni są z Ameryki i mówią po ....

 Państwo Maj są z Polski. Oni mówią po ....

 Jestem z Polski i mówię po ....

 Julio jest z Hiszpanii i mówi po ....

 Jurgen jest z Austrii i mówi po ....

dwadzieścia dziewięć _29

B KONIUGACJA -ę, -isz/-ysz

KONIUGACJA -ę/-isz
MYŚLEĆ

l. poj.			l. mn.		
(ja)	myślę	-ę	(my)	myślimy	-imy
(ty)	myślisz	-isz	(wy)	myślicie	-icie
on ona ono	myśli	-i	oni one	myślą	-ą

KONIUGACJA -ę/-ysz
UCZYĆ

l. poj.			l. mn.		
(ja)	uczę	-ę	(my)	uczymy	-ymy
(ty)	uczysz	-ysz	(wy)	uczycie	-ycie
on ona ono	uczy	-y	oni one	uczą	-ą

Ćwiczenie 1 — 104B1
Proszę uzupełnić.

	-ę/-isz		-ę/-ysz (sz, rz/ż, cz)	
	MÓWIĆ	**LUBIĆ**	**KOŃCZYĆ**	**TAŃCZYĆ**
(ja)			kończę	
(ty)	mówisz		kończysz	
on ona ono			kończy	tańczy
(my)			kończymy	
(wy)		lubicie		
oni one				tańczą

Ćwiczenie 2 — 104B2
Proszę uzupełnić.

a) (My) *Uczymy się* języka polskiego. (uczyć się)
b) (Ja) ...., że on jest sympatyczny. (myśleć)
c) Ona .... hiszpańskie kino. (lubić)
d) On .... pisać. (kończyć)
e) Czy (ty) ....? (palić)
f) One .... pizzę. (lubić)
g) Pani Zosia dobrze .... salsę. (tańczyć)
i) Oni nie .... (palić)
j) Czy wy dobrze .... po polsku? (mówić)
l) (Ja) .... , że jestem w Polsce. (cieszyć się)
m) Czy (ty) .... tango? (tańczyć)

Tutaj wolno palić!

Ćwiczenie 3 — 104B3
Proszę ułożyć domino.

małpa — marta.nowak@wp.pl — kropka

- Co słychać?
- Mam na imię Marta.
- Jak masz na imię?
- Dziękuję, wszystko w porządku.
- Jak się nazywasz?
- Gdzie mieszkasz?
- Nazywam się Marta Nowak.
- Jestem z Polski.
- Skąd jesteś?
- Jaki masz adres mailowy?
- Mieszkam w Krakowie.

C JAKI ON JEST?

04

DIALOG_1 104C1

Angela i Mami robią herbatę i rozmawiają na korytarzu.

Angela: *Mami, dlaczego jesteś dziś **smutna**?*
Mami: ***Smutna**? Nie, nie jestem smutna, tylko myślę. Intensywnie myślę o Adamie.*
Angela: *Kto to jest Adam???*
Mami: *Ach! Adam… to kolega Karola. Jest **wysoki, przystojny, wysportowany, sympatyczny**… Planuje studiować japonistykę. Już trochę mówi po japońsku. Jest tylko jeden problem, niestety, ma dziewczynę.*

Ćwiczenie 1 104C2
Jaka jest Mami? Jaki jest Adam?

 Jaka jest Mami?
Mami jest smutn__, ale sympatyczn__ i ładn__.

 Jaki jest Adam?
Adam jest sympatyczn__, przystojn__ i wysok__.

Ćwiczenie 2 057 104C3
Jaki on jest? Jaka ona jest?

wysoki, brudna, pracowity ✓**, gruby, smutna, młody, brzydka, chora**

pracowity | leniwy

wesoła | ....

.... | szczupły

przystojny

ładna | ....

zmęczony

stary | ....

zdrowa | ....

średniego wzrostu
.... | niski

wysportowany

czysta | ....

trzydzieści jeden _31

04

Ćwiczenie 3 `104C4`
Jaki on jest?
Jaka ona jest?

Angela jest:
☐ stara
☐ brzydka
☐ wysoka

Javier jest:
☐ brudny
☐ wesoły
☐ stary

Uwe jest:
☐ gruby
☑ przystojny
☐ smutny

Mami jest:
☐ gruba
☐ szczupła
☐ stara

Tom jest:
☐ pracowity
☐ brzydki
☐ chory

Ćwiczenie 4 `104C5`
Jaki on jest? Jaka ona jest? Jakie ono jest?

     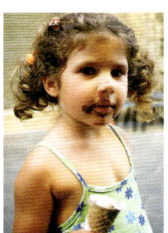  

młody ....

🎧 058 `104C6`

DIALOG_2

Jest przerwa. Javier, Angela i Mami rozmawiają na korytarzu.

Angela: *Wiecie, kto to jest?*
Javier: *Ja wiem. To jest lektorka języka hiszpańskiego.*
Angela: **Myślę, że** *ona jest bardzo miła.*
Mami: *A ja* **nie wiem, czy** *ona jest miła, czy nie, ale na pewno jest atrakcyjna.*
Angela: *Javier, jak ona ma na imię?*
Javier: *Nie pamiętam dobrze, ale chyba María.*
Angela: *To jest twoja koleżanka?*
Javier: *Nie, to nie jest moja koleżanka, ale ona jest z Hiszpanii.* **Jestem pewny, że** *ona jest* **energiczna, spontaniczna i bardzo sympatyczna.**

> *Myślę, że on jest sympatyczny.*
> *Myślę, że ona jest miła.*
> *Myślę, że tak.*
> *Myślę, że nie.*

INTERNACJONALIZMY 🎧 059 `104C7`

| agresywny | aktywny | ambitny | atrakcyjny | energiczny | inteligentny |
| romantyczny | sfrustrowany | spontaniczny | utalentowany | zestresowany | kreatywny |

32_ trzydzieści dwa
download this book from e-polish.eu

Ćwiczenie 5 `104C8`

Jak myślisz, jaki on jest?
Jaka ona jest?
Jakie ono jest?

> **wysoki, szczupły, ładny, brudny, wesoły, mały, przystojny, wysportowany, zmęczony, chory, ładny, leniwy, smutny, sympatyczny, ...**

a) Ono jest .... i ....
   Myślę, że ono jest .... i ....

b) Ona jest .... i ....
   Myślę, że ona jest .... i ....

c) On jest .... i ....
   Myślę, że on jest .... i ....

d) On jest .... i ....
   Myślę, że on jest .... i ....

e) Ona jest .... i ....
   Myślę, że ona jest .... i ....

Jaki jesteś? | **Jaki on jest?**

POWTÓRZENIE D

Ćwiczenie 1 `104D1`
Proszę dopisać antonimy.

a) **wesołe** – *smutne*
b) **przystojny** – ....
c) **pracowita** – ....
d) **młoda** – ....
e) **nowy** – ....
f) **duże** – ....
g) **niski** – ....
h) **zdrowe** – ....
i) **brzydka** – ....

Ćwiczenie 2 `104D2`
„i", „ale" czy „bo"?

a) Ania jest młoda ...*i*... wysoka.
b) Pan Antoni jest stary, ...*ale*... energiczny.
c) Ola jest sympatyczna .... pracowita.
d) Torba jest brzydka, ... jest stara i brudna.
e) Jan jest młody .... wysportowany.
f) Marta jest szczupła, ... niewysportowana.
g) Słownik jest zły, ... jest mały.

trzydzieści trzy _33

JESTEŚ INSTRUKTOREM TANGA?

Lekcja_05

KOMUNIKACJA
Kim jesteś? Czym się interesujesz?
Ile masz lat?

SŁOWNICTWO
zawody
zainteresowania

GRAMATYKA
narzędnik l. poj.; liczebniki 20-100
formy: rok, lat, lata

nowe słowa: rodzina, żona, mąż, syn, oscypek, prawie, pół, pisarz

A. KTO TO JEST? JAKI ON JEST?

Uwe Stein

Angela Brown

Ćwiczenie 1 (060) [105A1]
Proszę posłuchać i uzupełnić.

To jest Uwe. Uwe Stein. On jest z Niemiec. Mieszka w Berlinie. Jest wysoki, przystojny i wysportowany. Uwe to biznesmen. Ma 44 lata. Lubi pracować.

a) *Kto to jest*? To jest Uwe.
b) Skąd on jest? ....
c) ....? On mieszka w Berlinie.
d) ....? On jest wysoki, przystojny i wysportowany.
e) ....? To jest biznesmen.
f) Ile ma lat? On ....
g) Co lubi robić? ....

Ćwiczenie 2 [105A2]
Proszę napisać analogiczną prezentację Angeli. Proszę ułożyć pytania do tekstu.

Angela Brown: Anglia, Londyn, 27 lat, lektorka języka angielskiego, wysoka, szczupła, ładna, młoda, czytać książki

Ćwiczenie 3 [105A3]
Proszę napisać autoprezentację.

Jak masz na imię?
Jak się nazywasz?
Skąd jesteś?
Gdzie mieszkasz?
Jaki / jaka jesteś?
Ile masz lat?
Co lubisz robić?

B LICZEBNIKI 20-100

05

Ćwiczenie 1 `105B1`
Proszę uzupełnić i posłuchać.

2 x 10 = _20_	dwa**dzieścia**
3 x 10 = ___	try**dzieści**
4 x 10 = ___	czter**dzieści**
5 x 10 = ___	pięć**dziesiąt**
6 x 10 = ___	sześć**dziesiąt**
7 x 10 = ___	siedem**dziesiąt**
8 x 10 = ___	osiem**dziesiąt**
9 x 10 = ___	dziewięć**dziesiąt**
10 x 10 = ___	sto

Ćwiczenie 2 `105B2`
Proszę napisać.

- ⑫ *dwanaście*
- ⑳ *dwadzieścia*
- ⑬ ....
- ㉚ ....
- ⑭ ....
- ㊵ ....
- ⑮ ....
- ㊿ ....
- ⑯ ....
- ㉠ ....
- ⑰ ....
- ㊀ ....
- ⑱ ....
- ㊇ ....
- ⑲ ....
- ㊈ ....

plus **+**   **−** minus   jest **=**

Ćwiczenie 3 `105B3`
Matematyka. Ile to jest?

a) 31 + 23 = *pięćdziesiąt cztery*
b) 14 + 33 = ...
c) 16 + 13 = ...
d) 33 + 44 = ...
e) 72 + 18 = ...
f) 79 – 11 = ...
g) 65 – 22 = ...
h) 96 – 12 = ...
i) 77 – 55 = ...
j) 110 – 9 = ...

DIALOG_1 `105B4`

Mami: *Karol, ile masz lat?*
Karol: *Prawie 18.*
Mami: *Prawie?*
Karol: *17 i pół. A ty?*
Mami: *A ja mam 20 lat.*

DIALOG_2

Mami: *Ile pani ma lat?*
Pani Maj: *Dlaczego pytasz?*
Mami: *Ćwiczę liczebniki.*
Pani Maj: *Wiesz, w Polsce nie pytamy kobiet, ile mają lat. To trochę nieelegancko, ale nie ma problemu, ja mam 43 lata, a mój mąż Grzegorz 45 lat.*

Ile masz lat?

- 2,3,4 **lata**
- 5,6,7…12,13,14…90 **lat**
- (1) **rok**

Jesteś instruktorem tanga? | liczebniki 20-100

trzydzieści pięć _35

05

Ćwiczenie 4 `105B5`
rok? lata? lat?

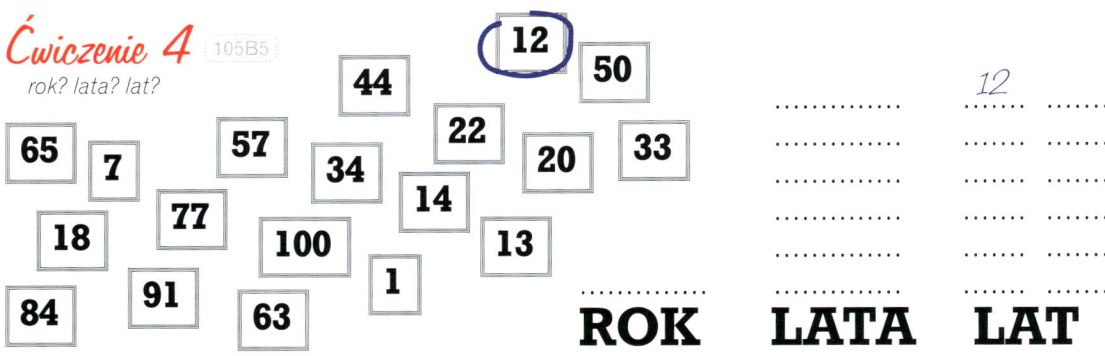

.... | 12 | ....
.... | ...... | ....
.... | ...... | ....
.... | ...... | ....
.... | ...... | ....

ROK | **LATA** | **LAT**

Ćwiczenie 5 `105B6`
Jak myślisz, ile oni mają lat?

Ono ma .... rok.
On ma .... lata.
On ma .... lat.
Ona ma .... lat.
Ona ma .... lata.

Ćwiczenie 6 `105B7`
lat? lata?

Uwe ma 44 _lata_..............
Angela ma 27 ....
Javier ma 30 ....
Pani Joanna ma 43 ....
Pan Grzegorz ma 45 ....
Mami ma 20 ....

C ZAWODY

Ćwiczenie 1 `064` `105C1`
Kto to jest?

aktor, fotograf, policjant, inżynier, nauczyciel, muzyk, emeryt ✓, rolnik ✓, kelner, biznesmen, urzędnik ✓, lekarz, tancerz, dziennikarz, kucharz, informatyk, dentysta

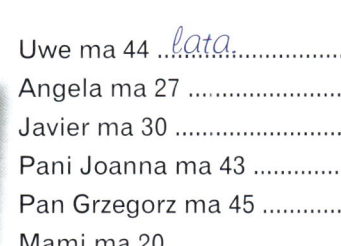

.... | .... | .... | .... | _rolnik_

.... | .... | .... | .... | .... | ....

urzędnik | .... | .... | .... | _emeryt_ | ....

zawody | Jesteś instruktorem tanga?

Ćwiczenie 2 `105C2`
Kto to jest?

r. męski	r. żeński
barman	barman**ka**
emeryt	....
kelner	....
nauczyciel	....
leka**rz**	leka**r**ka
dziennika**rz**	....
kucha**rz**	....
tance**rz**	....
artysta	artyst**ka**
poeta	....
dentysta	....

forma żeńska -ka
alternacja rz : r

UWAGA!
pan/pani architekt, taksówkarz, inżynier, minister, prezydent, muzyk, fotograf, kierowca, profesor

Jesteś instruktorem tanga? | *Kim ona jest?*

Ćwiczenie 3 `105C3`
Kto to jest? Jaki on jest?

- aktor
- aktorka ✓
- malarz
- polityk
- zdolna ✓
- dobry
- utalentowany
- atrakcyjny

 To jest *zdolna aktorka Nicole Kidman*.

 To jest.................

 To jest.................

 To jest.................

D KIM ONA JEST?

DIALOG_1 `105D1` 🎧 065

Javier i Uwe siedzą razem przy stoliku, jest przerwa.

Javier: *O! Co masz? Co to jest?*
Uwe: *To? To jest fotografia. Tu jest moja rodzina.*
Javier: *To jest twoja żona, a to twoje dziecko, tak?*
Uwe: *Tak. Moja żona Anna i mój syn Eric.*
Javier: *Twoja żona jest bardzo ładna - jest piękna!*
Uwe: *O tak! Jest piękna i utalentowana. Ona jest aktorką. Jest bardzo popularną aktorką. Pracuje w teatrze w Berlinie.*
Javier: *A ty, kim jesteś z zawodu?*
Uwe: *Jestem biznesmenem. A ty?*
Javier: *To skomplikowane..., ale z zawodu jestem muzykiem. Gram na gitarze, akordeonie, na pianinie... Jestem też instruktorem tanga.*
Uwe: *Hm, jesteś muzykiem i umiesz tańczyć tango.*

Ćwiczenie 1 `105D1`
Prawda czy nieprawda?

	P	N
Uwe nie ma rodziny.	__	✓
Syn ma na imię Eric.	__	__
Anna nie jest atrakcyjna.	__	__
Uwe jest aktorem.	__	__
Javier umie tańczyć tango.	__	__
Javier jest muzykiem.	__	__

trzydzieści siedem _37

05

NARZĘDNIK KIM? CZYM? (l. poj.)

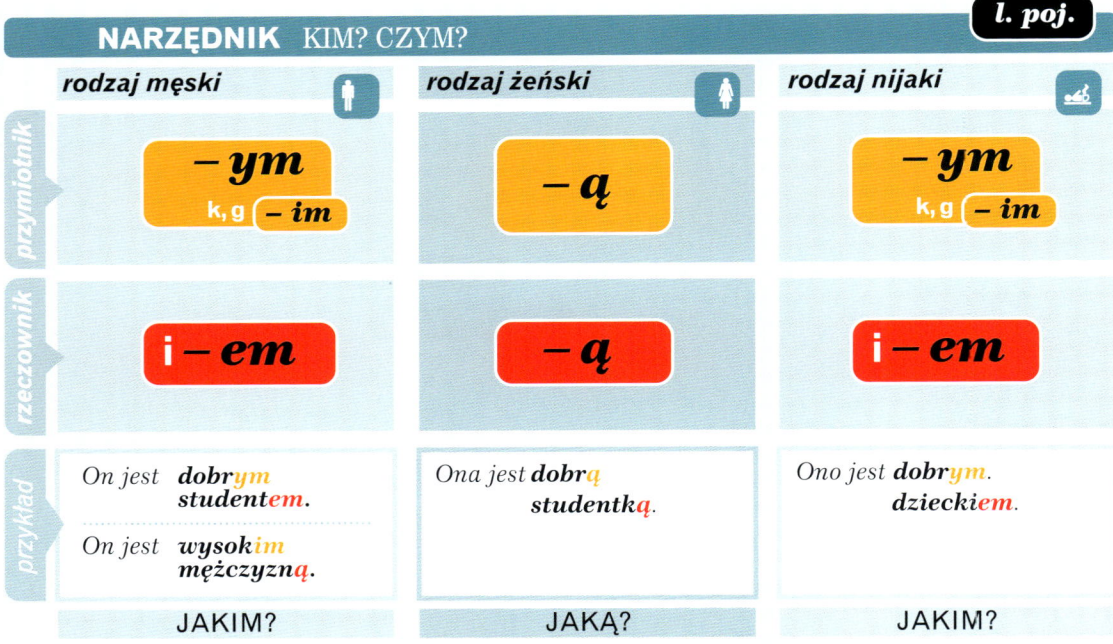

	rodzaj męski	rodzaj żeński	rodzaj nijaki
przymiotnik	**-ym** (k, g **-im**)	**-ą**	**-ym** (k, g **-im**)
rzeczownik	**i-em**	**-ą**	**i-em**
przykład	On jest dobr**ym** student**em**. On jest wysok**im** mężczyzn**ą**.	Ona jest dobr**ą** studentk**ą**.	Ono jest dobr**ym** dzieck**iem**.
	JAKIM?	JAKĄ?	JAKIM?

Kim ona jest? | Jesteś instruktorem tanga?

Ćwiczenie 2 [105D2]

Mianownik czy narzędnik?

a) Eric to dobry syn. Eric jest *dobrym synem*.
b) Kasia to ambitna studentka. Kasia jest ....
c) To jest świetny kucharz. On jest ....
d) Agnieszka jest miłą sekretarką. Agnieszka to ....
e) Jan jest wesołym mężczyzną. Jan to ....
f) Warszawa to stolica Polski. Warszawa jest ....
g) Picasso to popularny malarz. Picasso jest ....
h) Kraków jest starym miastem. Kraków to ....
i) Oscypek jest regionalnym serem. Oscypek to ....
j) Centrum Kultury i Sztuki Japońskiej Manggha jest nowoczesnym budynkiem. Centrum Manggha to ....

Ćwiczenie 3 [105D3]

Proszę uzupełnić.

pisarz, sztuką, malarz, fotograf, artysta ✓, malarstwem

Co czytasz?

Javier: *Cześć Mami! Co czytasz?*
Mami: *Cześć Javier! Czytam książkę biograficzną.*
Javier: *A kto to jest?*
Mami: *To jest Witkacy.*
Javier: *Wi-tka-cy???*
Mami: *Tak. To bardzo popularny polski ...., ..., dramaturg, ... i filozof, hmmm .... artysta ....!*
Javier: *Niestety, nie znam.*
Mami: *Och, Javier, nie martw się! Ja znam Witkacego, bo interesuję się .... i .... Ale na przykład tango, czy akordeon, to dla mnie czarna magia!*

Czym się interesujesz?

Interesuję się... sportem, boksem, malarstwem impresjonistycznym, historią, piłką nożną, muzyką rockową, fotografią, francuskimi filmami, sportami ekstremalnymi, książkami kryminalnymi, ...

05

Jesteś instruktorem tanga? | Kim ona jest?

Ćwiczenie 4 (105D4)
Czym oni się interesują?

....*literatura*... ....

Ćwiczenie 5 (105D5)
Proszę zamienić obrazki na tekst.

To jest Marta Nowak. Ona jest z  **. Mieszka w Warszawie. Ma 23 lata. Jest**  **,**  **i**  **, ale teraz jest**  **. Studiuje grafikę komputerową na ASP. Ona świetnie mówi po**  **i trochę po hiszpańsku. Interesuje się** 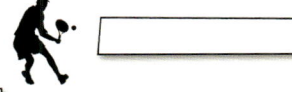 **,** _____ **i** _____ **. Ona bardzo lubi robić zdjęcia.**

POWTÓRZENIE E

(105E1)

Proszę napisać pytania do podkreślonych form.

To jest <u>Mami</u>. Ona nazywa się <u>Mami Takada</u>. Jest <u>z Japonii</u>. Normalnie mieszka w Tokio, ale teraz mieszka <u>w Krakowie</u>. Ma <u>20 lat</u>. Jest <u>niska, szczupła i sympatyczna</u>. Mówi po japońsku, dobrze po angielsku i zna trochę <u>polski</u>. Ona jest dobrą <u>studentką</u>. Teraz ona intensywnie uczy się języka polskiego, <u>bo planuje studiować malarstwo w Polsce</u>, a konkretnie w Krakowie. Interesuje się <u>muzyką rockową, malarstwem i architekturą</u>. Ona bardzo lubi <u>malować</u>.

1. *Kto to jest?* ....
2. ....
3. ....
4. ....
5. ....
6. ....
7. ....
8. ....
9. ....
10. ....
11. ....

trzydzieści dziewięć _39

CO ROBISZ? NUDZĘ SIĘ!
Lekcja_06

KOMUNIKACJA
Co lubisz robić?
wyrażanie posiadania

SŁOWNICTWO
podstawowe czasowniki
hobby, sport

GRAMATYKA
koniugacje: -m, -sz; -ę, -esz; -ę, -isz / -ysz;
zaimki: mój, twój

gospodarz, gospodyni, mama, tata, córka, brat, siostra, szukać, nudzić się

nowe słowa

A MAMI W DOMU

Ćwiczenie 1 🎧 066 106A1
Proszę posłuchać i dopasować dialog do ilustracji.

DIALOG: ....

DIALOG: ....

DIALOG: ....

DIALOG: ....

Pierogi

Tradycyjne polskie danie, bardzo smaczne. Pierogi mogą być z kapustą, mięsem, grzybami albo z owocami, z serem lub ruskie. Ale są też pierogi nietradycyjne z mozarellą, z makrelą, z tuńczykiem, pierogi greckie z serem feta, z oliwkami, z brokułami.

40_ czterdzieści
download this book from e-polish.eu

Ćwiczenie 2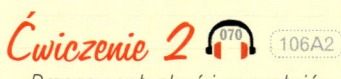

Proszę posłuchać i uzupełnić.

A lubię, gotuję V, robi, umiesz

Mami: Przepraszam, co pani robi?
Pani Joanna: .Gotuję.... pierogi. A ty .... gotować?
Mami: Nie bardzo, tylko ryż. Moja mama gotuje bardzo dobrze. Ja nie.............. .
Pani Joanna: Aha, to szkoda. Wiesz, może Karol .... coś interesującego?

B czytam, mogę, myślę, grać

Mami: Cześć! ....? Co robisz?
Karol: Cześć, proszę. .... książkę.
Mami: To interesujące?
Karol: Jasne! Bardzo lubię czytać.
Mami: Ee, ja niespecjalnie. Wolę .... na komputerze. A co robi twój tata?
Karol: ...., że pracuje.

C piszę, ogląda, pracuje, robi

Mami: Co pan ....?
Pan Grzegorz: Pracuję: szukam informacji, ... e-maile.
Mami: A co to jest „pu-de-lek"? Pan tu pracuje?
Pan Grzegorz: Yyy, a to? To nic. Tylko informacje o znanych, popularnych aktorach, muzykach.
Mami: Hi, hi, to znaczy, że pan teraz nie ...., tak?
Pan Grzegorz: Yyy, no nie. Wiesz Mami, moja córka .... stare zdjęcia. To bardzo interesujące.

D oglądam, nudzę, mój, moja

Mami: A ty, co robisz?
Karolina: .... stare zdjęcia. O, to na przykład moja mama i mój tata na uniwersytecie, a to mój brat na wakacjach.
Mami: Hi, hi, jaki mały!
Karolina: No! Mami, a co ty robisz dzisiaj?
Mami: Ja? Ja nic, ... się! I jestem trochę smutna.
Karolina: Dlaczego?
Mami: Bo moja mama, mój tata, ... siostra i .... brat są w Japonii, a ja tu, w Polsce.

06

Co robisz? Nudzę się! | Mami w domu

Ćwiczenie 3

Co oni robią?

Pani Joanna	Pan Grzegorz	Karol	Karolina	Mami
....	pracuje ;-)	....	....	....

Ćwiczenie 4

Proszę dopasować.

mama V, gospodyni, samochód, córka, koleżanka, auto, szkoła, kolega, siostra, syn, gospodarz, książka, dom, biuro, krzesło, tata, komórka, długopis, kawa, brat, dziecko, mieszkanie

MÓJ, TWÓJ	MOJA, TWOJA	MOJE, TWOJE
	mama	

czterdzieści jeden _41

Ćwiczenie 5

Proszę dopasować.

gotuję, uczę się, gotują, nudzisz się ✓, oglądasz, nudzi się, uczy się, oglądam, ogląda, uczymy się, uczysz się, gotujecie, nudzimy się, gotujemy, piszecie, oglądacie, gotuje, nudzicie się, oglądamy, gotujesz, uczą się, oglądają, nudzą się

JA | **TY** — nudzisz się | **ON, ONA, ONO** | **MY** | **WY** | **ONI, ONE**

Ćwiczenie 6

Proszę uzupełnić tabelę.

KONIUGACJE

	−m, −sz MIEĆ, ROZUMIEĆ			**−ę, −isz/−ysz** ROBIĆ, TAŃCZYĆ			**−ę, −esz** PISAĆ, GOTOWAĆ	
(ja)	mam		−m	robię		−ę	piszę	−ę
(ty)		rozumiesz	−sz			−isz / −ysz		−esz
on/ona/ono			−ø		tańczy	−i / −y	gotuje	−e
(my)			−my			−imy / −ymy		−emy
(wy)			−cie			−icie / −ycie		−ecie
oni/one			−ją			−ą		−ą

Ćwiczenie 7

Co nie pasuje?

a) ma, pisze, ~~czytają~~
b) pracuje, wiem, piszę
c) nudzimy się, lubisz, mamy
d) ogląda, czytacie, rozumie
e) uczysz się, szukasz, robi
f) ma, interesują się, są
g) mieszkacie, piszecie, pracują
h) jesteś, oglądają, czytasz
i) piszesz, robi, uczy się

Ćwiczenie 8

Co pasuje?

a) Pan Grzegorz lubię / <u>lubi</u> / lubić oglądać telewizję.
b) Karolina uczy się / uczę się / uczą się dużo.
c) Uwe pracuje / pracować / pracuję bardzo intensywnie.
d) Państwo Maj mają / są / ma dwoje dzieci.
e) Oni studiować / studiują / studiuje iberystykę.
f) Mami mieszka / mieszkają / mieszkać z polską rodziną.
g) Javier świetnie tańczą / tańczy / tańczymy.
h) Angela lubimy / lubią / lubi robić zakupy.
i) Pani Joanna i pan Grzegorz czyta / czytają / czytać dużo książek.

Mami w domu | Co robisz? Nudzę się!

B CO LUBICIE ROBIĆ?

Ćwiczenie 1 `106B1`
Proszę uzupełnić.

1. Mami ...*mailuje*... *(mailować)* do domu.
2. Oni dużo .... *(podróżować)* po Europie.
3. Co ty teraz .... *(gotować)*?
4. Uwe .... *(telefonować)* do Mami.
5. Co wy .... *(kupować)*?
6. Gdzie jesteś? .... *(ja – spacerować)* po parku.
7. My .... *(malować)* mieszkanie.
8. Karolina .... *(fotografować)* Kraków.
9. Czy wy .... *(pracować)* w Warszawie?
10. One .... *(dyskutować)* z nauczycielką.

Co robisz? Nudzę się!

Co lubicie robić?

DIALOG 1 `074` `106B2`

Angela:	Mami, co robisz po lekcji?
Mami:	Ja? Nic specjalnego. Nudzę się.
Angela:	Nudzisz się? A dlaczego?
Mami:	Bo polska mama Joanna gotuje pierogi, tata Grzegorz też pracuje w domu, a Karol czyta. Nie mają czasu.
Nauczycielka:	Po polsku nie mówimy „polska mama" ani „polski tata", bo to nie jest realnie twoja mama ani tata. „Gospodyni" i „gospodarz".
Angela:	A ty, co lubisz robić?
Mami:	Bardzo lubię grać na komputerze, malować i słuchać muzyki rockowej.
Angela:	Ja też lubię słuchać muzyki. I lubię tańczyć, spotykać się ze znajomymi i robić zakupy.
Javier:	A ja lubię chodzić do klubu, tańczyć i podróżować.
Mami:	Ja nie umiem tańczyć.
Javier:	Nie ma problemu, jestem świetnym nauczycielem tańca.
Angela:	To fantastycznie! W weekend idziemy tańczyć!
Mami:	No nie wiem…

Ćwiczenie 2 `106B2`
Prawda czy nieprawda?

	P	N
Mami nudzi się w domu.	✓	__
Pani Joanna nie ma czasu, bo gotuje.	__	__
Tata Mami ma na imię Grzegorz.	__	__
Po polsku forma „polska mama" nie jest dobra.	__	__
Mami i Angela lubią muzykę.	__	__
Angela i Javier lubią tańczyć.	__	__
Mami umie tańczyć.	__	__
Javier jest nauczycielem muzyki.	__	__
Mami bardzo chce się uczyć tańczyć.	__	__

HOBBY

Co lubisz robić? Lubię…

Co lubicie robić? | Co robisz? Nudzę się!

 **chodzić** na spacery
(na siłownię, do kina, do restauracji)

 **czytać** książki i gazety

 **gotować**

 **grać** na gitarze

 **jeździć** konno

 **malować**

 **oglądać** telewizję

 **podróżować**

 **robić** zakupy

 **robić** zdjęcia

 **słuchać** muzyki

 **śpiewać**

 **tańczyć**

 **uczyć się** języków obcych

 **biegać**

 **pływać**

 grać w tenisa
grać w…
golfa, szachy, brydża, …

 grać w piłkę

 **jeździć na…**
nartach, rowerze, rolkach, …

UPRAWIAĆ SPORT

Ćwiczenie 3
Co oni chcą robić w weekend?

Angela: **anons** ___, Mami: **anons**: ___, Javier: **anons** ___, Uwe: **anons** ___ .

44 _ czterdzieści cztery

Ćwiczenie 4
Co jest prawdą?

a)
Angela ma koleżanki:
 – <u>z Londynu</u>
 – z Krakowa
 – z uniwersytetu

b)
Angela chce robić zakupy w:
 – hipermarkecie
 – na targu
 – w galerii handlowej

c)
Angela z koleżankami idzie też:
 – do restauracji
 – na kawę

d)
Mami idzie:
 – na dyskotekę
 – do klubu

e)
Mami idzie:
 – sama
 – z koleżankami

f)
Javier chce oglądać filmy:
 – po hiszpańsku
 – po polsku

g)
Uwe w weekend chce:
 – iść na masaż
 – pracować

Ćwiczenie 5
Proszę dopasować.

zdjęcia ✓, film, tenisa, gitarze, rowerze, teatru, squasha, zakupy, nartach, telewizję, piłkę nożną, mecz, spektakl, restauracji, snowboardzie, spacery, pianinie

robię	*zdjęcia*
oglądam	....
jeżdżę na	....
gram na	....
gram w	....
chodzę na	....
chodzę do	....

Ćwiczenie 6
Proszę skorygować polskie litery i dopasować SMS-y.

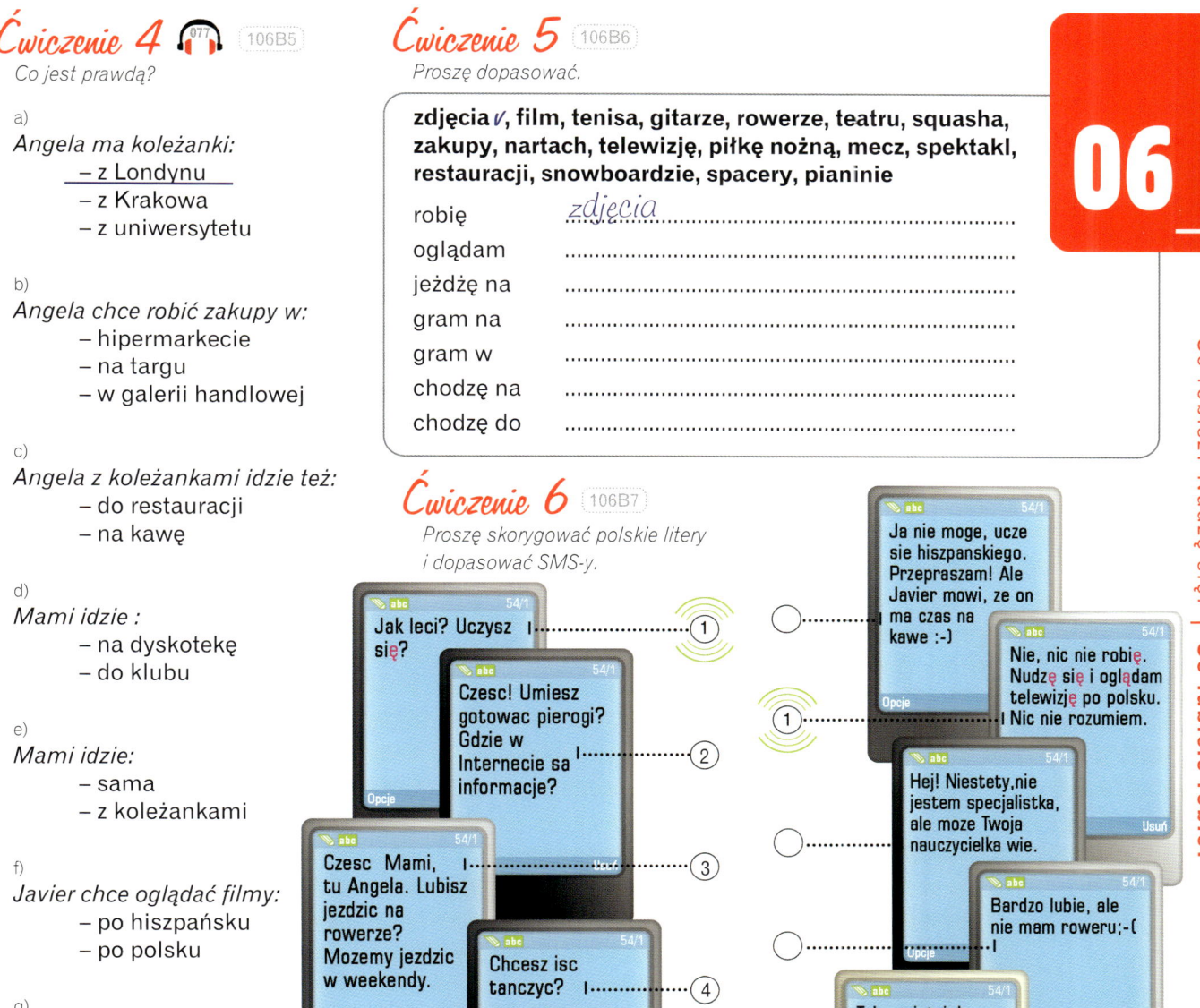

Co robisz? Nudzę się! | Co lubicie robić?

POWTÓRZENIE

Proszę skorygować.

a) Bardzo lubię ~~tańcować.~~
   Bardzo lubię tańczyć.

b) Gram na tenisa.
   ....

c) Oglądam na telewizję.
   ....

d) Lubisz słuchasz muzyki?
   ....

e) Nie umiem grać w gitarze.
   ....

f) (ja) Pisze SMS.
   ....

g) (ty) Studiować w Polsce?
   ....

h) Oni czyta gazetę.
   ....

i) Oni uczę się polskiego.
   ....

j) Karolina lubicie pierogi.
   ....

czterdzieści pięć 45

MAŁE ZAKUPY
Lekcja_07

KOMUNIKACJA
Ile kosztuje?
zakupy

SŁOWNICTWO
kiosk
galeria handlowa

GRAMATYKA
biernik l. poj. rzeczowników i przymiotników
liczebniki 100-1000

krótki, długi, wolny, zajęty, drogi, tani, bogaty, biedny, kosztować, płacić, polecać, pieniądze, kantor, bankomat

nowe słowa

A BIERNIK

DIALOG_1

Karolina: *Mami, co robisz? Masz wolny czas czy jesteś zajęta?*
Mami: *Nudzę się…*
Karolina: *Może spacer?*
Pani Maj: *Dziewczyny, a może galeria handlowa, co? Tu jest lista zakupów.*
Karolina: *Jest krótka? No, to nie ma problemu. Mami, a ty masz swoją listę?*
Mami: *Tak, ale ja mam długą listę. Zakupy to jest mój plan na jutro, ale może być też na dzisiaj.*
Karolina: *OK, a ty Karol, co chcesz z galerii?*
Karol: *Sportowe auto?*
Karolina: *Cha, cha, cha, ale mam inteligentnego brata…!*

Ćwiczenie 1
Kto to mówi?

Mami.1.....

.......Karol

Karolina......

1 Mam wolny czas.
2 Mam długą listę.
3 Mam sportowe auto.
4 Mam inteligentnego brata.

czterdzieści sześć

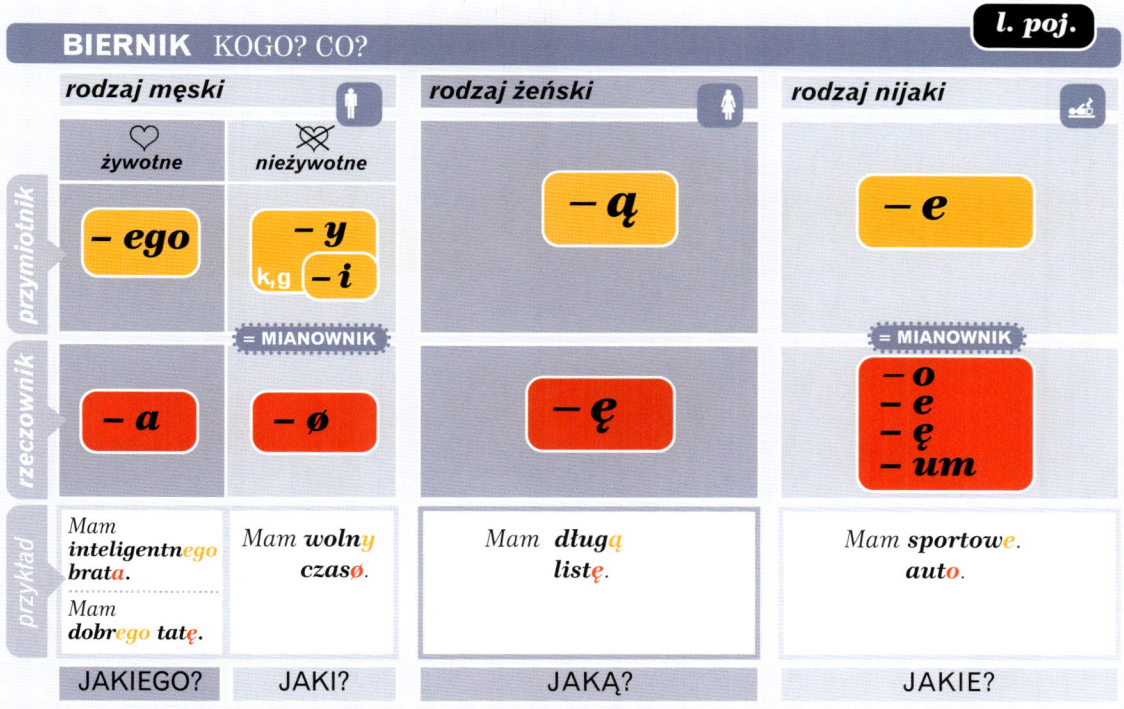

Ćwiczenie 2 (107A2)
Proszę uzupełnić.

bilet, makaron, piłkę nożną, listę
telewizję, gazetę ✓
pracę domową, dyskotekę
film, książkę, zupę
zdjęcie, golfa, pomidora
list, zdanie, piwo, gimnastykę
kawę, słowo

czytać *gazetę*, ...
oglądać ...., ...
robić ...., ...
gotować ...., ...
chodzić na ...., ...
grać w ...., ...
kupować ...., ...
pisać ...., ...
powtórzyć ...., ...
lubić ...., ...

Ćwiczenie 3 (107A3)
kogo? co?

1. ...*Co*... gotujesz?
2. .... czytasz? „Gazetę Wyborczą"?
3. .... znacie? Agnieszkę i Piotra?
5. .... oni piszą?
6. .... lubisz? Brada Pitta?!
7. .... robi mama? Pierogi ruskie!
8. .... lubię? Hm, lubię kino i teatr.
9. W .... dobrze grasz? W golfa czy w tenisa?
10. .... masz w torbie?
11. .... on fotografuje? On fotografuje moją koleżankę.

Ćwiczenie 4 (107A4)
Proszę uzupełnić.

1. Znam *twojego brata.* (twój brat)
2. Lubię .... (zielona herbata)
3. Ona robi .... (tajski masaż)
4. My piszemy .... (długi e-mail)
5. Mama gotuje .... (zupa pomidorowa)
6. Czy oglądasz ....? (polska telewizja)
7. Masz .... (sympatyczna siostra)
8. Lubimy .... (Krakowski Rynek)

mój ↔ mojego ó:o
twój ↔ twojego ó:o

B KIOSK

07

Ćwiczenie 1
Proszę uzupełnić.

Proszę ....

Proszę ....

Proszę ....
....

Proszę ....
....

Proszę *miętową gumę do żucia* .

Proszę ....

LISTA ZAKUPÓW
GAZETA KRAKOWSKA
MAŁA MAPA
CZERWONY DŁUGOPIS
MIĘTOWA GUMA DO ŻUCIA
BILET NORMALNY
KOLOROWY MAGAZYN

(1)	złoty	grosz
2, 3, 4	złote	grosze
5, 6, 7, …	złotych	groszy

DIALOG_1

Mami: *Dzień dobry. Czy jest „Gazeta Krakowska"?*
Pani: *Tak, jest.*
Mami: *Proszę „Gazetę Krakowską". Ile kosztuje?*
Pani: *2 złote 50 groszy. Czy coś jeszcze?*
Mami: *Czy jest mała mapa Krakowa?*
Pani: *Nie ma.*
Mami: *A bilet normalny?*
Pani: *Też nie ma. Jest ulgowy. Jest pani studentką?*
Mami: *Tak, jestem!*
Karolina: *Nie, Mami, nie studiujesz na uniwersytecie, musisz mieć bilet normalny.*
Pani: *Czy to wszystko?*
Karolina: *Czy są papierosy?*
Pani: *A ile masz lat?*
Karolina: *Yyy, 17 i pół.*
Pani: *No to nie ma. Musisz mieć 18 lat.*
Karolina: *Ale to dla taty!*
Pani: *Tak, tak, na pewno. Do widzenia.*

Ćwiczenie 2
złote? złotych? grosze? groszy?

a) 33 *złote*   15 *groszy*
b) 12 .... 50 ....
c) 45 .... 10 ....
d) 6 ....   20 ....
e) 60 .... 02 ....
f) 21 .... 05 ....
g) 99 .... 99 ....
h) 34 .... 80 ....

	[+]	[−]
Czy jest…?	Tak, jest.	Nie, nie ma.
Czy są…?	Tak, są.	

Ćwiczenie 3
Proszę uzupełnić dialog.

Mami: *Dzień dobry. Czy* *jest* *Magazyn „Viva"?*
Pani: *Tak, jest.*
Mami: *Ile ....?*
Pani: *9 .... 99 .... Czy coś ....?*
Mami: *............ jest ołówek?*
Pani: *Nie ....*

48_ czterdzieści osiem

Ćwiczenie 4 [107B4]

Proszę napisać analogiczny dialog.

> miętowa guma do żucia / 3zł;
> czerwony długopis

Mami: ....
.... ?
Pani: ....
Mami: ....?
Pani: ....?
Mami: ....?
Pani: ....

Karolina: O, tu jest LOTTO. Gramy?
Mami: Nie bardzo rozumiem...
Karolina: To jest loteria. Musimy typować 6 numerów. Limit jest 49. Jeden kupon kosztuje 2 złote. Kiedy dobrze wytypujesz 3 numery, masz 16 złotych!

DIALOG_2

Ćwiczenie 5 [081] [107B5]

Co mówi lektor?

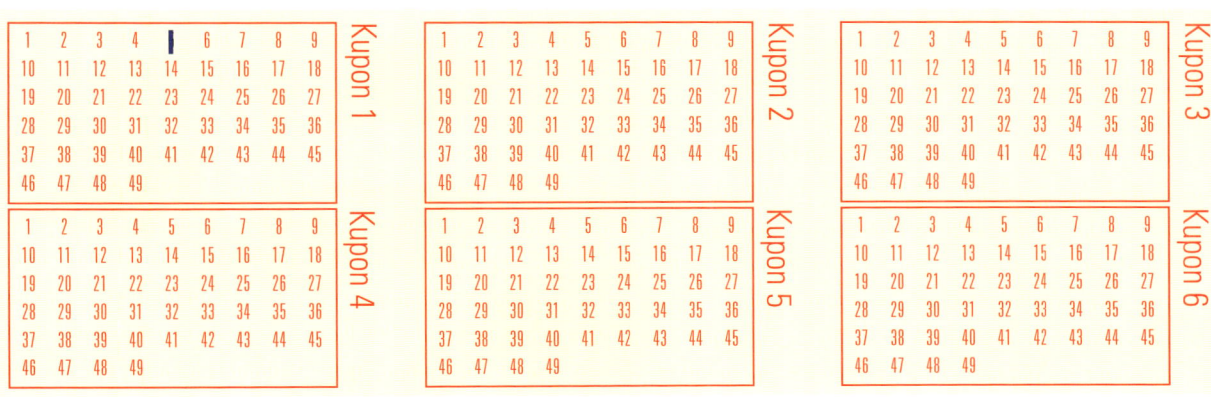

Kupon 1, Kupon 2, Kupon 3, Kupon 4, Kupon 5, Kupon 6

Ćwiczenie 6 [082] [107B6]

Co mówi lektor?

100	sta	sto
200	dwasto	dwieście
300	trzysta	trzysto
400	czteryset	czterysta
500	pięćset	pięćsta
600	sześćsto	sześćset
700	siedemście	siedemset
800	osiemset	osiemsta
900	dziewięćset	dziesięćset
1000	tysiąc	tysięcy

Ćwiczenie 7 [083] [107B7]

Co mówi lektor?

a) 123
b) ....
c) ....
d) ....
e) ....
f) ....
g) ....
h) ....
i) ....
j) ....

Z loterii możemy mieć DUŻĄ SUMĘ, nie tylko 16 złotych...

Ćwiczenie 8 [107B8]

Proszę napisać numer słowami.

a) 678 *sześćset siedemdziesiąt osiem*
b) 456 ....
c) 349 ....
d) 212 ....
e) 199 ....
f) 954 ....
g) 865 ....
h) 555 ....

07

Ćwiczenie 1
Proszę uzupełnić dialogi.

A rozumiesz, restauracji, drogerii, sklep, mapę ✓

Mami: A gdzie ja mogę kupić ..mapę....... ?
Karolina: W Empiku. A kosmetyki w ....
Mami: O, nie ma pani ani pana! Dlaczego?
Karolina: To .... samoobsługowy. Ty sama decydujesz, co kupujesz, a tam jest kasa; .... ?
Mami: Rozumiem, self-service, tak? Jak w .... albo w supermarkecie?
Karolina: Dokładnie!

B aparat, torba, ma, firmy kosztuje, pan, dobry złotych, tani, dobry, słucham

Karolina: Dzień ....
Pan: Dzień dobry, ... ?
Karolina: Czy jest ...., ale niedrogi .... fotograficzny?
Pan: Jakiej .... ?
Karolina: Nie wiem, jaką firmę .... poleca?
Pan: Może Kodak? Ten aparat jest bardzo dobry: mały, ..., funkcjonalny. Kosztuje tylko 300 ....
Karolina: A ten?
Pan: Ten .... 422 złote, to promocja, bo karta pamięci i .... są gratis.
Karolina: Super! Biorę ten. A jest album na fotografie?
Pan: Niestety, nie ....

C tam, wszystko, pięćset, kartę

Karolina: Masz .... ?
Mami: Tak, wszystko. Ale nie mam pieniędzy...
Karolina: A masz .... do bankomatu? Bo .... jest bankomat.
Mami: Mam, ale w domu. Tutaj mam jeszcze euro.
Karolina: OK, kantor też tu jest. Ile masz euro?
Mami: ....
Karolina: Ho, ho, ho, ale jesteś bogata! No, jeszcze tylko zakupy dla mamy i do domu.
Mami: Nie, nie do domu, tu jest tak interesująco!

Małe zakupy | galeria handlowa

Ćwiczenie 2
Prawda czy nieprawda?

	P	N
Karolina chce tani aparat.	✓	__
Karolina kupuje aparat za 300 złotych.	__	__
Karolina nie płaci za kartę pamięci i torbę.	__	__
Karolina kupuje też album na fotografie.	__	__
Sklep fotograficzny jest samoobsługowy.	__	__
Mami ma polskie pieniądze.	__	__
Mami lubi galerię handlową.	__	__

POWTÓRZENIE **D**

Co pasuje?

1. Mam brat / bratem / <u>brata.</u>
2. Mam czas / czasem / czasu.
3. Proszę pomidora / pomidorem / pomidor.
4. Oglądam filmem / filmu / film.
5. Piszę książkę / książka / książką.
6. Czytam list / lista / listem.
7. Gotuję zupa / zupą / zupę.
8. Robię pizzę / pizza / pizzą.
9. Mam mama / mamą / mamę.
10. Znam Krakowa / Krakowem / Kraków.
11. Gram w golf / golfem / golfa.

MAMI, JESTEŚ GŁODNA?
Lekcja_08

KOMUNIKACJA
Co lubisz jeść? Z czym jesz kanapkę?
wyrażanie preferencji

SŁOWNICTWO
posiłki
jedzenie

GRAMATYKA
narzędnik l. mn. rzeczowników i przymiotników
przymiotniki odrzeczownikowe

głodny, zaspany, smacznego, spać (śpię, śpisz), jeszcze, już, chętnie, mieć ochotę na

nowe słowa

A MAMI JE ŚNIADANIE

DIALOG_1

Sobota rano. Karolina puka do drzwi Mami.

Karolina: *Mami! Dzień dobry! Czy ty jeszcze śpisz?*
Mami: *Nie, już nie śpię. Proszę wejść!*
Karolina: *Mami, co chcesz na śniadanie?*
Mami: *Na śniadanie?*
Karolina: *Tak, dziś ja robię śniadanie. Mama i tata jeszcze śpią. Co lubisz jeść?*
Mami: *Ja? Wszystko, nie ma problemu.*
Karolina: *To fajnie.*

Ćwiczenie 1
Co to jest?

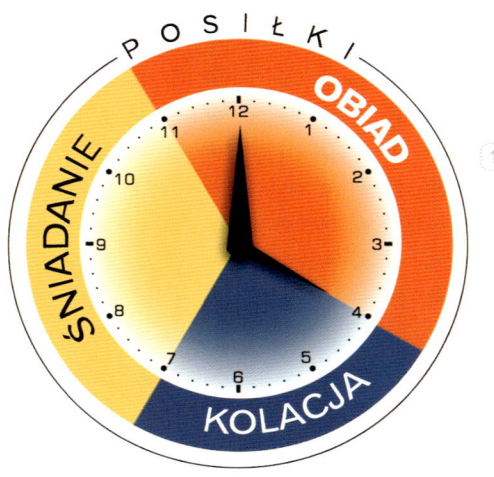

ŚNIADANIE

chleb (jasny i ciemny) 7	masło ☐	kiełbasa ☐
bułka ☐	margaryna ☐	płatki śniadaniowe ☐
biały ser ☐	dżem ☐	pomidor ☐
żółty ser ☐	miód ☐	ogórek ☐
jogurt ☐	jajko ☐	kawa ☐
mleko ☐	szynka ☐	herbata ☐

sok pomarańczowy ☐
kakao ☐
cukier ☐
sól ← ta sól
pieprz ☐
cytryna ☐

52_ pięćdziesiąt dwa

Ćwiczenie 2
Co pasuje?

DŻEM — SZYNKA — MLEKO — CYTRYNA — CHLEB — MASŁO — HERBATA — JAJKO — CUKIER — PŁATKI ŚNIADANIOWE — KAWA

08

Ćwiczenie 3
Proszę posłuchać i uzupełnić.

Karolina: Mami, **wolisz** jasny **czy** ciemny ...*chleb*...?
Mami: Wolisz? Nie rozumiem.
Karolina: Wolisz... yyy, no preferujesz, bardziej lubisz.
Mami: Aha. **Wolę** .... A co to jest?
Karolina: To jest bułka. Może wolisz bułkę?
Mami: Tak, proszę bułkę.
Karolina: Ja jem ciemny chleb z ...., bo chcę być szczupła.
Mami: Ja wolę masło. **Czy mogę prosić** widelec do masła?
Karolina: Mami, to jest nóż, a to jest ....
Mami: Tak, tak, teraz pamiętam.
Karolina: Chcesz wędlinę czy ....?
Mami: Co to jest wędlina?
Karolina: Wędlina to na przykład: szynka, kiełbasa, salami.
Mami: Proszę ...., bardzo lubię polską kiełbasę.
Karolina: Kiełbasa jest tłusta. Ja zwykle jem .... albo żółty ser z pomidorem i z ogórkiem.
Mami: To bardzo zdrowe.
Karolina: Tak, to prawda. Mami, **masz ochotę na** ....? To jajko jest na miękko, a tamto na twardo.
Mami: Co to znaczy?
Karolina: Na miękko gotujesz trzy minuty, a na twardo ....
Mami: Aha, to poproszę na twardo.
Karolina: Z majonezem?
Mami: Tak, chętnie.

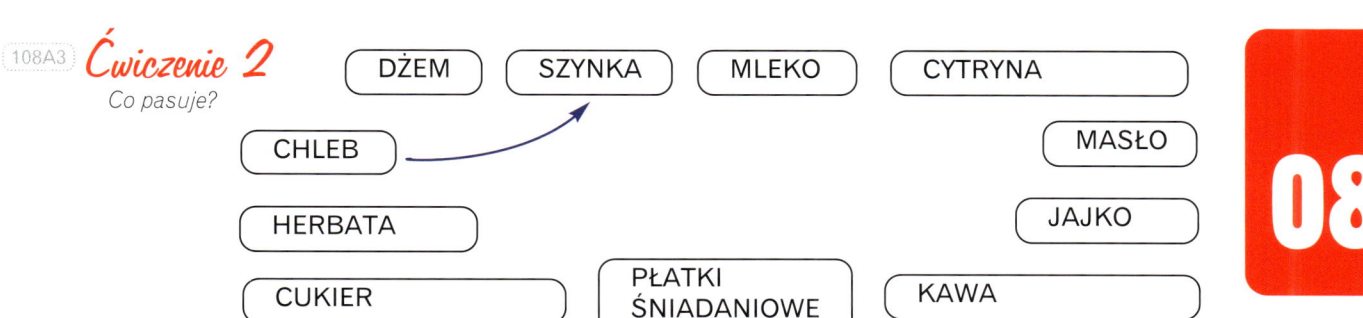

WIDELEC — TALERZ — KUBEK — NÓŻ — ŁYŻKA

Mami, jesteś głodna? | Mami je śniadanie

wolę... + BIERNIK niż... + BIERNIK

Wolę **kawę** niż **herbatę**.

WOLEĆ (-ę, -isz) + BIERNIK

l. poj.		l. mn.	
(ja)		(my)	
(ty)		(wy)	
on ona ono		oni one	*wolą*

pięćdziesiąt trzy _53

Ćwiczenie 4

Proszę uzupełnić.

a) Wolę *czarną herbatę* niż *zieloną* (czarna herbata, zielona).
b) Wolę .... niż .... (ciemny chleb, bułka).
c) Angela woli .... niż .... (gorąca herbata, zimny sok).
d) Mami woli .... niż .... (kiełbasa, żółty ser).
e) Wolimy .... niż .... (czarna kawa, biała).
f) Mami woli .... niż .... (jajko na twardo, jajecznica).
g) Uwe woli .... niż .... (tłusta kiełbasa, chuda).

> **jem... + BIERNIK z... + NARZĘDNIK**
> Jem **chleb** z **masłem**.

Ćwiczenie 5

Proszę uzupełnić.

a) Jem *chleb z masłem i dżemem malinowym* (chleb, masło, dżem malinowy).
b) Jem .... (chleb, chuda szynka, ogórek).
c) Piję .... (herbata, cukier, cytryna).
d) Jem .... (chleb, żółty ser, pomidor).
e) Jem .... (bułka, dżem truskawkowy).
f) Piję .... (kawa, mleko).
g) Jem .... (chleb, biały ser, sól).
h) Piję .... (woda, sok malinowy, cytryna).

DIALOG_2

Karol: *(bardzo zaspany)* Cześć, jecie już śniadanie?
Karolina: Tak, jest już późno.
Karol: Smacznego.
Mami: Dziękujemy.
Karol: Co macie dobrego? Mam ochotę na omlet albo jajecznicę.
Karolina: *(uśmiecha się ironicznie)* Nie ma problemu, tam są jajka, a tam jest patelnia.
Karol: No, wiesz. To ja już wolę jogurt z płatkami.
Mami: Wolę... moment, ja wolę, ty wolisz. Wolisz jogurt naturalny czy **owocowy**?
Karol: Brawo Mami! Wolę owocowy.
Mami: Jogurt malina czy truskawka?
Karol: Mami, mówimy: **malinowy** czy **truskawkowy**?
Mami: Nie mówimy jogurt malina?
Karol: Nie, kiedy pytasz jaki jogurt, mówimy... -owy.
Mami: Owy?
Karol: No, malina +owy, truskawka +owy. Rozumiesz?
Mami: Myślę, że tak. Malina -owy.
Karol: Nie, nie! Malinowy!
Mami: ???

PRODUKT

CO?	JAKI? JAKA? JAKIE?	SOK	HERBATA	CIASTO
ananas	ananas + -owy, -owa, -owe	ananas**owy**	ananas**owa**	ananas**owe**
malina	malin-a̶ + -owy, -owa, -owe	malin**owy**	malin**owa**	malin**owe**
jabłko	jabłk-o̶ + -owy, -owa, -owe	jabłk**owy**	jabłk**owa**	jabłk**owe**

Ćwiczenie 6 `108A8`
Proszę uzupełnić.

 **pomidor**
sok ....
sos ....

 **śliwka**
dżem ....
ciasto ....

 **banan**
sok *banan**owy***
dżem *banan**owy***
ciasto *banan**owe***

 **truskawka**
jogurt ....
herbata ....
ciasto ....

jabłko
sok ....
herbata ....
ciasto ....

 **malina**
sok ....
dżem ....
herbata ....
ciasto ....

 **pomarańcza**
sok ....
dżem ....
herbata ....
ciasto ....

08

Mami, jesteś głodna? | **Co lubimy jeść?**

DIALOG_3 `091` `108A9`

Karol: *Co pijecie?*
Karolina: *Poproszę herbatę z cytryną.*
Karol: *A ty, Mami? Wolisz kawę czy herbatę?*
Mami: *Poproszę kawę.*
Karol: *Jaką kawę? Białą czy czarną?*
Mami: *Białą? Kawa jest zawsze czarna. Tylko herbata jest czarna, zielona, biała.*
Karolina: *Biała – to znaczy z mlekiem.*
Mami: *Teraz rozumiem. Poproszę białą kawę.*
Karol: *Pijesz kawę z cukrem czy bez cukru?*
Mami: *Z cukrem. Dziękuję bardzo.*
Karol: *Proszę, herbata i kawa. Ja dziś piję kakao.*
Mami: *Kakao z cukrem czy z cytryną?*
Karol: *Mami, kakao z cytryną?*
Mami: *Ja tylko ćwiczę narzędnik!*

Ćwiczenie 7 `108A10`
Proszę przeczytać ćwiczenie 3 oraz dialog 2 i 3. Prawda czy nieprawda? Dlaczego?

	P	N
Karolina je bułkę z serem.	___	✓
Mami je ciemny chleb z masłem.	___	___
Mami je bułkę z wędliną.	___	___
Karol je omlet.	___	___
Karol woli jogurt malinowy niż naturalny.	___	___
Mami pije białą herbatę.	___	___
Karolina pije herbatę z mlekiem.	___	___
Karol pije kakao.	___	___

B CO LUBIMY JEŚĆ?

Ćwiczenie 1 `092` `108B1`
Proszę posłuchać i uzupełnić.

 *Na śniadanie jem* ....
....

 *Na śniadanie jem* ....
....

Na śniadanie jem ....
....

jasny ≠ ciemny	z cukrem ≠ bez cukru
mocny ≠ słaby	z mlekiem ≠ bez mleka
tłusty ≠ chudy	z cytryną ≠ bez cytryny
	z lodem ≠ bez lodu

na + BIERNIK
→ śniadanie → obiad → kolację

Ćwiczenie 2 `108B1`
Proszę uzupełnić tabele.

JEŚĆ (-m, -sz) + BIERNIK

l. poj.		l. mn.	
(ja)		(my)	
(ty)		(wy)	
on/ona/ono		oni/one	*jedzą*

PIĆ (-ę, -esz) + BIERNIK

l. poj.		l. mn.	
(ja)		(my)	
(ty)		(wy)	*pijecie*
on/ona/ono		oni/one	

wytrawne
słodkie

pięćdziesiąt pięć _**55**

Ćwiczenie 3 `108B2`
jem? jesz? piję? pijesz?

a) Oni *jedzą* chleb z szynką i .... mocną herbatę.
b) Karolina .... bułkę z masłem.
c) Mami .... jogurt z płatkami.
d) Ja .... tylko czarną kawę.
e) Czy wy .... jajecznicę?
f) Tak, ... (my) jajecznicę i .... gorącą herbatę.
g) Karol .... kakao.
h) Co ....(wy)? Sok pomarańczowy.
i) Czy ty .... kawę? Nie, herbatę.

Ćwiczenie 4 `108B3`
Z czym oni jedzą kanapkę?

Uwe je *chleb* z ....

Angela ....

Karolina ....

Ja jem .... z ....

C OBIAD

Ćwiczenie 1 `108C1`
Proszę wpisać słowa do schematu.

OBIAD → pierwsze danie ....
→ drugie danie *mięso* ... *ziemniaki* ... *sałatka*
.... *kasza* ....

 *sałata*
 *makaron*
ryż
 *ryba*
mięso
 *surówka*
 *kurczak*
 *frytki*
 *ziemniaki*
zupa
 *kotlet*
kasza
 *sałatka*

DIALOG_1 `093` `108C2`

Mami: *Angela, czy to prawda, że w Anglii zawsze jecie rybę z frytkami na obiad? A może to tylko stereotyp?*
Angela: *To jest i stereotyp i prawda. Ja bardzo lubię rybę z frytkami. Lubię też spaghetti i pizzę. Moja mama gotuje świetne mięso z sosem gravy – to nasza ulubiona **potrawa**.*
Mami: *Ja też jem często rybę na obiad. Bardzo lubię frutti di mare. Przepraszam, jak się mówi po polsku frutti di mare?*
Nauczycielka: *Owoce morza.*
Mami: *Dziękuję.*

potrawa = danie

Ćwiczenie 2 `094` `108C3`
Kto co je?

a) ruskie pierogi
b) pierogi z serem i śmietaną
c) pizza i piwo
d) kurczak, frytki i piwo

08

NARZĘDNIK KIM? CZYM? **l. mn.**

rodzaj męski	rodzaj żeński	rodzaj nijaki
przymiotnik:	**–ymi** (k, g **–imi**)	
rzeczownik:	**–ami**	
przykład: Sałata z **suszonymi pomidorami**.	Sos z **zielonymi oliwkami**.	Deser ze **słodkimi jabłkami**.

JAKIMI?

Ćwiczenie 3 [108C4]
Biernik czy narzędnik?

Na śniadanie zwykle jem *chleb* (chleb) z *masłem* (masło) i z .... (chuda szynka), jem też .... (żółty ser). Często piję .... (biała kawa) z .... (cukier). Na obiad jem .... (zupa pomidorowa) z .... (ryż) albo .... (rosół) z .... (makaron). Lubię .... (mięso) z .... (pieczone ziemniaki) i z .... (zielona sałata). Na kolację jem coś lekkiego i piję .... (herbata) z .... (cytryna).

Ćwiczenie 4 [108C5]
Proszę uzupełnić (l. mn.)

a) pizza z *pieczarkami* (pieczarka)
b) ryba z .... (frytka)
c) kotlet z .... (ziemniak) i .... (kiszony ogórek)
d) sałatka z .... (pomidor), ... (czarna oliwka), ... (gotowane jajko)
e) ciasto z .... (jabłko) i .... (malina)

D KOLACJA

Ćwiczenie 1 [108D1]
Proszę uzupełnić.

robią sałatka herbatę idę kolację ✓ na

Pan Maj: Kochanie, co dziś jest na *kolację*?
Pani Maj: .... jarzynowa.
Pan Maj: To świetnie. Gdzie Karol i Karolina?
Pani Maj: .... tosty i ....
Karol: Gotowe! Mami, zapraszamy .... kolację.
Mami: Dziękuję bardzo, już ....

Ćwiczenie 2 [108D2]
Proszę uzupełnić.

Pani Maj: Smacznego.
Karolina: Mami, to jest tradycyjna polska sałatka.
Mami: Z .... (co) ona jest?
Karolina: Z .... (ziemniak – l. mn.), z .... (marchewka), *cebulą* (cebula), z .... (jajko – l. mn.), ... (kiszony ogórek – l. mn.), ... (jabłko – l. mn.) i oczywiście z .... (majonez). Jest **pyszna**!

bardzo smaczna = pyszna

POWTÓRZENIE E

[108E1]
Produkt czy potrawa?

ser ✓, spaghetti, szynka, zupa, kotlet schabowy, frytki, jajko, omlet, jogurt, pizza, jajecznica, kebab, mięso, pierogi, ryba

PRODUKT	POTRAWA
ser	

Mami, jesteś głodna? | obiad | kolacja

LUBISZ MARCHEWKĘ?
Lekcja_09

KOMUNIKACJA	SŁOWNICTWO	GRAMATYKA
zakupy	owoce, warzywa supermarket	mianownik i biernik l. mn. rzeczowników niemęskoosobowych

nowe słowa: suszony, świeży, miękki, twardy, doniczka, śledź, łosoś, węgorz, dorsz

A OWOCE I WARZYWA

Proszę dopasować słowa do ilustracji.

OWOCE	WARZYWA
banan	ziemniak
jabłko	pomidor
✓ gruszka	ogórek
śliwka	marchewka
pomarańcza	por ✓
✓ brzoskwinia	seler
kiwi	cebula
winogrona (l. mn.)	pietruszka ✓
cytryna	papryka
truskawka	czosnek ✓
malina	kalafior
wiśnia	brokuły (l. mn.)
ananas	rzodkiewka ✓
arbuz	kapusta
✓ jagody (l. mn.)	fasola
	groszek
	kukurydza

brzoskwinia, pietruszka, rzodkiewka, jagody, czosnek, por, gruszka

Ćwiczenie 1
Co to jest?

rzodkiewka

58_ pięćdziesiąt osiem

Ćwiczenie 2 `109A3`
Proszę opisać sałatki.

SAŁATKA 1
*por z jabłkiem,
z rodzynkami
i śmietaną*

SAŁATKA 2
....

SAŁATKA 3
....

SAŁATKA 4
....

SAŁATKA 5
....

Ćwiczenie 3 `109A4`
Proszę opisać swój ulubiony owoc i ulubione warzywo.

SMAK	KSZTAŁT
słodki	okrągły
kwaśny	
słony	owalny
gorzki	
ostry	podłużny
delikatny	

przykład: 
*Jest mała, czerwona i słodka, trochę podłużna i **miękka**. Jest dobra z cukrem i ze śmietaną.*

Uwaga!
*słodki jak cukier
kwaśny jak cytryna
słony jak sól
ostry jak chili
gorzki jak kawa
bez cukru*

Lubisz marchewkę? | **na targu**

B NA TARGU

Ćwiczenie 1 `096` `109B1`
Proszę posłuchać dialogu 1 i odpowiedzieć na pytania.

a) Czy Mami i Angela kupują coś na lunch?
b) Na co ma ochotę Angela?
c) Na co ma ochotę Mami?
d) Kiedy chcą kupić rybę?
e) Czy Mami kupuje piwo?

Ćwiczenie 2 `097` `109B2`
Proszę posłuchać dialogu 2 i odpowiedzieć na pytania.

a) Czy Angela kupuje pomidory? Ile?
b) Jaką paprykę kupuje Angela?
c) Czy Angela kupuje suszoną bazylię?
d) Jakie banany kupuje Angela?
e) Ile kiwi kupuje Angela?
f) Jakie winogrona kupuje Angela?
g) Czy Angela kupuje pomarańcze?
h) Ile płaci?

Ćwiczenie 3 `098` `109B3`
Proszę posłuchać dialogu 3 i odpowiedzieć na pytania.

a) Czy Mami kupuje marchewkę? Ile?
b) Czy Mami kupuje pół kilo ziemniaków?
c) Czy kupuje fasolkę? Ile?
d) Czy Mami kupuje brokuły?
e) Czy Mami chce maliny?
f) Ile płaci Mami?

pięćdziesiąt dziewięć _59

Ćwiczenie 4

Proszę posłuchać i uzupełnić.

bazylia
{Ocimum basilicum}

DIALOG_1

Angela: Mami, co .kupujemy........?
Mami: Coś na kolację, owoce i ....
Angela: Mam ochotę na spaghetti i na sałatkę owocową.
Mami: A ja na .... **jarzynową** i rybę. — jarzyna = warzywo
Angela: To może dziś zupa i spaghetti, a jutro ryba?
Mami: ...., w takim razie kupujemy teraz owoce i warzywa, a rybę jutro.
Angela: Ja kupuję produkty na .... do spaghetti i na sałatkę, a ty na zupę.
Mami: W porządku. A co do picia? Może dwa ....?
Angela: Do spaghetti? Piwo? Jeśli chcesz, możesz kupić czerwone wino, ale ...., nie dwa.

DIALOG_2

Angela: Poproszę czosnek, cztery ...., dwie żółte papryki i dwie ....
Sprzedawca: Proszę bardzo, co jeszcze?
Angela: Dwie .... i **świeżą** bazylię. — świeży ≠ suszony
Sprzedawca: W doniczce, tak?
Angela: Tak.
Sprzedawca: To wszystko?
Angela: Nie, proszę jeszcze cztery ...., ale nie te zielone, proszę te dojrzałe, bardziej ....
Sprzedawca: Czy mogą być te?
Angela: Tak. Proszę jeszcze trzy ...., cztery kiwi, cztery brzoskwinie. Poproszę te duże brzoskwinie.
Sprzedawca: Te są ....
Angela: Dobrze i jeszcze te ciemne winogrona.
Sprzedawca: Te fioletowe są bardzo ...., a te różowe mniej.
Angela: Mniej? Co to znaczy?
Sprzedawca: Mniej to mniej!
Angela: ???
Sprzedawca: No, mniej! Mało słodkie. Nie tak bardzo słodkie. Rozumie pani?
Angela: Aaa, rozumiem. W takim razie proszę te różowe i jeszcze dwie ....
Sprzedawca: Teraz pomarańcze nie są bardzo dobre, bo to nie jest sezon. .... są dobre. Może woli pani śliwki?
Angela: Dobrze, proszę pół kilo. Uff, to już wszystko.
Sprzedawca: 42 złote 70 groszy.

DIALOG_3

Mami: Poproszę marchewkę.
Sprzedawca: ....?
Mami: Trzy albo nie, cztery marchewki.
Sprzedawca: I co jeszcze?
Mami: .... pietruszkę.
Sprzedawca: Natka czy korzeń?
Mami: Nie rozumiem.
Sprzedawca: Natka jest zielona, a korzeń ....
Mami: Aha, to chcę to i to. I jeszcze por, ... i ziemniaki.
Sprzedawca: Kilogram?
Mami: Tak. A to? Nie pamiętam, jak to się nazywa.
Sprzedawca: To jest ....
Mami: A tak! To pół kilo poproszę.
Sprzedawca: Proszę bardzo. Czy coś jeszcze?
Mami: Może jeszcze .... Ten średni. To wszystko, dziękuję.
Sprzedawca: Wszystko? Mam bardzo słodkie maliny, chce pani?
Mami: O, chętnie.
Sprzedawca: 19 .... 32 grosze.

na targu | Lubisz marchewkę?

60_ sześćdziesiąt

Ćwiczenie 5 `109B5`

Proszę przeczytać dialogi jeszcze raz i uzupełnić.

l. poj.	produkt	pomidor	banan	ziemniak	owoc	grosz
l. mn. **on**	produkty		–y			

l. poj.	cytryna	malina	śliwka	brzoskwinia	pomarańcza	cebula
l. mn. **ona**						

l. poj.	jajko	warzywo	jabłko	winogrono	piwo	wino
l. mn. **ono**						

l. poj.	dojrzały banan **on**	żółta papryka **ona**	słodkie winogrono **ono**
l. mn. **JAKIE?**			

C MIANOWNIK LICZBA MNOGA

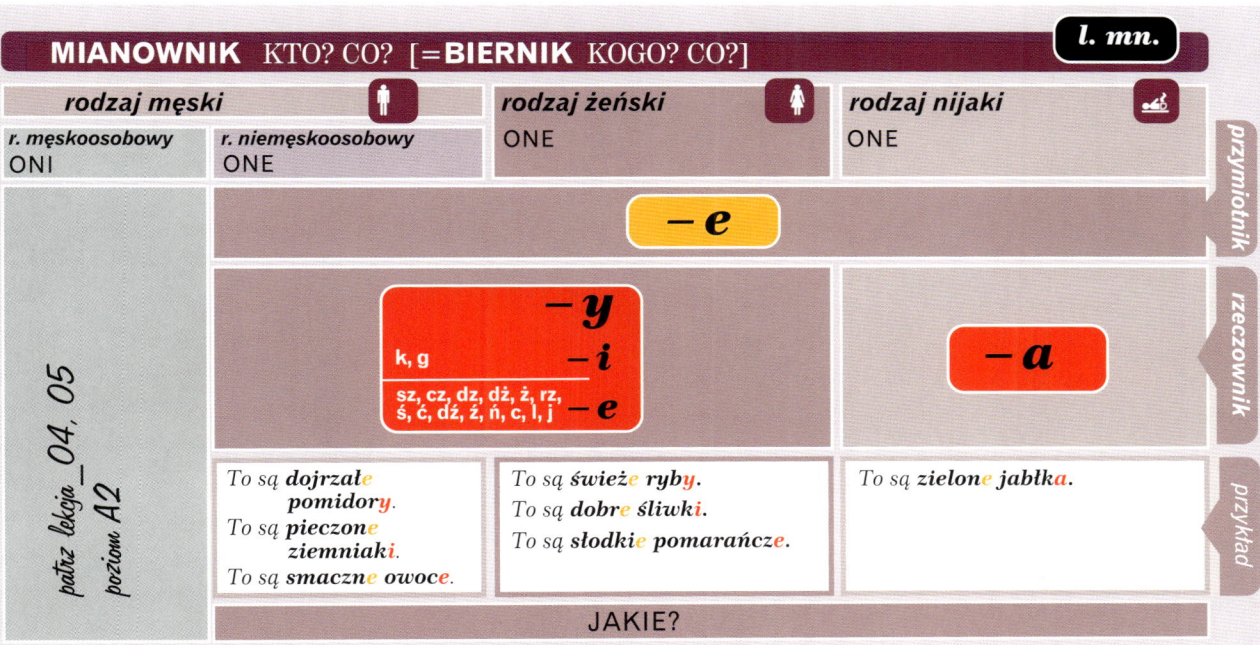

Ćwiczenie 1 `109C1`

Transformacja: l. poj. ➪ l. mn.
Proszę pogrupować słowa.

gruszka ✓, banan ✓, pomidor, ziemniak, warzywo, melon, cytryna, cebula, pomarańcza, śliwka, jabłko ✓, wiśnia ✓, rzodkiewka, ogórek, sałata, kapusta, masło, truskawka, pieczarka, grzyb, pieróg, śledź, papryka, olej, owoc, wino, łosoś, chleb, jajko, węgorz, winogrono, dorsz, malina, ser, ciastko, lód, kawa, piwo, kukurydza, pstrąg, fasola

banany — **-y**

gruszki — **-i**

wiśnie — **-e**

jabłka — **-a**

Lubisz marchewkę? | mianownik liczba mnoga

09

lista zakupów

2 ...jasne chleby...
4 .... (jasny chleb)
2 .... (ciemna bułka)
3 .... (świeże masło)
4 .... (zielony ogórek)
2 .... (duży pomidor)
.... (jogurt naturalny)

Ćwiczenie 2 [109C2]
Proszę uzupełnić.

2 .... (zielone jabłko)
2 .... (sok pomarańczowy)
2 .... (ciemne piwo)
4 .... (woda mineralna)
2 .... (średnia cytryna)
3 .... (czerwona papryka)
3 ....

D GOTOWANIE

GOTOWANA

POTRAWA

WĘDZONA

PIECZONA

SMAŻONA

DUSZONA

Ćwiczenie 1 [102] [109D1]
Prawda czy nieprawda?

	P	N
Dziewczyny są w szkole.	__	✓
Mami robi sos do spaghetti.	__	__
Karolina bardzo lubi duszoną cebulę.	__	__
Mięso smażone jest zdrowsze niż gotowane.	__	__
Mami lubi gotowane ryby.	__	__
Karolina woli gotowanego kurczaka niż pieczonego.	__	__
Angela lubi wędzone ryby.	__	__

Ćwiczenie 2 [103] [109D2]
Proszę uzupełnić tekst.

Karolina: *Cześć dziewczyny, co robicie? Coś dobrego?*
Mami: *Ja gotuję .... (zupa jarzynowa), a Angela robi ...SOS....... (sos) do spaghetti.*
Karolina: *Mniam, to ten sos tak pięknie pachnie!*
Angela: *Tak, cebula ze .... (świeża bazylia), oregano, z .... (czosnek) i innymi przyprawami.*
Karolina: *Uwielbiam duszoną cebulę!*
Mami: *Duszoną? Co to znaczy?*
Karolina: *No wiesz, najpierw cebula jest smażona z .... (oliwa) na patelni, a potem musisz dodać wodę i jeszcze smażyć. Wasz sos to .... (duszona cebula).*
Mami: *Aha. Skomplikowane.*
Karolina: *Mama zawsze mówi, że duszone mięso jest zdrowsze niż smażone.*
Angela: *Zdrowsze to bardziej zdrowe?*
Karolina: *Tak, tak. Niestety, mama też mówi, że gotowany kurczak jest zdrowszy niż pieczony.*
Mami: *A ja lubię .... (gotowana ryba - l. mn.) i .... (zupa rybna)*
Angela: *Ja wolę .... (wędzona - l. mn.) albo .... (pieczona ryba - l. mn.)*
Karolina: *Ja też!*

E SUPERMARKET

09

Ćwiczenie 1 🎧 109E1
Co kto ma w koszyku? Jest sobota, Angela, Mami, Javier i Tom robią zakupy. Proszę posłuchać dialogów i dopasować imię do koszyka.

....

....

....

....

Lubisz marchewkę? | supermarket

Ćwiczenie 2 109E2
Proszę pogrupować produkty.

makaron ✓, szynka, sok, mleko ✓, jabłka, chleb, ryż, bułki, ser żółty, kurczak, wino, kiełbasa, czekolada, makrela, jogurt, mrożone truskawki, pstrąg, ogórki, woda mineralna, płatki kukurydziane, pomidory, ser biały, łosoś, cytryny, coca-cola, dorsz, frytki, wódka, śledzie, chipsy, śmietana, banany, kasza, ciastka, cukierki, jajka, drożdżówka, piwo, węgorz, ziemniaki, mrożone pierogi, słone paluszki, masło

- **nabiał ➡** *mleko*
- **napoje ➡**
- **słodycze ➡**
- **owoce i warzywa ➡**
- **alkohole ➡**
- **ryby ➡**
- **mięso i wędliny ➡**
- **mrożonki ➡**
- **pieczywo ➡**
- *makaron* **produkty zbożowe ➡**

POWTÓRZENIE F

109F1

Proszę uzupełnić.
Co to jest? Jaka zupa? Jaki sok?

.... *jarzyny* ....
zupa *jarzynowa* ....

.... zupa ....

.... zupa ....

.... zupa ....

.... zupa ....

.... zupa ....

.... zupa ....

.... sok ....

.... sok ....

.... sok ....

.... sok ....

.... sok ....

.... sok ....

UWIELBIAM POLSKIE JEDZENIE!
Lekcja_10

KOMUNIKACJA
kawiarnia
restauracja

SŁOWNICTWO
dania, potrawy, desery

GRAMATYKA
dopełniacz l. poj. - negacja
zaimki osobowe w narzędniku

nowe słowa: uwielbiać, zamawiać/zamówić, zapiekanka, kompot, coś dobrze brzmi

A ZAPRASZAM WAS NA OBIAD

Proszę. Do widzenia.

Brown. Angela Brown.

Dzień dobry. Chciałabym zarezerwować stolik dla 4 (czterech) osób na jutro, na godzinę 16.00 (szesnastą).

Dziękuję. Do widzenia.

Dzień dobry, tu restauracja „U Doroty", słucham?

Dobrze. Nie ma problemu. Na jakie nazwisko?

Rezerwacja jest gotowa. Czekamy na państwa jutro.

Do widzenia.

Ćwiczenie 1
Proszę ułożyć dialog.

Angela ma urodziny. Zaprosiła kolegów na obiad, teraz dzwoni do restauracji na Kazimierzu i rezerwuje stolik.

Pani: ....
Angela: ....
....
Pani: ....
Angela: ....
Pani: ....
Angela: ....
Pani: ....

Ćwiczenie 2
Proszę odpowiedzieć na pytania.

1. Kto rezerwuje stolik?
   ☐ Mami ☐ Javier ☑ Angela
2. Jak nazywa się restauracja?
   ☐ Na Kazimierzu ☐ U Doroty
   ☐ Miodowa
3. Dla ilu osób jest rezerwacja?
   ☐ dla 2 ☐ dla 4 ☐ dla 16
4. O której godzinie jest obiad?
   ☐ o 16:00 ☐ o 6:00 ☐ 20:00
5. Na jakiej ulicy jest ta restauracja?
   ☐ ul. Kazimierz 25 ☐ ul. Dietla 103
   ☐ ul. Miodowa 25

DIALOG_1

Restauracja „U Doroty", ul. Miodowa 25. Piątek. Angela, Mami, Javier i Uwe wchodzą do restauracji.

Angela: *Dzień dobry. Mamy rezerwację na godzinę 16.00.*
Kelnerka: *Dzień dobry. Na jakie nazwisko jest rezerwacja?*
Angela: *Brown.*
Kelnerka: *Ach tak! Proszę, to jest państwa stolik. Zaraz podam kartę.*
Angela: *Dziękujemy.*

Ćwiczenie 3

Proszę uzupełnić informacje w menu.

ZUPY
Barszcz solo
Barszcz z jajkiem
Barszcz z uszkami
Krupnik
_____

DANIA OBIADOWE

Mięsne
Kotlet mielony

Schab z grilla
Udko z kurczaka
Wątróbka drobiowa

Rybne
Pstrąg

Wegetariańskie
Pierogi ruskie

Pierogi z owocami

Naleśniki ze szpinakiem

DODATKI
_____
Frytki
_____
Surówki

NAPOJE
Woda mineralna
_____
Soki owocowe
_____
Kawa
Piwo

Uwielbiam polskie jedzenie! | Zapraszam was...

naleśniki z owocami
ziemniaki
zupa ogórkowa
bigos
gołąbki
zupa pomidorowa
dorsz
zupa grzybowa
krupnik ✓
kasza
żurek
kotlet schabowy
herbata
filet drobiowy
wino
pieczeń wołowa
żeberka wieprzowe
łosoś
placki ziemniaczane
pierogi z serem
ryż
tonik
rosół z makaronem

DIALOG_2

Kelnerka: *Co podać?*
Angela: *A co może nam pani polecić?*
Kelnerka: *Jest smaczny rosół i żurek. Polecam też bigos.*
Angela: *Hm... to ja **poproszę** rosół, może filet drobiowy z grilla, ziemniaki i surówkę z kiszonej kapusty.*
Mami: ***Dla mnie** to samo, tylko z frytkami.*
Uwe: *A dla mnie żurek z jajkiem i kiełbasą, kotlet schabowy z ziemniakami i surówką z marchewki.*
Javier: *Za zupę dziękuję. **Mam ochotę na** bigos i poproszę jeszcze gołąbki.*
Kelnerka: *A co do picia?*
Angela: *Dwie herbaty i **dwa razy** piwo.*
Kelnerka: *Herbaty z cytryną?*
Angela: *Tak.*
Kelnerka: *A jakie piwo?*
Javier: *Uwe, może być „Żywiec"?*
Uwe: *Tak!*
Javier: *Poprosimy dwa razy duży „Żywiec".*
Kelnerka: *Czy to wszystko?*
Angela: *Na razie tak.*
Uwe: *Przepraszam, czy można tu palić?*
Kelnerka: *Niestety, tutaj nie, ale można palić w ogródku.*

Co dla Państwa?

dla mnie... + MIANOWNIK

Dla mnie **kawa z mlekiem.**
           pizza.
           kurczak z frytkami.

proszę... + BIERNIK

Proszę **kawę z mlekiem.**
        pizzę.
        kurczaka z frytkami.

---

wieprzowina   **wołowina**   **cielęcina** | **kurczak**   **kaczka**   **indyk** | DRÓB

10

Zapraszam was na obiad | Uwielbiam polskie jedzenie!

Ćwiczenie 4 `110A3`
Co oni jedzą i piją?

Mami: ....
....
Uwe: ....
....
Javier: ....
....
Angela: ....
....

filet drobiowy z grilla, frytki i surówka z kiszonej kapusty

filet drobiowy z grilla i surówka z kiszonej kapusty

rosół

bigos

żurek z jajkiem i kiełbasą

kotlet schabowy z ziemniakami i surówką z marchewki

herbata z cytryną

gołąbki

piwo Żywiec

Ćwiczenie 5 `110A4`
Proszę przeczytać dialogi.

Czy zupa jest smaczna?
I jak? Smakuje ci?
Tak! Jest naprawdę dobra. Spróbuj!
O tak! Jest pyszna!
Smakuje ci pieczeń?
Nie za bardzo. Jest za tłusta.

Czy mogę spróbować twojej sałatki?
Oczywiście! I jak smakuje?
Jest naprawdę znakomita!

ZNAKOMITY, WYŚMIENITY
PYSZNY, PRZEPYSZNY, ŚWIETNY
BARDZO DOBRY, DOBRY,
SMACZNY, NIEZŁY

TAKI SOBIE
NIEZBYT SMACZNY
NIE ZA BARDZO

NIEDOBRY
OKROPNY
BEZ SMAKU

Ćwiczenie 6 `110A4`
Proszę ułożyć analogiczne dialogi.

Mami: *Javier, czy twój rosół jest smaczny?*
Javier: Tak. Jest bardzo dobry.

Angela: *Jak smakuje ci ryba?*
Mami: Niestety, nie za bardzo.
Angela: *Dlaczego?*
Mami: Jest za słona.

JAKI?

tłusty chudy
mocny łagodny
ostry kwaśny
słodki gorzki surowy ciepły chłodny
słony zimny gorący

Ćwiczenie 7
Co oni mówią?

10

Ćwiczenie 8
Co to znaczy?

B A MOŻE RURKA Z KREMEM?

DIALOG_1

Mami: *Mam ochotę na coś słodkiego! Angela, masz czas? Idziemy do kawiarni?*
Angela: *Na coś słodkiego? Jasne!*
Mami: *Ale jest mały problem. Nie znam **dobrej kawiarni**.*
Angela: *Hm... dobra kawiarnia... A może klub? „Pauza" na ulicy Floriańskiej to dobre miejsce. Robią tam bardzo dobre drinki i...*
Mami: *Angela, ja nie chcę pić ani **piwa**, ani **wódki**, ani **wina**, **żadnego drinka**! Nie chcę też **kawy**, **herbaty**, **kompotu** czy **mleka**! Chciałabym tylko zjeść coś słodkiego, jakiś dobry deser albo chociaż rurkę z kremem, gofra czy coś.*
Angela: *Oj Mami, nie złość się! Już wiem! Na Rynku jest kawiarnia, nazywa się chyba „Pijalnia czekolady".*
Mami: *To dobrze brzmi!*
Angela: *Tak. Tam jest wszystko, desery i czekolady do picia i do jedzenia.*

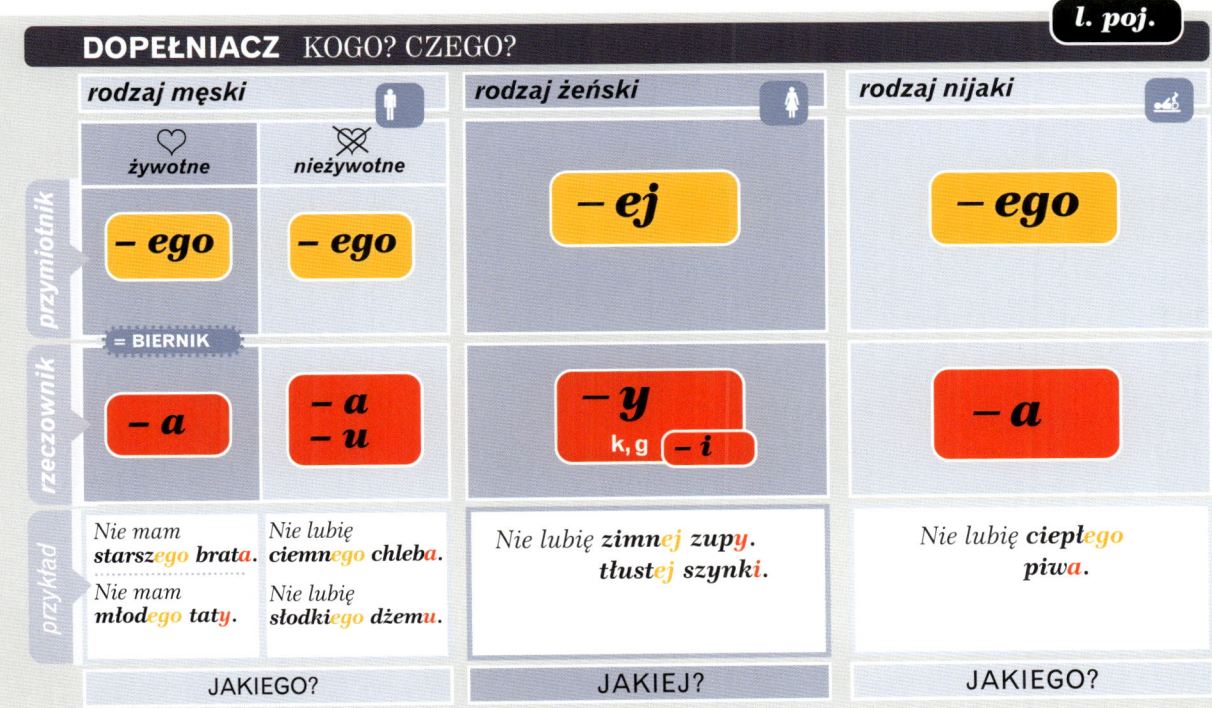

sześćdziesiąt siedem _67

NEGACJA	Lubię bia**ą** kaw**ę**. → Nie lubię biał**ej** kaw**y**.
BIERNIK → DOPEŁNIACZ	Lubię zimn**y** sok. → Nie lubię zimn**ego** sok**u**.
	Lubię czerwon**e** wino. → Nie lubię czerwon**ego** win**a**.

10

Ćwiczenie 1 `110B2`
Co oni lubią? Czego oni nie lubią?

LUBI (Karol): soki, masło, pizza, jogurt owocowy, jajecznica, spaghetti, placki ziemniaczane, barszcz czerwony, gołąbki

LUBI (Karolina): kawa, czarna herbata, zielona herbata, woda mineralna niegazowana, margaryna, wędzona ryba, biały i żółty ser, bigos, makaron

NIE LUBI (Karol): pasztet, ciemny chleb, zielona herbata, woda mineralna niegazowana, pietruszka, gotowana marchewka, tofu, wódka, zupa mleczna

NIE LUBI (Karolina): piwo, wódka, masło, tłuste mleko, jasny chleb, zupa ogórkowa, tłusta kiełbasa, smażone mięso, sól

Karol i Karolina to brat i siostra. To bliźniaki, ale nie są identyczne. Dlaczego?

Ćwiczenie 2 `110B3`
Proszę uzupełnić zdania.

a) Lubię białą czekoladę. Nie lubię *białej czekolady*.
b) Jem pyszny obiad. Nie jem ....
c) Piję czerwone wino. Nie piję ....
d) Lubię zupę pomidorową. Nie lubię ....
e) Mam zielonego banana. Nie mam ....
f) Znam dobrą lektorkę hiszpańskiego. Nie znam ....
g) Mam nowy samochód. Nie mam ....
h) Mam nową książkę. Nie mam ....
i) Lubię tego profesora. Nie lubię ....
j) Znam tę studentkę. Nie znam ....
k) Znam dobrego dentystę. Nie znam ....

Ćwiczenie 4  `110B5`
Co oni zamawiają?

Mami zamawia: ....

Angela zamawia: ....

Klient zamawia: ....

Klientka zamawia: ....

Ćwiczenie 3 `110B4`
Proszę uzupełnić informacje w menu.

**sernik
soki
czekolada
herbata czarna
tonik
kawa
tort
koktajl
szarlotka ✓
lody**

NAPOJE GORĄCE
Herbata owocowa
Herbata zielona
_____
Kawa espresso
Kawa z rumem
_____
Czekolada z orzechami

NAPOJE ZIMNE
Woda mineralna gazowana/niegazowana
_____
Pepsi - Cola
_____
_____ ze świeżych owoców

DESERY
Deser owocowy z bitą śmietaną
_____ z bakaliami i bitą śmietaną
Galaretka z owocami
Pieczony banan z lodami

CIASTA I CIASTKA
_____
Makowiec
_____ czekoladowy, orzechowy
szarlotka na ciepło

KOKTAJLE OWOCOWE
_____
truskawkowy,
bananowy,
jagodowy,
malinowy

A może rurka z kremem? | Uwielbiam polskie jedzenie!

C NARESZCIE WEEKEND!

10

Ćwiczenie 1
Proszę przeczytać i uzupełnić tabelkę.

DIALOG 1

Javier: Mami, idziesz z **nami** dzisiaj do pubu?
Mami: Z **nami**, to znaczy z kim?
Javier: Ze **mną**, z Angelą, z Tomem.
Mami: A Uwe? Co z **nim**?
Javier: Nie wiem, czekam jeszcze na SMS-a. To jak, idziesz?
Mami: Z **tobą** Javier wszędzie! Hm, hm! To znaczy… z **wami** wszędzie!

MIANOWNIK KTO? CO?	ja	ty	on	ona	ono	my	wy	oni	one
	ze			z					
NARZĘDNIK Z KIM? Z CZYM?	....	....	....	nią	nim	....	....	....	nimi

Ćwiczenie 2
Proszę napisać dobrą formę.

a) Lubię z ...*tobą*... *(ty)* rozmawiać.
b) Idziesz ze .... *(ja)* do kina?
c) Dzisiaj nie idę z .... *(wy)* na imprezę, jestem chora.
d) Maria i Marta to moje koleżanki. Uczę się z .... *(one)* do testu.
e) Adam jest bardzo sympatyczny i inteligentny. Lubię z .... *(on)* spędzać czas.
f) Ada zna cały Kraków. Dzisiaj idę z .... *(ona)* zwiedzać miasto.
g) Ona pracuje z .... *(my)* dwa lata.
h) Adam i Piotrek to moi koledzy. Chodzę z .... *(oni)* do szkoły.

Ćwiczenie 3
Zaznacz jaką zapiekankę je Javier.

ZAPIEKANKI Z PIECA
- zapiekanka standard ze szczypiorkiem ✓
- z podwójnym serem
- z szynką
- z boczkiem
- ze szpinakiem
- z kawałkami kurczaka

Dodatki do zapiekanek:
szczypiorek
cebulka
kukurydza

Sosy:
sos czosnkowy
majonez
keczup ostry/łagodny

POWTÓRZENIE D

Proszę rozwiązać krzyżówkę.

1. Tradycyjna polska potrawa z kapusty.
2. „Sok" z owoców robiony w domu.
3. .... ziemniaczane.
4. Zupa, która ma czerwony kolor.
5. Polski kuskus.
6. Robione są z mąki, jajka i mleka.
7. Mogą być z kapustą i grzybami, mięsem, ruskie.
8. Robione z kapusty, ryżu i mięsa. Podawane z sosem pomidorowym.
9. Kotlet ....

RODZINA
Lekcja_11

KOMUNIKACJA
Czyj? Czyja? Czyje?
Jak często? Kiedy?

SŁOWNICTWO
rodzina
pory dnia; zawsze, zwykle... nigdy

GRAMATYKA
zaimki dzierżawcze

rozwiedziona, nie żyje, rodzeństwo, drzewo genealogiczne, rozmawiać, powiedzieć, stuprocentowe

nowe słowa

A CZYJA TO RODZINA?

Ćwiczenie 1 🎧 (111A1)
Czyja to rodzina?

Mami, Angela, Javier, Uwe, Karolina

Ćwiczenie 2 🎧 (111A2)
Proszę posłuchać i uzupełnić.

męża, żonę v, dzieci, żonaty, dzieci

a. Moja rodzina? Ale która, aktualna czy ta pierwsza? To trochę skomplikowane. Aktualnie mam ...*żonę*... i dwoje .... Jestem drugi raz .... Nie mam kontaktu z pierwszą żoną, ale wiem, że ona ma drugiego .... Nie wiem, czy ma ....

brata, tatę, siostrę, mamę, rodzinie

b. Nie wiem, co powiedzieć: normalnie, mam ...., ... Też mam .... i .... Ale nie lubię rozmawiać o mojej ....

70_ siedemdziesiąt

ojciec, rozwiedziona, dziadek, żyje, babcia

c. Już nie mam męża. To po polsku się mówi, że jestem ...., tak? Jestem pół Polką, pół Angielką. Moja mama jest Polką. Nie znam dobrze historii mojej rodziny. Wiem, że .... mojej matki, a mój .... był pilotem w RAF-ie. Moja .... była stuprocentową Polką z bardzo arystokratycznej rodziny. Niestety, już nie .... A mój ojciec i jego rodzina są Anglikami.

kawalerem, rodziców, kuzynki

d. Mam dużą rodzinę: ...., braci, siostry, kuzynów i .... Wszyscy mieszkają w jednym mieście. To bardzo fajnie, bo możemy się często spotykać. Kto to jest Maria Elena? Yyy, to moja znajoma, to znaczy przyjaciółka..., to znaczy moja dziewczyna... Ale jeszcze nie żona! Nie mam żony, jestem ....

ciocię, rodzeństwa, wujka

e. Mieszkam z rodzicami i bratem. Mój brat i ja jesteśmy bliźniakami. Mam też .... – siostrę mojego taty i .... – brata mojego taty. Moja mama nie ma .... Moi dziadkowie i babcie mieszkają w Gdańsku i w Poznaniu, dlatego rzadko się spotykamy - tylko raz, dwa razy w roku. Oczywiście, mam chłopaka. Bardzo się kochamy, ale jeszcze niczego nie planujemy. Jestem panną.

Ćwiczenie 3 (111A3)
Prawda czy nieprawda?

Uwe:
	P	N
nie jest żonaty		✓
jest rozwiedziony i żonaty		
ma troje (3) dzieci		

Mami:
	P	N
ma brata i siostrę		
ma rodziców, to znaczy mamę i tatę		

Angela:
	P	N
teraz już nie ma męża		
jej matka jest Angielką, a ojciec Polakiem		

Javier:
	P	N
często spotyka się z rodziną		
Maria Elena to jest jego dziewczyna		
Javier jest kawalerem, to znaczy nie ma żony		

Karolina:
	P	N
ma brata – bliźniaka		
jej mama nie ma rodzeństwa, to znaczy nie ma brata ani siostry		
jej dziadkowie mieszkają daleko, dlatego nie spotykają się często		
nie ma męża, jest panną		

Ćwiczenie 4 (111A4)
Proszę dopasować definicje do słów.

1. **panna** ✓ — □ mężczyzna, który ma żonę
2. **mężatka** — □ brat matki lub brat ojca
3. **żonaty** — □ brat i siostra
4. **rozwiedziony** — [1] kobieta, która jeszcze nie ma męża
5. **kawaler** — □ mężczyzna, który teraz już formalnie nie ma żony
6. **rodzeństwo** — □ mężczyzna, który jeszcze nie ma żony
7. **ciocia** — □ siostra matki lub siostra ojca
8. **wujek** — □ kobieta, która ma męża
9. **małżeństwo** — □ mąż i żona

Ćwiczenie 5 (111A5)
Proszę dopasować pary.

mężczyźni	kobiety
1. brat	a) kuzynka
2. ojciec	b) siostra
3. mąż	c) dziewczyna
4. dziadek	d) ciocia
5. kuzyn	e) matka
6. wujek	f) żona
7. chłopak	g) babcia
8. tata	h) mama
9. kawaler	i) mężatka
10. żonaty	j) panna
11. rozwiedziony	k) rozwiedziona

Ćwiczenie 6 `111A6`
Proszę posłuchać, a następnie przeczytać tekst i uzupełnić genealogię rodziny.

GDZIE KTO JEST?
Mam tylko jedną siostrę, ma na imię Basia. Jest już mężatką i ma jedno dziecko – córkę Amelkę (3 lata). Jej mąż Robert jest znanym aktorem. Nasza matka, też Barbara, teraz jest rozwiedziona, ale miała dwóch mężów. Mój ojciec ma na imię Tadeusz, a ojciec mojej siostry Stanisław. Moi dziadkowie to Krystyna i Zygmunt, ale już nie żyją.

Mam żonę Zosię i dwoje dzieci: Janka (21 lat) i Małgosię (13 lat). Janek ma dziewczynę, ma na imię Dorota. Nie mają jeszcze dzieci. A ja jestem Jacek. Bardzo mi miło Państwa poznać.

MODEL POLSKIEJ RODZINY

Jakie naprawdę jest Pana / Pani małżeństwo i rodzina?
26% (model mieszany) - mąż i żona pracują zawodowo. Mąż bardziej koncentruje się na pracy zawodowej, żona też zajmuje się domem i dziećmi.
23% (model tradycyjny) - tylko mąż pracuje, żona zajmuje się domem i dziećmi.
21% - ani mąż, ani żona nie pracują.
19% (model partnerski) - mąż i żona tyle samo czasu pracują i zajmują się domem i dziećmi.
6% - tylko żona pracuje, mąż zajmuje się domem i dziećmi.
4% - inna sytuacja.

{ *Na podstawie danych: CBOS BS/52/2006, „Potrzeby prokreacyjne oraz preferowany i realizowany model rodziny".* }

Ćwiczenie 7 `111A7`
Prawda czy nieprawda?

	P	N
W modelu tradycyjnym rodziny kobieta pracuje, a mężczyzna nie.	__	__
W typowym modelu polskiej rodziny kobieta i pracuje, i zajmuje się domem.	__	__
W modelu partnerskim kobieta i mężczyzna tak samo pracują oraz zajmują się domem i dziećmi.	__	__

Ćwiczenie 8 `111A8`
Gdzie są słowa?

abg<u>matka</u>kchibratrtożonanilsmężatkapolpanna kawalerwiedrozwiedzionadimbabciatridziadeka ndyciociamąż

B CZYJ? CZYJA? CZYJE?

Ćwiczenie 1  111B1
Proszę posłuchać i uzupełnić.

nasz, moja, moja, czyj ✓, czyja, czyje

DIALOG_1
Pani Joanna: ..*Czyj*.. samochód blokuje garaż?
Pan Grzegorz: Nie wiem, na pewno nie ....

DIALOG_2
Nauczycielka: Przepraszam, ... to książka?
Mami: Nie .... Myślę, że Javiera.

DIALOG_3
Angela: .... to zdjęcie?
Javier: To? To moje. To .... koleżanka, Maria Elena.
Angela: I zdjęcie koleżanki masz w portfelu?! To musi być bardzo dobra koleżanka!

Kto?	CZYJ?	CZYJA?	CZYJE?
ja	mój	moja	moje
ty	twój	twoja	twoje
on, ono	jego	jego	jego
ona	jej	jej	jej
my	nasz	nasza	nasze
wy	wasz	wasza	wasze
oni, one	ich	ich	ich

Ćwiczenie 2 111B2
Proszę dopasować.

siostra ✓, auto, matka, babcia, miasto
wujek, dziecko, teściowa, ciocia, syn
dziadek, zdjęcie, ojciec, teść, ćwiczenie

MÓJ	MOJA	MOJE
....	....	....
....	*siostra*	....
....	....	....
....	....	....
....	....	....

Ćwiczenie 3 111B3
Transformacje.

a) Syn twojej siostry ma 28 lat.
   (ja) ..*Syn mojej siostry ma 28 lat.*..

b) Moja matka jest lekarką.
   (on) ....

c) Jej zdjęcie jest bardzo ciekawe.
   (my) ....

d) Jaka jest twoja ulubiona restauracja?
   (one) ....

e) Twoja nauczycielka ma na imię Aneta.
   (oni) ....

f) Twoje zadanie domowe jest bardzo dobre.
   (on) ....

g) Idziemy do kina z naszym gospodarzem.
   (wy) ....

h) Jakie jest wasze ulubione kino?
   (ona) ....

Ćwiczenie 4 111B4
Proszę przeczytać dialog i wybrać odpowiednią formę.

„Glossa", pokój do nauki – Angela i Mami rozmawiają.

Angela: Cześć, Mami! Czyje / czyj / czyja to pióro?
Mami: Nie wiem, nie mój / moja / moje . Myślę, że Uwego albo Javiera.
Angela: A gdzie oni / one / wy są?
Mami: Uwe, jego / moja / jej żona i twoje / ich / on dzieci są na obiedzie. A Javier pisze e-mail do koleżanki. Ale to chyba nie ona / on / jego koleżanka, tylko ona / on / jego dziewczyna.
Angela: Tak, on / my / ty ma dużo koleżanek, hi, hi. Zawsze mówi: „moja / mój / moje koleżanka"!
Mami: Tak, szkoda...

C   RANO CZY WIECZOREM?

Ćwiczenie 1 111C1
Proszę dopasować zdania do scenek.

1. **Przed południem** mam lekcje polskiego w „Glossie".
2. **Rano** pani Joanna robi dla mnie smaczne śniadanie.
3. **W nocy** śpię. Jutro jest nowy pracowity dzień.
4. **Po południu** jestem bardzo zmęczona i muszę odpocząć. Javier mówi, że mam sjestę.
5. **O północy** wracam do domu.
6. **W południe** jem obiad, zwykle zupę. Bardzo lubię polskie zupy!
7. **Wieczorem** spotykam się z Angelą i innymi znajomymi ze szkoły. Ale nie lubię tańczyć.

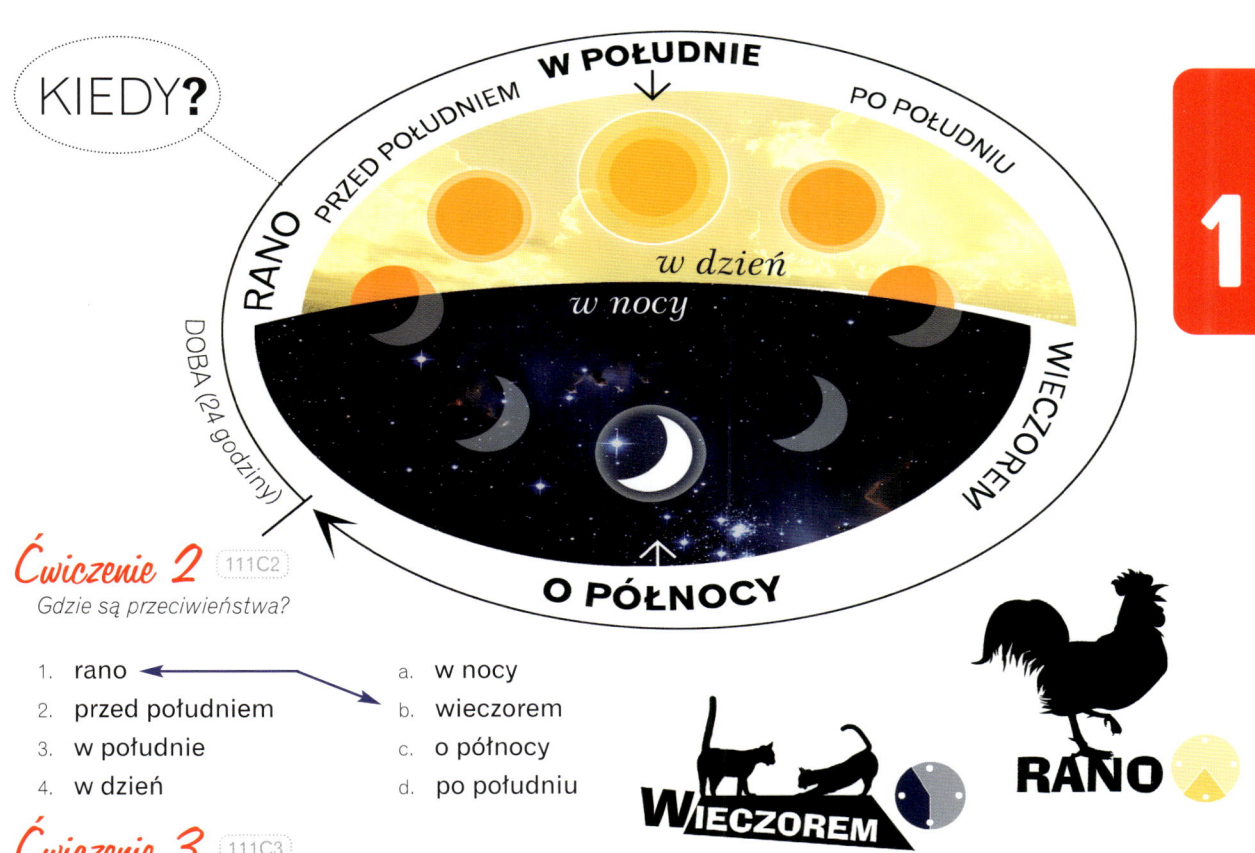

KIEDY?

Ćwiczenie 2
Gdzie są przeciwieństwa?

1. rano
2. przed południem
3. w południe
4. w dzień

a. w nocy
b. wieczorem
c. o północy
d. po południu

Ćwiczenie 3
Proszę przeczytać tekst, a następnie uzupełnić tabelkę.

W rodzinie Majów wszystko jest uporządkowane: rano pani Joanna robi dla wszystkich śniadanie, ale Karolina nie je, bo jest na diecie (jak zawsze). Pan Grzegorz tylko pije kawę, bo nie ma czasu. Przed południem bliźniaki mają zajęcia, pan Grzegorz jeździ do klientów, a pani Joanna pracuje w domu. Codziennie w południe pan Grzegorz dzwoni do żony, Karol ma przerwę i je drugie śniadanie, a Karolina spotyka się z chłopakiem. Po południu rodzeństwo robi zakupy, mąż jeszcze pracuje, a żona albo coś gotuje na obiad, albo pisze e-maile. Wieczorem wszyscy jedzą razem kolację w domu lub w restauracji, a następnie małżeństwo ogląda telewizję, córka gra na komputerze, a syn uczy się.

Kiedy?	pan Grzegorz	pani Joanna	Karolina	Karol
rano	pije kawę			
przed południem				
w południe				
po południu				
wieczorem				

Ćwiczenie 4
Proszę zapytać kolegów w klasie, co robią dziś w południe, po południu, wieczorem.

CO ROBISZ DZIŚ... ?

Imię:	w południe	po południu	wieczorem

Rodzina | **Rano czy wieczorem?**

D JAK CZĘSTO?

Ćwiczenie 1 [111D1]

Proszę posłuchać dialogu, a następnie uzupełnić tabelkę znakiem „+".

Uwe:	zawsze	codziennie	zwykle	od czasu do czasu	rzadko	nigdy nie
pracuje	+					
dzwoni do żony						
jeździ samochodem						
jeździ taksówką						
ma urlop						
chodzi na dyskotekę						

DIALOG_1

Angela: Uwe, jak często pracujesz?
Uwe: He, he, **zawsze**, od rana do wieczora. Jestem pracoholikiem.
Angela: A jak często dzwonisz do żony?
Uwe: **Codziennie**, to znaczy siedem razy w tygodniu.
Angela: A czym jeździsz do pracy?
Uwe: **Zwykle** samochodem, ale **od czasu do czasu** taksówką.
Angela: A jak często masz urlop?
Uwe: Bardzo **rzadko**. Praktycznie tylko raz w roku.
Angela: A jak często chodzisz na dyskotekę?
Uwe: **Nigdy** nie chodzę na dyskotekę. Jestem za stary. A teraz ja mam pytanie: dlaczego tak dużo pytasz?
Angela: Bo lubię wszystko wiedzieć.

Ćwiczenie 2 [111D2]

Proszę pogrupować frazy:
nigdy, często, codziennie, od czasu do czasu, zawsze ✓, rzadko, zwykle, prawie nigdy, bardzo rzadko

JAK CZĘSTO?

max. *zawsze*
....
....
....
....
....
....
....
min. ....

Ćwiczenie 3 [111D3]

Quiz. Czy to prawda, że:

	P	N
raz w roku jest w Krakowie festiwal pierogów?	✓	
w Afryce zawsze jest słońce?		
w Polsce zwykle na śniadanie jemy bigos?		
zwykle w polskich rodzinach i mąż, i żona pracują?		
nigdy nie mówimy „ty" w sytuacji formalnej?		
lekcje w szkole „Glossie" są codziennie?		

E TWOJE DRZEWO GENEALOGICZNE

11

Ćwiczenie 1

Proszę narysować drzewo genealogiczne swojej rodziny i krótko je zaprezentować.

Ja

POWTÓRZENIE F

Proszę opisać rodziny na fotografiach.

Rodzina | twoje drzewo genealogiczne

siedemdziesiąt siedem _ 77

CO ROBISZ W PONIEDZIAŁEK O ÓSMEJ?
Lekcja_12

KOMUNIKACJA
umawianie się na spotkanie
zapraszanie

SŁOWNICTWO
godziny
dni tygodnia

GRAMATYKA
liczebniki porządkowe 1-24

zaproszenie, umówić się, godzina, kwadrans

nowe słowa

A MACIE OCHOTĘ PÓJŚĆ NA SPEKTAKL?

Ćwiczenie 1 (129) [112A1]
Prawda czy nieprawda?

	P	N
Spektakl jest w Centrum Sztuki Japońskiej.	v	
To jest tradycyjny spektakl japoński.	__	__
Spektakl jest jutro.	__	__
Mami nie ma jeszcze zaproszeń.	__	__
Karol nie ma dziś czasu.	__	__
Karolina nie ma dziś czasu.	__	__
Karol spotyka się z koleżanką.	__	__
Mami jest ciekawa, z kim Karol się spotyka.	__	__
Mami idzie na spektakl z Karoliną.	__	__

UMAWIAMY SIĘ

Masz ochotę pójść	▸ **na** spektakl / film kawę / piwo	?
Chcesz pójść		
Może pójdziemy	▸ **do** teatru / kina kawiarni / klubu	

+ Chętnie, dziękuję za zaproszenie.
Świetny pomysł!
Tak, dlaczego nie?
Jasne!

− Niestety, nie mam czasu.
Przepraszam, ale dziś nie mogę.
Nie lubię chodzić do teatru, ale może pójdziemy do kina?
Myślę, że to nie jest dobry pomysł, bo...
Dzięki, ale nie mogę.

dzięki
dziękuję

Ćwiczenie 2 ✎ (130) [112A2]
Proszę uzupełnić dialog.

czas, pewno, zaproszenia, teatr, ciekawy v, kiedy, mogę, pójść

Mami: *Wiecie, w Centrum Sztuki Japońskiej Manggha jest bardzo* **ciekawy** *spektakl teatru kabuki.*
Karol: *A co to jest?*
Mami: *To bardzo stary .... japoński.*
Karolina: *Tak, a ....?*
Mami: *Dziś wieczorem. Mam trzy .... Macie ochotę ....?*
Karol: *Oj, ja dziś nie ...., idę do kina.*
Karolina: *He, he, on ma randkę! Na .... idzie na komedię romantyczną.*
Mami: *A z kim?*
Karol: *To nie wasza sprawa. I nie idziemy na komedię, ale na film psychologiczny.*
Karolina: *Ja wiem: z koleżanką z klasy. Ale ja mam .... i mogę pójść na ten spektakl.*
Mami: *Świetnie!*

Ćwiczenie 3 `112A3`
„do" czy „na"?

film ✓, kino ✓, spektakl, kawa, lunch, kawiarnia, restauracja, piwo, klub, koncert, dyskoteka, teatr, kolacja, pub, „Hamlet"

CHCESZ PÓJŚĆ...?

do kina	na film
....	....
....	....
....	....
....	....
....	....

UWAGA!
do + dopełniacz
na + biernik

12

Co robisz w poniedziałek... | Macie ochotę pójść na spektakl?

Ćwiczenie 4 `112A4`
Proszę zareagować na propozycje pozytywnie i negatywnie.

a) Chcecie pójść do klubu?
   Tak, świetny pomysł!
   Nie, niestety nie mamy czasu.

b) Mam bilety na mecz. Chcesz pójść?
   ....

c) Ma pani ochotę na kawę?
   ....

d) Idziemy wieczorem na dyskotekę. Idziesz z nami?
   ....

e) Szkoła organizuje wycieczkę do Wieliczki. Kto chce pojechać?
   ....

f) Czy masz ochotę pójść ze mną na zakupy do galerii handlowej?
   ....

g) Mam zaproszenie na koncert do filharmonii. Ma pan ochotę pójść?
   ....

h) Idziesz na wykład o kuchni polskiej?
   ....

Ćwiczenie 5 `112A5`
Proszę ułożyć dialog.

1	Javier:	Dziewczyny, co robicie jutro wieczorem?
☐	Angela:	Jasne!
☐	Angela:	Niezły pomysł! Prawda, Mami?
☐	Javier:	Może pójdziemy gdzieś do klubu na piwo, a potem potańczyć?
3	Angela:	Ja też nie mam. A dlaczego pytasz?
☐	Mami:	No nie wiem, nie piję piwa i tańczyć też nie umiem.
☐	Angela:	Dobrze, to idziemy. Mami – bez dyskusji.
8	Angela:	Ja też nie mam ochoty na piwo. A kto jeszcze idzie?
☐	Javier:	Może Uwe i moi koledzy z Argentyny i Brazylii.
☐	Angela:	Nie ma „ale". Idziemy!
☐	Mami:	Ale...
7	Javier:	Eee, nic nie szkodzi. Możesz pić coś innego i nie musisz tańczyć.
☐	Mami:	No dobrze. Gdzie się spotkamy?
☐	Javier:	Na Rynku, pod „Adasiem". Wiecie, gdzie to jest?
☐	Mami:	Ja nie mam planów.

Ćwiczenie 6
Proszę umówić się na spotkanie z kolegami z grupy.

B O KTÓREJ GODZINIE?

Ćwiczenie 1
Proszę posłuchać dialogów i dopasować je do ilustracji.

DIALOG: .....
DIALOG: .....
DIALOG: .....
DIALOG: .....

Ćwiczenie 2
Proszę powtórzyć za nauczycielem.

KTÓRA GODZINA?		O KTÓREJ (GODZINIE)?
1:00	pierwsza	o pierwszej
2:00	druga	o drugiej
3:00	trzecia	o trzeciej
4:00	czwarta	o czwartej
5:00	piąta	o piątej
6:00	szósta	o szóstej
7:00	siódma	o siódmej
8:00	ósma	o ósmej
9:00	dziewiąta	o dziewiątej
10:00	dziesiąta	o dziesiątej
11:00	jedenasta	o jedenastej
12:00	dwunasta	o dwunastej
13:00	trzynasta	o trzynastej
14:00	czternasta	o czternastej
15:00	piętnasta	o piętnastej
16:00	szesnasta	o szesnastej
17:00	siedemnasta	o siedemnastej
18:00	osiemnasta	o osiemnastej
19:00	dziewiętnasta	o dziewiętnastej
20:00	dwudziesta	o dwudziestej
21:00	dwudziesta pierwsza	o dwudziestej pierwszej
22:00	dwudziesta druga	o dwudziestej drugiej
23:00	dwudziesta trzecia	o dwudziestej trzeciej
24:00	dwudziesta czwarta	o dwudziestej czwartej

Ćwiczenie 3
Co mówi lektor? Proszę wpisać litery.

a) o pi_ą_tej
b) o si__dmej
c) o __zternastej
d) o dzie__iątej
e) o drug__ej
f) o sz__stej
g) o trze__iej
h) o dw__dziestej

Ćwiczenie 4
Co mówi lektor?

a) o pierwszej – o piątej
b) o dwunastej – o dwudziestej
c) o dziewiątej – o dziesiątej
d) o szóstej – o siódmej
e) o piątej – o piętnastej
f) o trzeciej – o trzynastej
g) o czwartej – o czternastej

Ćwiczenie 5 `112B5`
O której (godzinie)...?
Prawda czy nieprawda?

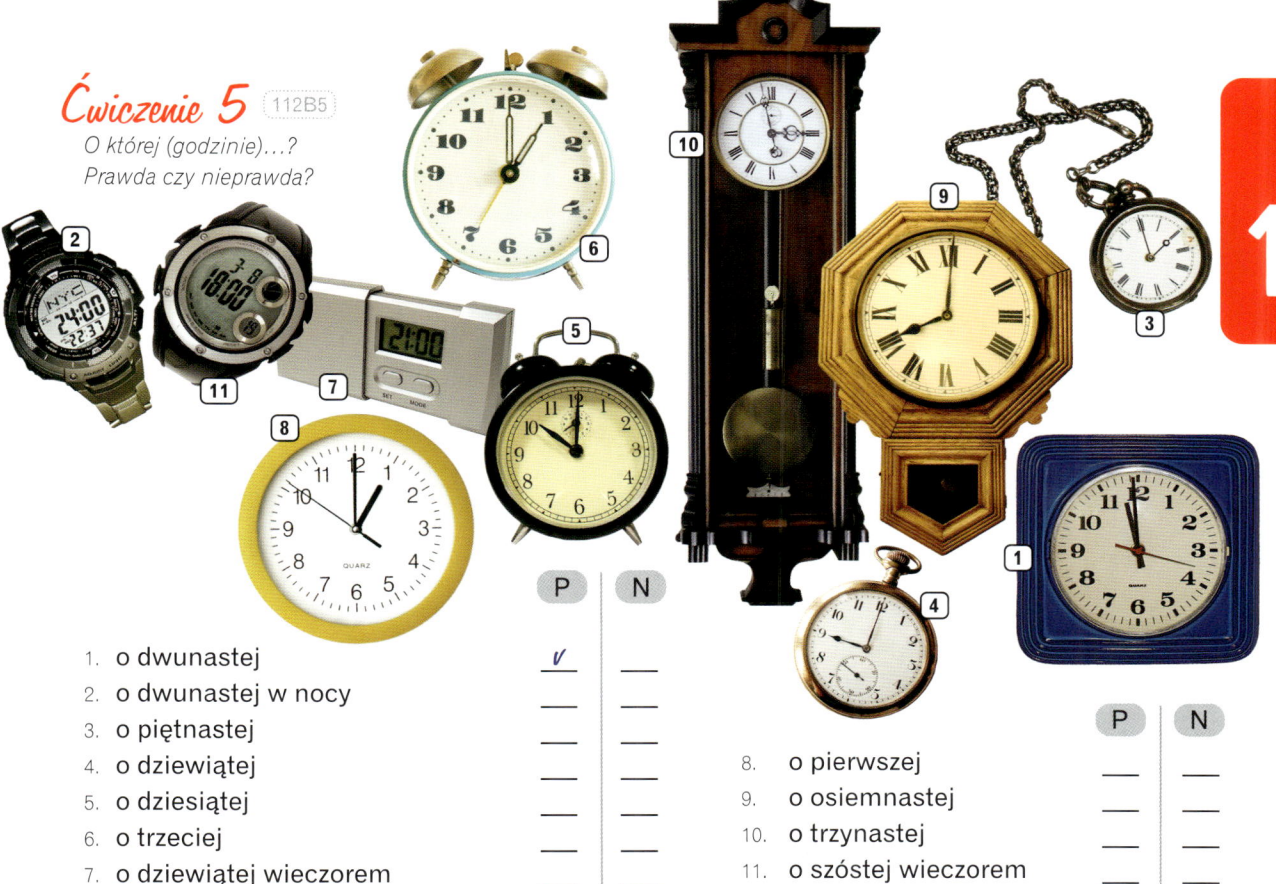

	P	N
1. o dwunastej	✓	__
2. o dwunastej w nocy	__	__
3. o piętnastej	__	__
4. o dziewiątej	__	__
5. o dziesiątej	__	__
6. o trzeciej	__	__
7. o dziewiątej wieczorem	__	__

	P	N
8. o pierwszej	__	__
9. o osiemnastej	__	__
10. o trzynastej	__	__
11. o szóstej wieczorem	__	__

Co robisz w poniedziałek... | **O której godzinie?**

―――― **O KTÓREJ** (GODZINIE)... ? ――――

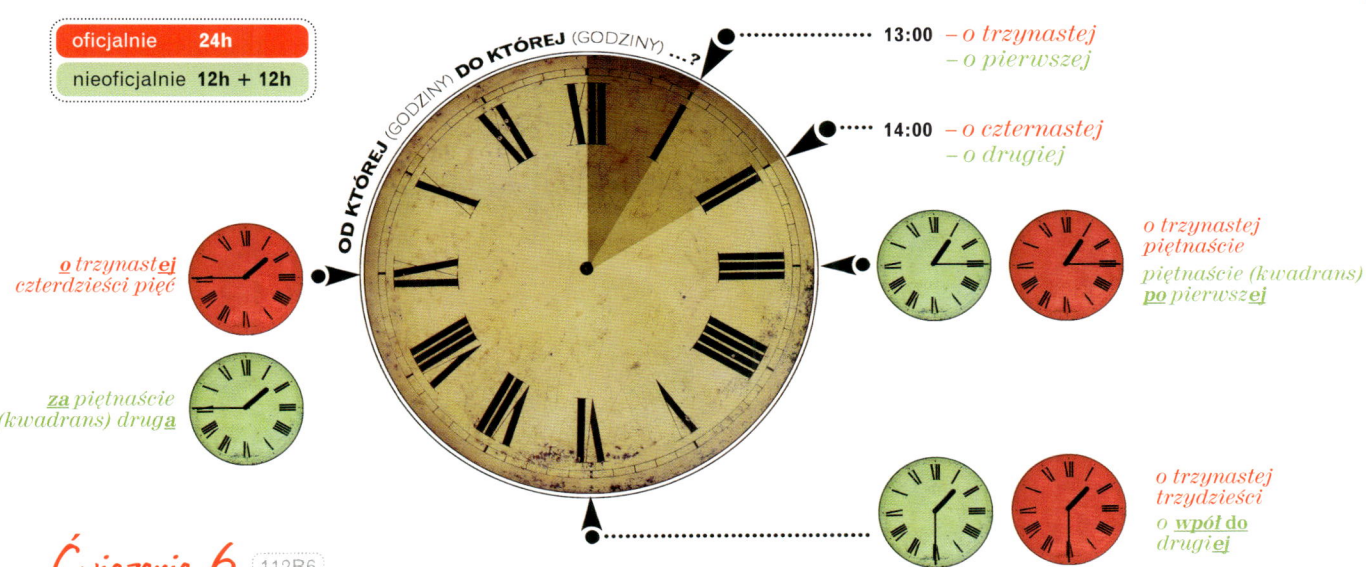

oficjalnie **24h**
nieoficjalnie **12h + 12h**

13:00 – *o trzynastej*
       – *o pierwszej*

14:00 – *o czternastej*
       – *o drugiej*

o trzynastej piętnaście
piętnaście (kwadrans) po pierwszej

o trzynastej czterdzieści pięć
za piętnaście (kwadrans) druga

o trzynastej trzydzieści
o wpół do drugiej

Ćwiczenie 6 `112B6`
Która to godzina?

OFICJALNIE:
a) Mam lekcje o jedenastej trzydzieści. (9:30 / 10.30 / <u>11:30</u>)
b) W „Glossie" mamy przerwę o dwunastej piętnaście. (12:15 / 12:45 / 12:05)
c) Angela zwykle robi pracę domową o szesnastej trzydzieści. (16:30 / 18:30 / 6:30)
d) Mamy warsztaty lub wykłady o czternastej trzydzieści. (16:30 / 14:30 / 4:30)
e) Karolina ma zajęcia od dziesiątej do trzynastej. (9:00-13:00 / 10:00-14:00 / 10:00-13:00)

NIEOFICJALNIE:
f) Robię i jem kolację o wpół do ósmej. (19:30 / 18:30 / 20:30)
g) W weekendy państwo Maj robią zakupy około pierwszej. (11:00 / 13:00 / 3:00)
h) Karol idzie do kina z koleżanką o ósmej wieczorem. (20:00 / 14:00 / 19:00)
i) Javier tańczy na dyskotece od dziesiątej do pierwszej. (21:00-23:00 / 22:00-1:00 / 1:00-2:00)
j) Mami pije kawę z Angelą po lekcjach, o wpół do pierwszej. (13:30 / 12:30 / 11:30)

Ćwiczenie 7

Proszę napisać godziny w wersji oficjalnej i nieoficjalnej.

a) Jeżdżę tramwajem (**8:15**)
 - *piętnaście po ósmej* .
 - *o ósmej piętnaście* .

b) Wiadomości są w telewizji (**19:30**)
 - ....
 - ....

c) Hejnał z kościoła Mariackiego w Krakowie jest (**24:00**)
 - ....
 - ....

d) Lekcje indywidualne w „Glossie" kończą się zwykle (**14:15**)
 - ....
 - ....

e) Szkoła jest otwarta (**od 9:00 do 21:00**)
 - ....
 - ....

f) Poczta jest otwarta (**od 8:00 do 20:00**)
 - ....
 - ....

g) Biura i urzędy pracują (**od 7:30 do 15:30**)
 - ....
 - ....

Ćwiczenie 8

Jakie macie plany na dziś?

PLAN DNIA

JA — 9:00 Kurs w „Glossie"

MÓJ KOLEGA / KOLEŻANKA — PLAN DNIA

PRZYKŁADOWE PYTANIA:
Co robisz o…? Co robisz od… do…?
O której pracujesz / masz lekcje / jesz obiad…?

C — W PONIEDZIAŁEK CZY WE WTOREK?

DNI TYGODNIA

KIEDY?
W PONIEDZIAŁEK
WE WTOREK
W ŚRODĘ
W CZWARTEK
W PIĄTEK
W SOBOTĘ
W NIEDZIELĘ

Ćwiczenie 1

Proszę rozwiązać krzyżówkę.

➜ **Poziomo:**
1. siódmy dzień tygodnia
2. drugi dzień tygodnia
3. trzeci dzień tygodnia
4. czwarty dzień tygodnia

⬇ **Pionowo:**
5. piąty dzień tygodnia
6. szósty dzień tygodnia
7. pierwszy dzień tygodnia

O której godzinie? | Co robisz w poniedziałek…

osiemdziesiąt dwa

Ćwiczenie 2 `112C2`
Proszę przeczytać tekst, a następnie uzupełnić tabelkę PROGRAM KULTURALNY.

W tym tygodniu program kulturalny w „Glossie" jest bardzo interesujący. Najpierw, w poniedziałek jest zaplanowany mały spacer po mieście, bo duży spacer z przewodnikiem jest w piątek, tak samo jak pub z nauczycielami. W środę studenci jadą na wycieczkę do Wieliczki, a w czwartek mają wykład na temat polskiej kultury. Co jeszcze? We wtorek są warsztaty fonetyczne i film. W weekend można albo pojechać do Oświęcimia, albo zostać w Krakowie i na przykład spotkać się z kolegami w klubie na Kazimierzu, albo pójść na koncert, ewentualnie do teatru.

12

Co robisz w poniedziałek... | rutyna

PROGRAM KULTURALNY

w poniedziałek	we wtorek	w środę	w czwartek	w piątek	w sobotę	w niedzielę

D RUTYNA

Ćwiczenie 1 `112D1`
Co NAJPIERW, a co POTEM robi pan Grzegorz?

1) **wstaję**, 2) **dzwonię do klientów**, 3) **jeżdżę do pracy**, 4) **pracuję**, 5) **myję zęby**, 6) **chodzę na lunch** ✓, 7) **jem obiad w domu**, 8) **wracam do biura**, 9) **wychodzę z biura o piątej**, 10) **chodzę na basen**, 11) **oglądam wiadomości lub film o ósmej**, 12) **chodzę spać o jedenastej**, 13) **myję się**, 14) **wieczorem rozmawiam z żoną i dziećmi**, 15) **jemy razem kolację**, 16) **biorę prysznic**

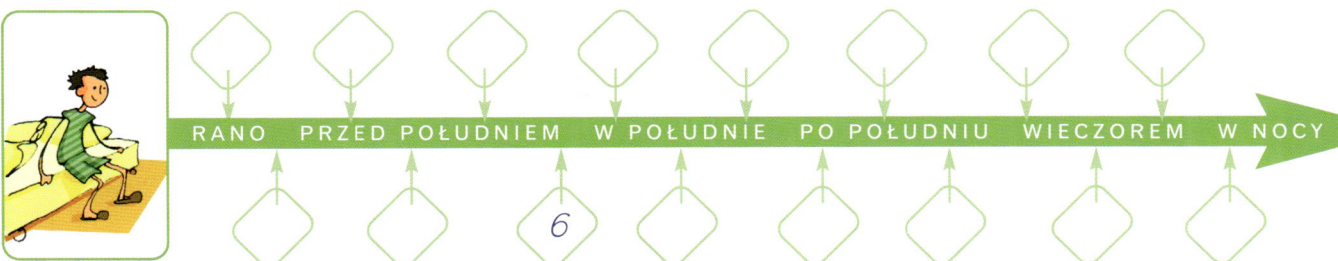

RANO — PRZED POŁUDNIEM — W POŁUDNIE — PO POŁUDNIU — WIECZOREM — W NOCY

POWTÓRZENIE E

Ćwiczenie 1 `112E1`
Proszę połączyć.

Ćwiczenie 2 `112E2`
Jak wygląda ich dzień?

wstawać	prysznic
jeść	na zakupy
brać	zupę
iść	do domu
robić	wcześnie
mieć ochotę	na wycieczkę
wracać	śniadanie
jechać	na kawę
gotować	pierogi

osiemdziesiąt trzy _83

GDZIE BYŁAŚ MAMI? BYŁAM W KINIE

Lekcja_13

KOMUNIKACJA
Co robiłeś? Co robiłaś?

SŁOWNICTWO
spędzanie wolnego czasu

GRAMATYKA
czas przeszły
czasowniki: jeść, pójść

wstyd, odbierać telefon, mieć zasięg, marzenie, odpisywać, szczęście, szczęśliwy, pomagać, randka, właśnie, jednocześnie

nowe słowa

A) „ZAKOPANE, ZAKOPANE, SŁOŃCE, GÓRY I GÓRALE…"

Ćwiczenie 1

Proszę dopasować dialogi do ilustracji.

1. **Tom:** *Byłeś już tu kiedyś?*
   Javier: *Nie, nie byłem. Jestem pierwszy raz.*

2. **Shige:** *Cześć Mami! Gdzie byłaś?*
   Mami: *Cześć Shige! Byłam w Centrum Sztuki i Kultury Japońskiej „Manggha".*

3. **Uwe:** *Czy one były na meczu?*

4. **Angela:** *A wczoraj było tak ładnie!*

5. **Pani Maj:** *O Boże! Jak wy wyglądacie!? Gdzie byliście?*
   Karol: *Byliśmy na treningu.*

6. **Javier:** *Cha, cha! On chyba był na dobrej imprezie!*
   Uwe: *O tak! Na pewno było świetnie!*

Ćwiczenie 2

Proszę uzupełnić tabelkę.

BYĆ CZAS PRZESZŁY

l. poj.

	r. męski			r. żeński			r. nijaki	
(ja)	....		(ja)	....		—	....	
(ty)	....		(ty)	....		—	....	
on	....		ona	*była*	**-ła**	ono	....	

l. mn.

	r. męskoosobowy			r. niemęskoosobowy	
(my)	....		(my)	*byłyśmy*	**-łyśmy**
(wy)	....		(wy)	*byłyście*	**-łyście**
oni	*byli*	**-li**	one	....	

Ćwiczenie 3

Proszę uzupełnić.

a) **Byliśmy** (my / r. m.) na koncercie.
b) Pani Maj .... rano na zakupach.
c) Karolina i Mami .... w kinie na polskim filmie.
d) Karol .... na siłowni.
e) Karol i Karolina .... w szkole.
f) Angela w sobotę .... w pubie.
g) Czy .... (wy / r. m.) w Krakowie?
h) Wczoraj .... (my / r. ż.) na wystawie.
i) Dzisiaj jest ładnie, ale wczoraj .... brzydko.
j) .... (wy / r. ż.) już na wakacjach?
k) Gdzie .... Javier?
l) Te banany wczoraj .... zielone, a dzisiaj już są żółte!

DIALOG 1

Jest poniedziałek. Ósma czterdzieści pięć. Mami i Angela są na korytarzu, piją herbatę i rozmawiają. Do szkoły wchodzi Uwe.

Uwe: *Cześć dziewczyny! Co słychać? Jak weekend?*
Mami: *Cześć Uwe!*
Angela: *Weekend był świetny! W piątek w nocy byłam w Galerii Krakowskiej.*
Uwe: *W nocy?*
Angela: *Tak. To była specjalna „noc zakupów", więc były duże rabaty. O! Kupiłam na przykład ten sweter! Wstyd, ale spędziłam tam kilka godzin. W sobotę wieczorem byłam ze znajomymi w klubie „Pauza". Poznałam bardzo interesujących ludzi, rozmawiałam po polsku, tańczyłam i… wróciłam do domu w niedzielę rano.*
Uwe: *Świetnie! To znaczy, że była dobra impreza!*
Angela: *O tak! Było wspaniale!*
Uwe: *A ty Mami? Co robiłaś w weekend?*
Mami: *Ja byłam w kinie razem z Karoliną. Oglądałyśmy polski film! Rozumiałam tylko trochę, ale to nic, i tak było fajnie! W sobotę była świetna pogoda, więc z Karoliną spacerowałyśmy po Kazimierzu i robiłyśmy zdjęcia. W niedzielę byłam w domu, spałam, rysowałam, grałam na Nintendo, trochę uczyłam się i trochę pomagałam pani Maj robić obiad. To był spokojny weekend. A ty, Uwe, byłeś w Warszawie?*
Uwe: *Tak! Cały weekend spędziłem w Warszawie. Pracowałem, pracowałem, pracowałem i uczyłem się polskiego, ale tylko, kiedy jechałem pociągiem. W Warszawie spotkałem się też ze znajomymi w pubie i oczywiście piłem polskie piwo! I wiesz co, byłem w „Pijalni Czekolady" w Warszawie!*
Mami: *I jak było? Smakowała ci czekolada?*
Uwe: *Było bardzo miło, a czekolada była pyszna!*
Mami: *Nie spotkałeś się z Javierem?*
Uwe: *Nie. Nie wiem, gdzie on był.*
Angela: *No właśnie, my też nie wiemy!*
Mami: *Ja cały czas się martwię. W piątek nie było go w szkole. Może coś się stało?*

Ćwiczenie 4 — 113A4

Prawda czy nieprawda? Dlaczego?

	P	N
Jest piątek.	__	v
Angela w weekend była w Galerii Krakowskiej.	__	__
Angela kupiła sweter.	__	__
Angela nie miała okazji, żeby mówić w weekend po polsku.	__	__
Mami była w kinie z Kazimierzem.	__	__
W sobotę Mami robiła zdjęcia.	__	__
Uwe intensywnie pracował w weekend.	__	__
Uwe spotkał się z Javierem w „Pijalni Czekolady".	__	__

Ćwiczenie 5 — 113A5

Proszę jeszcze raz posłuchać dialogu i napisać, co oni robili w weekend.

Mami: *była w kinie* .... Angela: .... Uwe: ....

CZYTAĆ — CZAS PRZESZŁY

l. poj.

	r. męski		r. żeński		r. nijaki
(ja)	czyta**łem**	(ja)	czyta**łam**		—
(ty)	czyta**łeś**	(ty)	czyta**łaś**		—
on	czyta**ł**	ona	czyta**ła**	ono	czyta**ło**

l. mn.

	r. męskoosobowy		r. niemęskoosobowy
(my)	czyta**liśmy**	(my)	czyta**łyśmy**
(wy)	czyta**liście**	(wy)	czyta**łyście**
oni	czyta**li**	one	czyta**ły**

KIEDY?

wczoraj, przedwczoraj

(1)	2, 3, 4	5, 6, 7, ...
tydzień	dni	dni
miesiąc	tygodnie	tygodni
rok	miesiące	miesięcy
	lata	lat

TEMU

w zeszłym — tygodniu / miesiącu / roku

w ostatnim = w zeszłym

Ćwiczenie 6 — 113A6

Proszę napisać poprawną formę.

a) Tom wieczorem *uczył się* (uczyć się) języka polskiego.
b) Oni .... (mieszkać) w Krakowie 5 lat.
c) Karolina .... (gotować) zupę pomidorową.
d) Pan Grzegorz .... (pracować) dziś w domu.
e) O dziesiątej pani Joanna .... (pić) kawę.
f) W niedzielę Mami .... (oglądać) polski serial w telewizji.
g) W weekend .... (spotkać się / my, r. m.) z nimi.
h) W sobotę one .... (ćwiczyć) jogę.
i) Czy ty też .... (grać / r. m.) w karty całą noc?
j) My .... (sprzątać / r. ż.) dzisiaj mieszkanie.
k) .... (czytać / wy, r. m.) już książki po polsku?

Ćwiczenie 7

Proszę napisać.

Co robiłeś wczoraj?
Wczoraj robiłem zakupy.

Co robiłeś / robiłaś przedwczoraj?
....

Co robiłeś / robiłaś tydzień temu?
....

Co robiłeś / robiłaś 3 miesiące temu?
....

Co robiłeś / robiłaś pół roku temu?
....

Co robiłeś / robiłaś 5 lat temu?
....

Kiedy ostatni raz gotowałeś / gotowałaś obiad?
Przedwczoraj.

Kiedy ostatni raz byłeś / byłaś w kinie?
....

Kiedy ostatni raz słuchałeś / słuchałaś muzyki?
....

Kiedy ostatni raz grałeś / grałaś w piłkę?
....

Kiedy ostatni raz byłeś / byłaś na wakacjach?
....

Ćwiczenie 8

Proszę posłuchać i uzupełnić dialog.

martwić się *v*, **być, odbierać, być, robić, odpisywać, być**

10:40. Poniedziałek. Przerwa. Angela, Mami i Uwe rozmawiają na korytarzu w „Glossie", do szkoły wchodzi Javier.

Javier: *Oooo! Cześć! Czekacie na mnie? Specjalne powitanie? A gdzie są kwiaty?*
Mami: *Javier! Nareszcie jesteś! Gdzie ....?*
Javier: *Gdzie ....? Detektywi! Wszystko chcecie wiedzieć! Zero prywatności!*
Angela: *Javier! To nie jest śmieszne, martwiliśmy się o ciebie. Nie .... cię w piątek w szkole, nie .... telefonu, nie .... na SMS-y!*
Javier: *Eeee... widzę, że to nie są żarty! Przepraszam, ale .... w górach i nie miałem zasięgu.*
Angela: *Gdzie??? W górach???*
Javier: *Tak. W Zakopanem.*
Angela: *Co tam ....?*
Javier: *Wszystko moja droga! Wszystko!*

Gdzie byłaś Mami? | **Zakopane, Zakopane, słońce, góry…**

Ćwiczenie 9

Co Javier robił w Zakopanem?

B CHCIAŁEM DOBRZE!

MIEĆ — CZAS PRZESZŁY

l. poj.

r. męski	r. żeński	r. nijaki
(ja) mi**a**ł**em**	(ja) mi**a**ł**am**	—
(ty) mi**a**ł**eś**	(ty) mi**a**ł**aś**	—
on mi**a**ł	ona mi**a**ł**a**	ono mi**a**ł**o**

l. mn.

r. męskoosobowy	r. niemęskoosobowy
(my) mi**e**l**iśmy**	(my) mi**a**ł**yśmy**
(wy) mi**e**l**iście**	(wy) mi**a**ł**yście**
oni mi**e**l**i**	one mi**a**ł**y**

UWAGA ALTERNACJA!
Czasowniki typu *mieć*, *chcieć*, *musieć*, ...

...**eć**
→ **a** r. męski l. poj.
→ **a** r. żeński, r. nijaki l. poj. + l. mn.

DIALOG_1

Szkoła „Glossa". Studenci są w sali. Czytają i piszą maile, śmieją się. Javier rozmawia z Mami.

Javier: *Wiesz, kilka dni temu byłem w Muzeum Narodowym. Opowiadałaś mi tak dużo o Witkacym, więc **musiałem** zobaczyć obrazy.*
Mami: *No proszę! Nie **wiedziałam**, że to jest tak interesujące dla ciebie. **Myślałam**, że pytałeś, bo **chciałeś** być miły. I jak, który obraz ci się podobał?*
Javier: *Hmm!! Tak naprawdę to nie pamiętam. Byłem w muzeum, **widziałem** obrazy, ale nie pamiętam nic!*
Mami: *Jak to?*
Javier: *Mami! Spotkałem tam naprawdę piękną dziewczynę! Nie **widziałem** jeszcze tak pięknej kobiety!*
Mami: *I co? **Wołałeś** randkę?*
Javier: *Marzenie! Ona nie **chciała** ze mną rozmawiać! Proponowałem kawę, lody, obiad, kino, weekend w Zakopanem, prosiłem o numer telefonu, i nic!*
Mami: *Zupełnie nic?* ← zupełnie nic = kompletnie nic
Javier: *Nic! Najpierw mówiła: „To miłe, ale dziękuję", później: „Przepraszam, ale nie mam czasu", potem mówiła trochę głośniej i chciała dzwonić na policję, ale przyszła ochrona. Panowie **musieli** mnie wyprowadzić z muzeum. **Słyszałem**, jak się śmiali! A Angela mówiła, że Polki uwielbiają romantycznych mężczyzn!!!*

Ćwiczenie 1

Proszę odpowiedzieć na pytania.

1. Kiedy Javier był w muzeum?
2. Co chciał zobaczyć w muzeum i dlaczego?
3. Czy Javier pamięta obrazy?
4. Kogo Javier spotkał w muzeum?
5. Co Javier proponował dziewczynie?
6. O co ją poprosił?
7. Czy dziewczyna była zadowolona?
8. Czy dziewczyna umówiła się z Javierem?
9. Co zrobili panowie z ochrony?
10. Czy Javier jest romantycznym mężczyzną?

Ćwiczenie 2 `113B2`

Proszę napisać dobrą formę.

a) ......Wiedziałeś........ *(ty / r. m. / wiedzieć)*, że on jest z Francji?
b) Czy .... *(ty / r. m. / rozumieć)*, co ona mówiła?
c) On .... *(chcieć)* studiować historię.
d) Wczoraj .... *(my / r. m. / musieć)* wracać do domu na piechotę.
e) Ja .... *(widzieć)* tego profesora w teatrze.
f) Mami i Angela .... *(mieć)* wczoraj test.
g) Kiedy Karolina była mała .... *(woleć)* masło niż margarynę.
h) Uwe pracował wczoraj intensywnie i długo .... *(siedzieć)* przed komputerem.

C JADŁAŚ JUŻ OBIAD?

DIALOG_1 `113C1`

Karolina jest w kuchni, Mami weszła do domu.
Karolina: *Mami, chodź! Mama ugotowała obiad.*
Mami: *Przepraszam, nie jestem głodna.* **Jadłam** *mniej więcej godzinę temu.*

 **Poszłyśmy** *dziś z Angelą do japońskiej restauracji.*
Karolina: *O! I co* **jadłyście***?*
Mami: *Tradycyjnie – zupę miso i sushi.*
Karolina: *A nie wiesz, czy tata i Karol* **jedli***?*
Mami: *Nie wiem, ale spotkałam Karola przed domem, mówił, że zostawił kartkę dla mamy na stole.*
Karolina: *O, jest! „***Poszliśmy** *z tatą na mecz. Nie* **jedliśmy** *zupy, ale nie martwcie się, kupimy pizzę. Karol." Świetnie! Znowu* **poszli** *beze mnie!*

JEŚĆ — CZAS PRZESZŁY

l. poj.

	r. męski		r. żeński		r. nijaki
(ja)	jadłem	(ja)	jadłam		—
(ty)	jadłeś	(ty)	jadłaś		—
on	jadł	ona	jadła	ono	jadło

l. mn.

	r. męskoosobowy		r. niemęskoosobowy
(my)	jedliśmy	(my)	jadłyśmy
(wy)	jedliście	(wy)	jadłyście
oni	jedli	one	jadły

Ćwiczenie 1 `113C2`

Proszę podkreślić dobrą formę.

a) Czy ty jedli / <u>jadłeś</u> / jadł już barszcz czerwony?
b) Mami jeść / jemy / jadła już obiad.
c) Angela i Mami jedli / jadły / je w japońskiej restauracji.
d) Pan Grzegorz i Karol jedli / jecie / jadło dzisiaj pizzę.
e) Karolina jest głodna. Jeszcze nie jadłaś / jadł / jadła obiadu.
f) Oni po obiedzie jedliśmy / jadłyście / jedli deser.
g) Co wy jadłaś / jadł / jadłyście na śniadanie?
h) Tom źle się czuje. Nie jadł / jesz / jadła dziś śniadania.

IŚĆ/PÓJŚĆ CZAS PRZESZŁY

l. poj.

	r. męski		r. żeński		r. nijaki
(ja)	p**o**sz**ed*lem***	(ja)	p**o**sz***łam***		—
(ty)	p**o**sz**ed*łeś***	(ty)	p**o**sz***łaś***		—
on	p**o**sz**ed*ł***	ona	p**o**sz***ła***	ono	p**o**sz***ło***

l. mn.

	r. męskoosobowy		r. niemęskoosobowy
(my)	p**o**sz***liśmy***	(my)	p**o**sz***łyśmy***
(wy)	p**o**sz***liście***	(wy)	p**o**sz***łyście***
oni	p**o**sz***li***	one	p**o**sz***ły***

Kiedy byłem mały, rzadko chodziłem do kina.
Kiedy szedłem do kina, padał deszcz.
Wczoraj poszedłem do kina na „Rewers".

Ćwiczenie 2 [113C3]
Proszę uzupełnić.

a) Czy pani Joanna jest w domu? Niestety nie, ...*poszła*...... na zakupy.
b) Angela i Mami .... na obiad do japońskiej restauracji.
c) Karol i pan Grzegorz .... na mecz.
d) Karolina nie .... dzisiaj do szkoły.
e) Nie .... *(my / r. m.)* dzisiaj do kina, bo padał deszcz.
f) .... *(ty / r.ż.)* sama do teatru?
g) Po południu Adam .... na trening.
h) Dlaczego nie .... *(wy / r. m.)* wczoraj na koncert?
i) .... *(ja)* rano do piekarni po chleb i bułki.
j) Gdzie byłyście? .... *(my)* na chwilę do tego sklepu.
k) .... *(wy / r. ż.)* wczoraj do fryzjera? Tak. Nie widać?

Ćwiczenie 3 [113C4]
Proszę uzupełnić.

KIM BYŁ WITKACY?

Witkacy to pseudonim, tak naprawdę artysta  *(nazywać się)* Stanisław Ignacy Witkiewicz i .... (być) popularnym malarzem, pisarzem, dramaturgiem i filozofem. .... (urodzić się) w Warszawie w tysiąc osiemset osiemdziesiątym piątym roku (1885 r.), a później .... (mieszkać) w Zakopanem.

Jego mama .... (być) nauczycielką muzyki, a tata .... (być) znanym krytykiem i malarzem. Ojciec Witkacego .... (być) bardzo konserwatywny, nie .... (chcieć), żeby jego syn .... (chodzić) do szkoły. Dlatego mały Staś .... (uczyć się) tylko w domu. Kiedy .... (mieć) 20 lat, wbrew woli ojca .... (przeprowadzić się) do Krakowa i .... (zacząć) studiować na ASP. Dużo .... (podróżować), ... (czytać), ... (malować), ... (fotografować), ... (być) bardzo utalentowany. .... (realizować się) jako artysta, ale w życiu osobistym nie .... (mieć) szczęścia. .... (popełnić) samobójstwo, kiedy .... (mieć) 54 lata. .... (być) szalonym, ale jednocześnie genialnym artystą.

Ćwiczenie 4 (113C5)
Co on robił w zeszłym tygodniu?

	RANO	PRZED POŁUDNIEM	PO POŁUDNIU	WIECZOREM
PONIEDZIAŁEK	wstać wcześnie	kurs prawa jazdy	spotkanie z Dominiką	film Kino Pod Baranami
WTOREK	słuchać muzyki	prezent dla Magdy	kurs tańca	spaghetti
ŚRODA	mocna kawa	pisać maile	telewizja	restauracja
CZWARTEK	spacer nad Wisłą	telefon do kolegi	obiad z kolegą	grać w gry komputerowe z Adamem
PIĄTEK	kurs prawa jazdy	siedzieć przed komputerem	dentysta	czytać książki
SOBOTA	zakupy	sprzątać dom	mecz	pub urodziny Magdy
NIEDZIELA	spać długo	jeść smaczne śniadanie	wycieczka na wieś	grać na gitarze basowej

13

Gdzie byłaś Mami? | Jadłaś już obiad?

A co ona robiła w zeszłym tygodniu?

POWTÓRZENIE D

(113D1)
Czy pani Joanna i pan Grzegorz to typowe polskie małżeństwo? Co oni dzisiaj robili?
Proszę użyć słów: **najpierw, potem, później, następnie, i, bo.**

Z PRZEWODNIKIEM PO KRAKOWIE

Lekcja_14

KOMUNIKACJA
pytanie o drogę

SŁOWNICTWO
obiekty w mieście

GRAMATYKA
czasowniki: iść / chodzić, jechać / jeździć
zaimki osobowe w bierniku

nowe słowa

przewodnik, światło, światła, schody, krzyż, skrzyżowanie, krzyżówka, zwiedzać, wygrać, nagroda, daleko, blisko

A UCZYMY SIĘ O KRAKOWIE

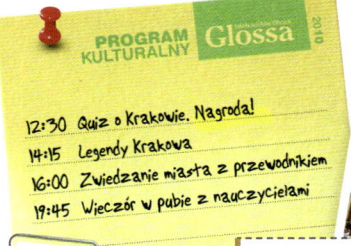

DIALOG_1

Mami: *Co robimy dzisiaj po południu?*
Angela: **Idziesz** *na quiz? Jest za kwadrans. Zwykle* **chodzę** *na wykłady albo warsztaty, a to może być coś nowego. Zobaczymy, co wiemy o Krakowie?*
Mami: *Jasne, że* **idziemy**! *Chcę wygrać! Jaka jest nagroda?*
Nauczycielka: *Przewodnik po Krakowie. Zapraszam na quiz.*

DIALOG_2

Mami: *Hura! Wygrałam!*
Angela: *Skąd to wszystko wiedziałaś? Byłaś już w Krakowie, ale nie mówiłaś?*
Mami: *Nie, ale dużo czytałam w Internecie. Wiesz, że interesuję się komputerami i malarstwem, a ostatnio też trochę architekturą i historią.*
Angela: *O, serio?*
Mami: *Tak, ja i Karolina często* **chodzimy** *po Krakowie i fotografujemy. To takie pasjonujące i nowe dla mnie. A jutro* **jadę** *do Nowej Huty, to dzielnica Krakowa.*
Angela: *Ach tak, no to ja zaraz* **idę** *na legendy. Też chcę dużo wiedzieć!*
Mami: *A Javier też* **idzie**?
Angela: *Zwykle po południu* **jeździ** *na basen. O, widzę go tam,* **jedzie** *rowerem, widzisz? Ale ma być o 16:00 na Rynku.*

Ćwiczenie 1

Proszę dopasować pytania do odpowiedzi na podstawie dialogów 1 i 2.

1. Co robią Mami i Angela po południu?
2. Skąd Mami tak dużo wie?
3. Kto wygrał quiz?
4. Jaka była nagroda?
5. Dokąd jedzie Mami jutro?
6. Czym jedzie Javier?

a) Rowerem.
b) Z Internetu.
c) Przewodnik po Krakowie.
d) Do Nowej Huty.
e) Idą na quiz.
f) Mami.

Ćwiczenie 2 `114A2`
Proszę uzupełnić tabelki na podstawie dialogów 1 i 2.

(1) RAZ, TERAZ, ZARAZ	ZAWSZE, ZWYKLE, CZĘSTO
iść	**chodzić**
....	....
....	chodzisz
....	chodzi
idziecie	chodzicie
idą	chodzą

jechać	**jeździć**
....	jeżdżę
jedziesz	jeździsz
....	....
jedziemy	jeździmy
jedziecie	jeździcie
jadą	jeżdżą

Ćwiczenie 3 `114A3`
Proszę uzupełnić tabelkę.

samochód — samoch**em** o:ó
taksówka — ....
pociąg — ....
autobus — ....
tramwaj — ....
metro — ....
motocykl — ....
skuter — ....
winda — ....
dorożka — ....
rower — ....

jechać / jeździć + NARZĘDNIK

Ćwiczenie 4 `114A4`
Proszę uzupełnić.

a) Czym jeździsz do szkoły?
   samochodem
b) Czym ludzie zwykle jeżdżą z Krakowa do Warszawy?
   ....
c) Czym Javier jedzie na basen?
   ....
d) Czym czasem jeździmy w nocy?
   ....
e) Czym jeździ się bardzo szybko i relatywnie tanio?
   ....
f) Czym często jeżdżą turyści po Rynku w Krakowie?
   ....
g) Czym zwykle jeździ Włoch?
   ....
h) Czym ludzie jeżdżą, kiedy wysoko mieszkają?
   ....
i) Czym jeździ fan marki Harley Davidson?
   ....
j) Czym jeżdżą dzieci na wycieczkę do Zakopanego?
   ....
k) Czym często jeździmy w dużych miastach?
   ....

Ćwiczenie 5 `114A5`
iść? chodzić? jechać? jeździć?

a) Nigdy nie _jeżdżę_ (ja) samochodem, kiedy wcześniej piłem alkohol.
b) Zawsze .... (ja) do szkoły pieszo.
c) .... (my) jutro do Zakopanego autobusem czy pociągiem?
d) Nigdy nie .... (wy) do teatru, dlaczego?
e) On teraz .... samochodem i nie może rozmawiać przez telefon.
f) Państwo Maj zwykle .... na wakacje do Hiszpanii.
g) W tym roku też tam .... (oni).
h) Co teraz robisz? .... (ty) spać? O ósmej wieczorem?!

B ZWIEDZAMY

Ćwiczenie 1 114B1
Co to jest?

katedra

rzeka   stolica   pomnik   dzielnica   kościół   katedra ✓   skrzyżowanie
                            wieża   ratusz   zamek   przystanek

Ćwiczenie 2 114B2
Co to jest?

a) Miejsce, gdzie pracuje burmistrz albo prezydent miasta to ...*ratusz*..............................
b) Wisła to ....
c) Warszawa to .... Polski.
d) Wawel to ....
e) Nowa Huta to ....
f) Gdańsk to ....
g) Statua Wolności w Nowym Jorku to ....
h) Dwie ulice ze światłami to ....
i) Piza we Włoszech ma popularną atrakcję turystyczną - to Krzywa ....
j) Tam, gdzie czekamy na autobus lub tramwaj to ....
k) Miejsce, gdzie katolicy chodzą w niedzielę to ....
l) Notre-Dame w Paryżu to ....

DIALOG_1 144 114B3

Przewodnik: *Dzień dobry państwu. Nazywam się Jan Krall, jestem przewodnikiem po Krakowie. Jesteśmy na Rynku. **Na wprost** jest pomnik…*
Mami: *…Adama Mickiewicza. To znany poeta romantyczny.*
Przewodnik: *Za pomnikiem są Sukiennice. Tam jest muzeum, kawiarnia i…*
Mami: *…sklepy z pamiątkami.*
Przewodnik: ***Po prawej stronie** jest kościół Mariacki. Ten kościół ma dwie wieże. O, słyszycie? Trębacz gra hejnał, zawsze o pełnej godzinie, na przykład o 12, o 13, o 14.*
Mami: *O tak, ta melodia ma też piękną legendę.*
Przewodnik: ***Po lewej stronie** jest ulica Grodzka. Tą ulicą idziemy na Wawel. Tam jest katedra i…*
Mami: *…zamek królewski.*
Przewodnik: *A teraz idziecie na Uniwersytet Jagielloński. Proszę iść **prosto**, potem skręcić **w lewo**, a następnie **w prawo**.*
Mami: *A pan?*
Przewodnik: *Ja idę do domu. Pani wszystko wie!*

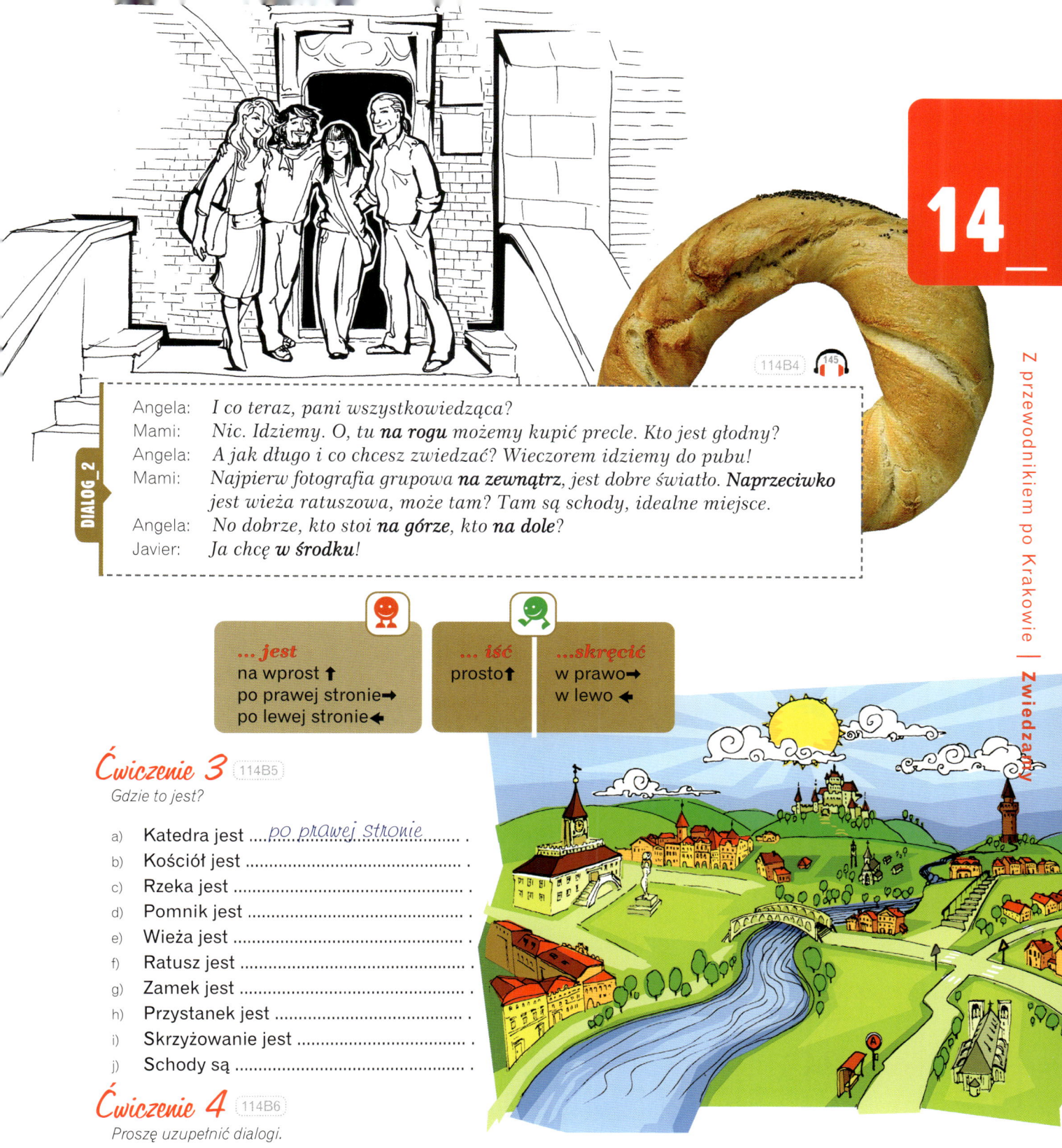

14

DIALOG_2

Angela: *I co teraz, pani wszystkowiedząca?*
Mami: *Nic. Idziemy. O, tu **na rogu** możemy kupić precle. Kto jest głodny?*
Angela: *A jak długo i co chcesz zwiedzać? Wieczorem idziemy do pubu!*
Mami: *Najpierw fotografia grupowa **na zewnątrz**, jest dobre światło. **Naprzeciwko** jest wieża ratuszowa, może tam? Tam są schody, idealne miejsce.*
Angela: *No dobrze, kto stoi **na górze**, kto **na dole**?*
Javier: *Ja chcę **w środku**!*

...*jest*
na wprost ↑
po prawej stronie →
po lewej stronie ←

... *iść*
prosto ↑

...*skręcić*
w prawo →
w lewo ←

Ćwiczenie 3

Gdzie to jest?

a) Katedra jest ......*po prawej stronie*......... .
b) Kościół jest ....
c) Rzeka jest ....
d) Pomnik jest ....
e) Wieża jest ....
f) Ratusz jest ....
g) Zamek jest ....
h) Przystanek jest ....
i) Skrzyżowanie jest ....
j) Schody są ....

Ćwiczenie 4

Proszę uzupełnić dialogi.

A

| dojść ✓ | wieże | prawej | w prawo | hejnał | prosto | na górze |

Turysta: *Przepraszam, jak ......dojść......... do kościoła?*
Pani: *Jakiego? Tutaj jest dużo kościołów.*
Turysta: *Ten kościół ma dwie ....*
Pani: *Tak, tak, i okna, i drzwi, i krzyż .... A coś charakterystycznego?*
Turysta: *Melodia na trąbce.*
Pani: *A, rozumiem, ... To jest kościół Mariacki. Proszę skręcić .... , iść .... , kościół jest po .... stronie.*
Turysta: *Dziękuję!*

Z przewodnikiem po Krakowie | Zwiedzamy

dziewięćdziesiąt pięć _95

B

przystanek   przejść   jechać   skrzyżowanie   na rogu   lewej

Turystka: *Przepraszam, gdzie jest Muzeum Narodowe?*
Pan: *O, to daleko. Ale może pani tam .... tramwajem numer 15.*
Turystka: *A gdzie jest ....?*
Pan: *Blisko. Proszę .... przez to .... Przystanek jest po .... stronie.*
Turystka: *A gdzie mogę kupić bilet?*
Pan: *W kiosku ....*

C IDZIEMY DO PUBU

Dzisiaj wieczorem idziemy do pubu. Spotykacie się w szkole, a potem idziecie sami. Ja czekam na was w pubie. A to dwie instrukcje:

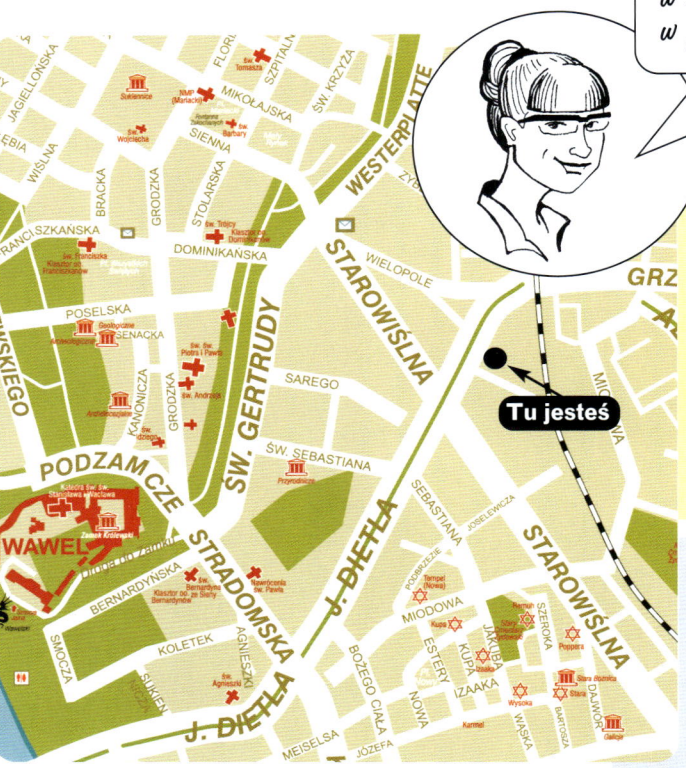

A *Kiedy jest ładna pogoda:*
Proszę skręcić w lewo i iść prosto. Potem proszę dojść do skrzyżowania i jeszcze raz skręcić w lewo. Ta część miasta to Kazimierz - dawna żydowska dzielnica. Następnie proszę iść kilkanaście metrów prosto do następnego skrzyżowania z ulicą Miodową. Skręcić w prawo, zaraz potem w lewo. Na wprost jest plac - ulica z kawiarniami i restauracjami. Nasz pub jest po prawej stronie, na rogu. Zamawiamy w środku, siedzimy na zewnątrz, w ogródku.

B *Kiedy jest brzydka pogoda:*
Proszę skręcić w lewo i iść prosto. Potem proszę dojść do skrzyżowania i skręcić w prawo. Następnie przejść przez skrzyżowanie i iść cały czas prosto. Przejść przez park (Planty) i dalej iść prosto. Po prawej stronie jest Mały Rynek, a wy idziecie w lewo. To ulica ambasad i konsulatów. Nasz pub jest po lewej stronie. Siedzimy w środku, jest samoobsługa.

Ćwiczenie 1 114C1
Proszę pokazać na mapie, gdzie są te puby.

Ćwiczenie 2 146 114C2
Proszę uzupełnić luki, a następnie tabelkę.

Angela: *No jesteś! Wiesz, która ...godzina......?!*
Mami: *Przepraszam, czekałam na **ciebie** ....*
Angela: *Czekałaś na **mnie** na górze?! Dlaczego? I gdzie jest Karolina? Mówiłaś, że **ją** zaprosiłaś.*
Mami: *Musi się uczyć. Gdzie Javier? Czekamy na **niego**?*
Angela: *Nie wiem, może czeka na **nas** w pubie. Toma i Uwego też nie ma. Czekamy na **nich** 5 minut i ....*
Javier: *Halo! Ile mogę na **was** czekać!*
Angela: *A gdzie jesteś?*
Javier: *.................... . A wy?*
Angela: *A my...................., czekaj, już idziemy!*

MIANOWNIK	ja	ty	on	ona	ono	my	wy	oni	one
BIERNIK	....	cię	go	....	je	....	....	ich	je
*			....	nią	nie			....	nie
**			jego						

* *Czekam na niego.* (przyimek)
** *Lubię tylko jego!* (emfaza)

Ćwiczenie 3 `114C3`
Proszę uzupełnić.

1. Kocham ...*cię*.... *(ty)*.
2. Lubię .... *(on)*.
3. Zaprosiłam .... *(ona)*.
4. Czekam na .... *(oni)* 15 minut!
5. Widzę .... *(oni)* tam, za pomnikiem.
6. Lubisz .... *(my)*?
7. Mamy .... *(ty)*!
8. Kochamy .... *(ono)*.
9. Kochamy .... *(one)*.
10. Bardzo .... *(wy)* przepraszam.
11. Pytałeś .... *(ja)*?

Ćwiczenie 4 `114C4`
Proszę uzupełnić.

1. Mam książkę.
   → ....*Mam ją*................ .
2. Lubię Angelę i Mami.
   → ....
3. Teraz czytam te gazety.
   → ....
4. Zawsze wieczorem oglądam ten program.
   → ....
5. Piję piwo.
   → ....
6. Powtarzamy to pytanie.
   → ....
7. Czekam na Piotra.
   → ....
8. Oni bardzo lubią wszystkich studentów.
   → ....
9. Kocham moje dziecko.
   → ....

POWTÓRZENIE D

Z przewodnikiem po Krakowie | Idziemy do pubu

`114D1`

Proszę rozwiązać krzyżówkę.

1. 4.

2. na lewo ≠ na ....
3. na dole ≠ na ....
5. po prawej ≠ po ....
6. miejsce, gdzie kupujemy bilety
7. Jak .... do centrum?
8. melodia grana na trąbce (w Krakowie)

9. 10.

dziewięćdziesiąt siedem _97

KARTON CZY PUDEŁKO?
Lekcja_15

KOMUNIKACJA
zakupy
wyrażanie prośby

SŁOWNICTWO
ilości i miary
opakowania, poczta

GRAMATYKA
dopełniacz l. mn. rzeczowników i przymiotników
zaimki osobowe w dopełniaczu, rekcja liczebników

plasterek, zapałki, zgrzewka, bochenek, kolejka, wybierać się, nie cierpieć, zmyślać, zależeć od + dopełniacz, poza tym, bać się, szukać

nowe słowa

A. PUSZKI, PACZKI I PUDEŁKA

Ćwiczenie 1 — Co to jest?

butelka   kawałek   paczka   puszka
pudełko   słoik   puszka   karton ✓

puszka

UWAGA!

OPAKOWANIA
paczka
puszka
butelka
karton
słoik
kawałek

+ DOPEŁNIACZ

Ćwiczenie 2
Co to jest? Proszę uzupełnić i połączyć opakowanie z produktem.

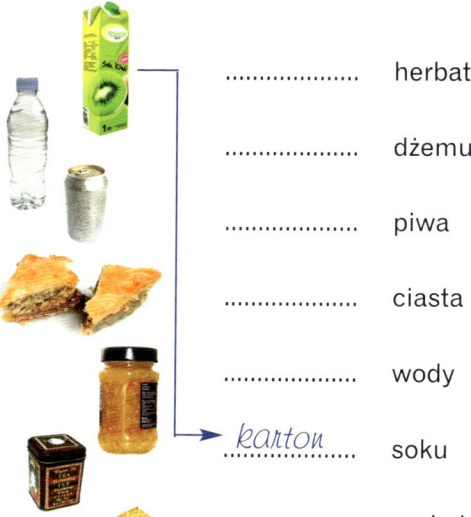

.... herbaty
.... dżemu
.... piwa
.... ciasta
.... wody
karton soku
.... czekoladek

Ćwiczenie 3
Co pasuje?

tort   **PACZKA** → herbata
kukurydza   kawa
sardynki   **PUDEŁKO** kakao
majonez   **SŁOIK**   mleko
oliwki   sok
wino   **BUTELKA** zapałki
makaron   **PUSZKA**   chipsy
ciastka   **KARTON**   papierosy
kiełbasa   **KAWAŁEK** piwo
masło   **KOSTKA**   cola
wódka   dżem
woda   **TABLICZKA** miód
czekoladki   **PLASTEREK** szynka

ser
czekolada

98_ dziewięćdziesiąt osiem

15

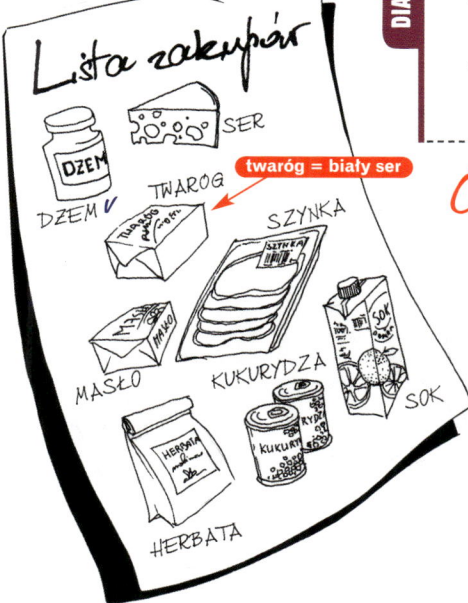

DIALOG_1 `115A4`

Joanna: *Karol!*
Karol: *Tak mamo?*
Joanna: *Mam do ciebie prośbę, czy możesz iść na zakupy?*
Karol: *Teraz? Wolałbym nie.*
Joanna: *Karol!*
Karol: *Mamo, jestem bardzo zajęty. Naprawdę!*
Joanna: *Karol!*
Karol: *Dobrze, dobrze. Już idę.*

Ćwiczenie 4 `115A5`

Proszę uzupełnić dialog zgodnie z listą zakupów.

Sprzedawca: Słucham.
Karol: Proszę ....*słoik*.... ....*dżemu*.... malinowego, ten duży .... żółtego .... i ćwierć kilo białego ....
Sprzedawca: Proszę, co jeszcze?
Karol: Kostkę .... i dwadzieścia plasterków chudej ....
Sprzedawca: To wszystko?
Karol: Nie, jeszcze poproszę .... czarnej ...., dwie .... kukurydzy i .... pomarańczowego.

UWAGA!

bać się
szukać   + DOPEŁNIACZ
słuchać

B ZAKUPY NA PIKNIK

Ćwiczenie 1 `115B1`

Proszę uporządkować dialog.

☐ Sylwia: *Na piknik? Raczej nie. Wiesz, ja **się boję koni**.*
☐ Sylwia: *Bardzo chętnie. A co musisz kupić?*
☒3 Iwona: *Chyba żartujesz!*
☐ Sylwia: *Niestety, nie żartuję! Czy wybiera się **dużo studentów**?*
☐ Iwona: *Wielkie dzięki, idziemy. Aha, moment, muszę sprawdzić, czy nie mam za **mało pieniędzy**.*
☐ Iwona: *Cześć Sylwia! Jedziesz z nami na piknik? Taka piękna pogoda, wreszcie mamy złotą polską jesień!*
☐ Iwona: *Prawie wszyscy, tylko **kilka studentek** zostaje. Słuchaj, czy mogłabyś mi pomóc zrobić zakupy na ten piknik?*
☐ Sylwia: *Nie ma sprawy. Idziemy?*
☐ Iwona: *Tylko dodatki, **kilka słoików** musztardy, **trochę warzyw** na grilla, **trochę pieczarek**, **kilkanaście piw i soków**.*

ILE?   dużo / mało / kilka / trochę / niewiele   + DOPEŁNIACZ

Karton czy pudełko? | zakupy na piknik

dziewięćdziesiąt dziewięć _99

Ćwiczenie 2 `115B2`

Proszę przeczytać dialog jeszcze raz i uzupełnić formy dopełniacza liczby mnogiej.

MIANOWNIK	student	pieniądz	koń	studentka	pieczarka	warzywo
DOPEŁNIACZ	*studentów*					

DOPEŁNIACZ KOGO? CZEGO? — l. mn.

	rodzaj męski	rodzaj żeński	rodzaj nijaki
przymiotnik	**–ych** / k, g **–ich**	**–ych** / k, g **–ich**	**–ych** / k, g **–ich**
rzeczownik	**–ów** / sz, cz, dz, dż, ż, rz + c **–y** / ś, ć, ź, dź, ń + l, j **–i**	**–ø**	**–ø**
przykład	Boję się **duż**_ych_ **ps**_ów_. Nie mam **drobn**_ych_ **pieniędz**_y_. Nie znam **polsk**_ich_ **nauczycieli**.	Znam dużo **mił**_ych_ **studen**t_ek_ø.	Proszę pięć **zimn**_ych_ **piw**ø.

JAKICH?

*owo**c** – owoców*

zakupy na piknik | Karton czy pudełko?

Ćwiczenie 3 🎧 `115B3`

Proszę posłuchać dialogów i dopasować je do ilustracji.

DIALOG: ......

DIALOG: ......

DIALOG: ......

`153` `115B4`

DIALOG_1

Sylwia: Co kupujemy najpierw?
Iwona: Może warzywa.
Sprzedawca: Co dla pań?
Iwona: Kilogram pieczarek.
Sprzedawca: Może być **dziesięć deka** więcej?
Iwona: Tak, nie ma problemu.   `10 deka (dag) = 100 gramów (g)`
Sprzedawca: Co jeszcze?
Iwona: Trzy kilogramy papryki i pięć kilogramów ziemniaków.
Sylwia: A co byś powiedziała na kiszone ogórki?
Iwona: Świetny pomysł! Jak myślisz, ile?
Sylwia: Pół kilograma chyba wystarczy.
Iwona: Uff, dobrze, że samochód mam blisko!

ILE? kilogram / pół kilo / ćwierć kilo / 20 deka **+ DOPEŁNIACZ**

(1) **kilogram (kg)**
2, 3, 4 **kilogramy**
5, 6... **kilogramów**
½ **kilograma**

KILO

100_ sto

15 — Karton czy pudełko? | zakupy na piknik

DIALOG_2

Karolina: O, pakujesz się! Dokąd się wybierasz?
Mami: Jadę na piknik za Kraków.
Karolina: To super!
Mami: Tak, tylko mój plecak jest strasznie ciężki.
Karolina: Faktycznie, a co ty tam masz?
Mami: **3 paczki** słonych paluszków, **5 paczek** chipsów, butelkę coli, kilka puszek piwa, **2 puszki** orzeszków...
Karolina: To będzie niezła impreza!

DIALOG_3

Javier: Myślę, żeby kupić po **2 puszki** piwa na osobę.
Tom: Tylko po **2 puszki**? Wydaje mi się, że to bez sensu. Może lepiej **2 zgrzewki** :-).
Javier: Jedna zgrzewka to **6 puszek**, tak?
Tom: Tak.
Uwe: Zgrzewka, zgrzewka – skomplikowane słowo. Chyba jeszcze kilka kartonów soku i wodę mineralną.
Javier: Ile tych kartonów?
Uwe: No, nie wiem. Może **5 kartonów** pomarańczowego i **2 kartony** jabłkowego.
Javier: A butelek wody ile?
Tom: **10 butelek**?
Uwe: To chyba za dużo. Może **4 butelki** gazowanej i 4 niegazowanej.
Javier: W porządku. Coś jeszcze?
Tom: Chyba wszystko, resztę miały kupić dziewczyny.

Ćwiczenie 4
Proszę podpisać rysunki.

  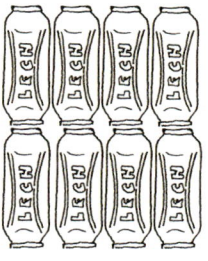 

3 paczki

UWAGA!

2, 3, 4 + MIANOWNIK / BIERNIK l. mn.	5, 6, 7... + DOPEŁNIACZ l. mn.

Ćwiczenie 5
Proszę ułożyć dialogi.

DIALOG 1
a) 5 + jogurt owocowy
b) bochenek + chleb
c) 2 + butelka + woda mineralna
d) 10 + plasterek + szynka
e) pół + kilo + żółty ser

DIALOG 2
a) słoik + ogórek kiszony (l. mn.)
b) 4 + karton + sok
c) 2 + puszka + kukurydza
d) kg + jabłko
e) 5 + plasterek + żółty ser

DIALOG 3
a) 3 + paczka + ciastka
b) kawałek + szynka
c) 2 + pomidor
d) 5 + karton + mleko
e) 2 + kg + ziemniak

DIALOG 4
a) 10 + jajko
b) 5 + butelka + cola
c) 4 + ogórek
d) puszka + tuńczyk
e) pudełko + czekoladka (l. mn.)

DIALOG 5
a) 2 + słoik + dżem truskawkowy
b) 5 + puszka + piwo
c) kawałek + kiełbasa
d) 2 + paczka + herbata
e) butelka + woda mineralna

15

Ćwiczenie 6 `115B9`
Proszę uzupełnić.

a) 10 ...*jabłek*... (jabłko)
b) 7 .... (ogórek kiszony)
c) słoik .... (zielone oliwki)
d) 12 .... (jajko)
e) paczka .... (czekoladowe ciastko)
f) 5 .... (jogurt naturalny)

C POCZTA

Ćwiczenie 1 `115C1`
Co to jest?

pocztówka, paczka, list lotniczy, znaczek, listonosz, koperta, list polecony ✓, skrzynka pocztowa

Ćwiczenie 2 `115C2`
Proszę posłuchać i uzupełnić dialogi.

DIALOG 1

Mami: Karol, ...*czy*... pomożesz mi?
Karol: Nie ma sprawy, a o co chodzi?
Mami: Muszę wysłać ważny .... i nie wiem jak. Czy możesz iść ze mną na ....?
Karol: Na pocztę? Yyy, tam jest zawsze kolejka. Ja nie cierpię kolejek! Poza tym jestem bardzo ....!
Karolina: Karol! Jesteś okropny, ... i zmyślasz! Mami, możesz iść ze ....
Mami: O, dziękuję bardzo.

DIALOG 2

Mami: Dzień dobry, proszę .... na list lotniczy do Japonii.
Urzędnik: Dzień dobry. Może woli pani wysłać list priorytetem? Priorytet to bardzo .... list.
Mami: Dobrze, może być priorytet.

DIALOG 3

Uwe: Dzień dobry. Mam ...., czy mogłaby mi pani pomóc?
Urzędniczka: Tak, słucham.
Uwe: Muszę .... oficjalny list.
Urzędniczka: Urzędowy, tak?
Uwe: Tak, tak. Do urzędu finansowego, muszę mieć ...., dokument, że go wysłałem.
Urzędniczka: Rozumiem. Proszę wysłać list ....
Uwe: Dobrze. Chciałbym jeszcze nadać faks do Niemiec.
Urzędniczka: Proszę bardzo.

DIALOG 4

Angela: Proszę sześć .... na kartkę do Unii Europejskiej.
Urzędniczka: Proszę, znaczki .... pocztówkę. Coś jeszcze?
Angela: Na pocztówkę?
Urzędniczka: ...., pocztówka, widokówka to znaczy to samo.
Angela: Aha, dziękuję. To wszystko.

DIALOG 5

Javier: Dzień dobry, chciałem nadać .... do Argentyny. Czy to dużo kosztuje?
Urzędnik: Cena zależy od wagi, od ....
Javier: Mam nadzieję, że nie jest ciężka.

Ćwiczenie 3 `115C3`
Proszę uzupełnić.

a) kolorowa kartka z pozdrowieniami, to _ _ cz _ _ _ _ _ _
b) bardzo szybki list, to list _ _ t _ _ _ _ _ _ albo _ r _ _ _ _ t _ _
c) mały, zwykle kolorowy _ _ _ _ _ _ _ k na list albo pocztówkę
d) list urzędowy jest zwykle p _ _ _ _ _ _ _ _
e) „opakowanie" na list to _ _ p _ _ _ _ _
f) normalny list, to list z_w_y_k_ł_y_

Ćwiczenie 4 `115C4`
Proszę ułożyć dialogi.

DIALOG 1
5 + znaczek + list
3 + koperta
faks

DIALOG 2
3 + znaczek + widokówka
6 + duża koperta
2 + mała koperta

DIALOG 3
8 + pocztówka
znaczek + list lotniczy
paczka

15

D CZY POMOŻESZ MI?

Ćwiczenie 1 `115D1`
Proszę pogrupować wyrażenia.

prośba o pomoc
Czy mógłbyś mi pomóc?

reakcja pozytywna
Chętnie.

reakcja negatywna

Nie ma sprawy / problemu.
Chętnie. ✓
Przykro mi, ale nie.
Czy mógłbyś mi pomóc? ✓
Czy pomożesz mi?
Tak, oczywiście.
Czy możesz mi pomóc?
Niestety, nie mam czasu.
Czy mogłaby mi pani pomóc?
Z przyjemnością.
Przepraszam, ale jestem bardzo zajęty.
Mam do ciebie prośbę, czy możesz…
Dlaczego nie?
Czy byłby pan tak uprzejmy i…
Chciałem cię prosić o pomoc.

Ćwiczenie 2 `115D2`
Proszę ułożyć dialogi do ilustracji.

sto trzy _103

E ZAIMKI

DIALOG_1

Javier: Dzwonię do **ciebie** i dzwonię. Dlaczego nie odbierasz?
Uwe: Przepraszam, miałem spotkanie i trochę się przedłużyło. Dzwoniłeś już do Toma?
Javier: Do **niego** też się nie mogę dodzwonić. A ty pewnie nie dzwoniłeś do Mami i Angeli?
Uwe: Zaraz do **nich** zadzwonię. Aha, tylko nie mam telefonu do Angeli. Masz może numer do **niej**?

DIALOG_2

Tom: Cześć Javier, dzwoniłeś do **mnie**.
Javier: Dzwoniłem do **was** wszystkich. Bez skutku!
Tom: Dlaczego do **nas** wszystkich i dlaczego się denerwujesz?

DIALOG_3

Iwona: Nie widziałaś mojego telefonu? Szukam **go** wszędzie.
Ania: Leży tam, pod książką.
Iwona: O, **jej** też szukałam.
Ania: I tych dobrych ciastek pewnie też?
Iwona: Tak, **ich** też.
Ania: Ciastek nie musisz szukać, już zjadłyśmy.

DIALOG_4

Mami: Szukam **jej** wszędzie! Gdzie ona jest? **Ich** też nie widzę! Dlaczego oni do **mnie** nie dzwonią? A Javier? Był tu przed chwilą i teraz **go** już nie ma.

Ćwiczenie 1

Proszę przeczytać dialogi i uzupełnić tabelkę.

MIANOWNIK	ja	ty	on	ona	ono	my	wy	oni	one
DOPEŁNIACZ	....	cię	....	....	go	....	....	....	....
*		....	....	niego				nich	....
**			jego	jego					

* Dzwonię do **niego**. (przyimek)
** Nie lubię ani **jej** ani **jego**. (emfaza)

Ćwiczenie 2

Proszę uzupełnić.

a) Nie kocham _cię_ !
b) Nie lubię .... (on).
c) Nie znam .... (wy).
d) On szukał .... (ono) wszędzie.
e) Nie widzę ani .... (ty) ani .... (on).
f) Już idę do .... (oni).
g) Szukałeś .... (ja)?
h) Nie widziałeś tam .... (one)?
   Musisz do .... (one) zadzwonić.
i) Dzwonił do .... (my) ktoś?
j) Mami .... (ty) szuka!
k) Angela dzwoni do .... (on).

Ćwiczenie 3

Co oni mówią? Biernik czy dopełniacz?

"Nie cierpię .... (on) ani .... (ona)! .... (ty) też nie lubię ani .... (wy)!"

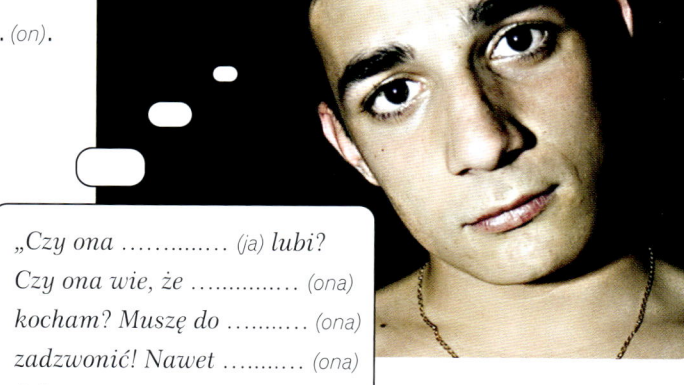

"Czy ona .... (ja) lubi? Czy ona wie, że .... (ona) kocham? Muszę do .... (ona) zadzwonić! Nawet .... (ona) dobrze nie znam."

Ćwiczenie 4

ja? mnie? mną?

A

Kto to jest? Nie znam ani ....*jego*.... (on), ani .... (ona). Co .... (oni) tu robią? On coś mówi do .... (ona), teraz ona coś do .... (on). Ojej, podchodzą do .... (ja)! Chyba chcą ze .... (ja) rozmawiać. Nie, jednak nie do .... (ja), tylko do .... (oni). Tak, rozmawiają z .... (oni). Teraz nie widzę .... (oni) dobrze. O, jest jeszcze dziecko, wszyscy uśmiechają się do .... (ono). A ja to co? Dlaczego do .... (ja) nikt się nie uśmiecha?

B

Zadzwonić do .... (ty) czy lepiej nie? Czy .... (ty) wiesz, że ja .... (ty) kocham? Czy .... (ty) wiesz, że ja czekałem na .... (ty) całe życie? Muszę porozmawiać z .... (ty)! A może lepiej nie.

POWTÓRZENIE F

Co Angela ma w torbie?

a) s z e ś ć — kolorowych pocztówek (kolorowa pocztówka)

b) p _ _ c _ _ _ _ _ — .... (chusteczka – l. mn.)

c) _ _ _ _ _ _ _ _ — .... (woda mineralna)

d) d w a — .... (dobry bilet)

e) _ _ _ _ _ _ — .... (guma miętowa – l. mn.)

f) _ _ _ _ _ _ — .... (zapałka – l. mn.)

g) _ _ _ _ _ _ — .... (chipsy)

h) j _ _ _ _ _ — .... (jabłko)

i) j _ _ _ _ — .... (portfel)

j) j _ _ _ _ — .... (książka)

k) _ _ _ _ _ _ _ — .... (sałatka jarzynowa)

l) _ _ _ _ _ _ _ — .... (długopis)

ł) _ _ _ _ _ _ — .... (papieros – l. mn.)

m) _ _ _ — .... (zeszyt)

n) _ _ _ _ _ — .... (cola)

CO MA BYĆ, TO BĘDZIE
Lekcja_16

komunikacja
plany na przyszłość

słownictwo
pogoda, pory roku
miesiące, andrzejki

gramatyka
przysłówek
czas przyszły złożony

nowe słowa: część, pora roku, miesiąc, pogoda, prognoza, przysłowie, zaczynać się ≠ kończyć się, mieć nadzieję

A PARASOL NOŚ I PRZY POGODZIE

DIALOG_1

Angela: *Cześć!*
Mami: ...
Angela: *CZEŚĆ!!! Czego słuchasz?*
Mami: *Przepraszam. Brry, ale zimno!*
Angela: ***Zima**, to jest zimno. Pytałam, jakiej muzyki słuchasz tak intensywnie?*
Mami: *Ach, to Antonio Vivaldi, znasz? Nazywa się „Cztery pory roku".*
Angela: *Oczywiście, że znam. Moja ulubiona część to „**Lato**". Ma taki wakacyjny klimat.*
Mami: *Ja lubię „**Jesień**". Szkoda, że złota polska jesień już się skończyła.*
Angela: *Szkoda. Ale do **wiosny** niedaleko! Jeszcze dwa miesiące i będzie zielono!*

Ćwiczenie 1
Proszę uzupełnić rysunek słowami z dialogu.

Ćwiczenie 2
Proszę uzupełnić tabelkę.

Pora roku	Kiedy?
MIANOWNIK	**NARZĘDNIK**
wiosna	
lato	
jesień	*jesienią*
zima	

Ćwiczenie 3
Proszę uzupełnić na podstawie dialogu 1 i dialogu 2.

PRZYMIOTNIK	PRZYSŁÓWEK
Jaki? Jaka? Jakie?	Jak?
zimn**y**, **-a**, **-e**	*zimno*
intensywn**y**, **-a**, **-e**	
niedalek**i**, **-a**, **-e**	
zielon**y**, **-a**, **-e**	
ładn**y**, **-a**, **-e**	
brzydk**i**, **-a**, **-e**	
konkretn**y**, **-a**, **-e**	
dobr**y**, **-a**, **-e**	*dobrze*

DIALOG_2

Mami: *Czy mamy plan na weekend?*
Uwe: *To zależy od pogody. Może być ładnie, ale też może być brzydko. Jesteśmy w Polsce, he, he.*
Mami: *A konkretnie?*
Uwe: *A konkretnie to musimy sprawdzić prognozę pogody. Ja mogę w Internecie. Javier, ty w gazecie, Angela w radiu, a Mami w telewizji po wiadomościach. I zobaczymy!*
Mami: *Dobry pomysł! Uwe, ty to umiesz organizować pracę jak prawdziwy biznesmen.*

16

BĘDZIE

INTERNET: padać śnieg, świecić słońce, mróz RADIO: burza, wiać wiatr, ciepło

GAZETA: padać deszcz, pochmurno, mgła TELEWIZJA: padać grad, chłodno, niskie ciśnienie

Ćwiczenie 4

Proszę uzupełnić dialog zgodnie z ilustracjami powyżej.

(1) stopień
2, 3, 4 stopnie
5, 6... stopni

Uwe: *Mam dobrą wiadomość! Weekend będzie fantastyczny! Zimno: ......mróz...... około **10 stopni** Celsjusza poniżej zera, ale będzie świecić ...., i – Javier – specjalnie dla ciebie będzie padać ....! W Argentynie tego nie macie, prawda? Możemy pojechać do Zakopanego.*

Javier: *O, serio? W gazecie pisali, że: zero słońca, będzie ...., zero śniegu, będzie padać ...., no i rano .... jak w Londynie. Fantastycznie?*

Angela: *Jest szansa, że będzie OK. W radiu mówili, że temperatura idzie do góry: będzie........................., ale niestety będzie wiać silny ...., no i wieczorem może być .... Jesienią czy zimą to nietypowa pogoda.*

Mami: *Nic nie rozumiem. W telewizji pan mówił, że będzie ...., około zera stopni, może padać ...., ale krótko, no i jak zwykle będzie niskie ....*

Angela: *Ciśnienie? W Anglii nigdy nie słyszałam tego słowa.*

Mami: *Ja też nie. Ale pan Maj ma barometr i codziennie rano ogląda, jakie jest ciśnienie. A potem mówi, że jest zmęczony, nie chce iść do pracy i ma migrenę, bo ciśnienie jest za niskie.*

Javier: *O tak, świetnie rozumiem. Też tak często mam, ale teraz już wiem dlaczego!*

Ćwiczenie 5

Prawda czy nieprawda?

	P	N		P	N
Uwe jest dobrym organizatorem.	✓	___	W Polsce jesienią i zimą burze są bardzo często.	___	___
Mróz to temperatura powyżej zera.	___	___	Prognozy pogody są takie same w różnych mediach.	___	___
W Argentynie często pada śnieg.	___	___	Wszyscy wiedzą, co to jest „ciśnienie".	___	___
Uwe chce pojechać w Tatry.	___	___			
Javier słuchał prognozy pogody.	___	___			

sto siedem _107

Ćwiczenie 6 `116A7`
Co pasuje?

PADA	JEST	ŚWIECI	WIEJE
padać	*być*	*świecić*	*wiać*

chłodno   śnieg   mróz   deszcz   pochmurno   mgła   burza   wiatr
grad   niskie ciśnienie   słońce   ciepło

Ćwiczenie 7 `116A8`
Proszę posłuchać tekstów i dopasować je do ilustracji.

TEKST ....   TEKST ....   TEKST ....   TEKST ....

Ćwiczenie 8 `116A9`
Proszę posłuchać tekstów jeszcze raz i uzupełnić informacje.

TEKST_A
Jutro w Małopolsce będzie piękna ....*pogoda*...... . Dużo ...., bez .... W nocy możliwe ....

TEKST_B
W Warszawie na termometrach temperatura .... zera. Uwaga kierowcy: intensywne opady ....

TEKST_C
W całej Polsce ...., ale .... Rano możliwe ....

TEKST_D
W Tatrach silny .... W ciągu dnia będzie świecić ...., ale w nocy .... Niestety, ... niskie i cały czas spada.

Ćwiczenie 9 `116A10`
Co Mami lubi robić?

Wiosną ona lubi
....
....

Latem ona lubi
robić zdjęcia
....

Jesienią ona lubi
....
....

Zimą ona lubi
....
....

Ćwiczenie 1 (116B1)

Proszę uzupełnić.

Rok ma 12 ...*miesięcy*......... .

Na imprezę sylwestrową idziemy w ...*grudniu*...... .

Kalendarzowa zima kończy się w ....

Dzień świętego Walentego jest w ....

Halloween obchodzi się w ....

Dzieci w Polsce lubią ...., bo zaczynają się wakacje.

Piąty miesiąc roku to ....

"Szczęśliwego Nowego Roku!" mówimy w ....

Boże Narodzenie jest w................ .

B) MIESIĄC STYCZEŃ – CZAS DO ŻYCZEŃ

16

 (116B2)

	12 MIESIĄCY	KIEDY?
ZIMA	1. styczeń	*w styczniu*
	2. luty	*w lut**ym***
WIOSNA	3. marzec	*w marcu*
	4. kwiecień	*w kwietniu*
	5. maj	*w maju*
LATO	6. czerwiec	*w czerwcu*
	7. lipiec	*w lipcu*
	8. sierpień	*w sierpniu*
JESIEŃ	9. wrzesień	*we wrześniu*
	10. październik	*w październiku*
	11. listopad	*w listopa**dzie***
ZIMA	12. grudzień	*w grudniu*

Co ma być, to będzie | Miesiąc styczeń...

DIALOG_1

 (116C1)

Patrycja: *Mów, co słychać w pracy? Mam nadzieję, że wszystko w porządku?*

Anna: *Nic nowego. O, przepraszam, za tydzień będziemy robić w szkole remont – malowanie, nowe drzwi i okna, renowacja parkietu.*

Patrycja: *A studenci, gdzie będą się uczyć? Będziecie chodzić z nimi do pubu czy do parku?*

Anna: *Dobre pytanie, nie wiem! Będę musiała zapytać szefa. A, jutro będę robić ze studentami „Andrzejki". Wiesz, cykl „Polskie tradycje". Będziesz mogła przyjść?*

Patrycja: *Będę chciała, ale sama rozumiesz: nie znam dnia ani godziny…*

C) DZIECI NAJMILSZE, GDY ŚPIĄ

Ćwiczenie 1 (116C2)

Na podstawie dialogu proszę uzupełnić tabelkę formami „być" w czasie przyszłym.

BYĆ	CZAS PRZYSZŁY *(jutro, za tydzień…)*		
l. poj.		**l. mn.**	
(ja)		(my)	
(ty)		(wy)	
on ona ono	*będzie*	oni one	

CZAS PRZYSZŁY

będę będziesz będzie	+ BEZOKOLICZNIK *robić*	=	będę będziesz będzie	+ FORMA CZASU PRZESZŁEGO III osoba l. poj. *robił / robiła*
będziemy będziecie będą	+ BEZOKOLICZNIK *robić*	=	będziemy będziecie będą	+ FORMA CZASU PRZESZŁEGO III osoba l. mn. *robili / robiły*

sto dziewięć _109

Ćwiczenie 2

Proszę uzupełnić.

a) On nie ...*będzie*... tego tolerować!
b) My .... tam na pewno, a wy?
c) Oni .... pracować razem.
d) Ja nie .... miała czasu, może ty?
e) Czy (ty) .... oglądać ten film?
f) Ona .... czekać na was tylko 10 minut.
g) One jak zwykle .... spacerować w galerii handlowej.
h) Ono .... jadło teraz czy potem?
i) Wy .... pisać, a one .... czytać.

Ćwiczenie 3

Co Patrycja będzie często robić, a czego nie, kiedy będzie miała małe dziecko?

mieć mało czasu
długo spać
tańczyć na dyskotece
wstawać wcześnie rano
pracować w domu
spacerować w parku
spotykać się z koleżankami
chodzić na imprezy
pić wino
bawić się z dzieckiem

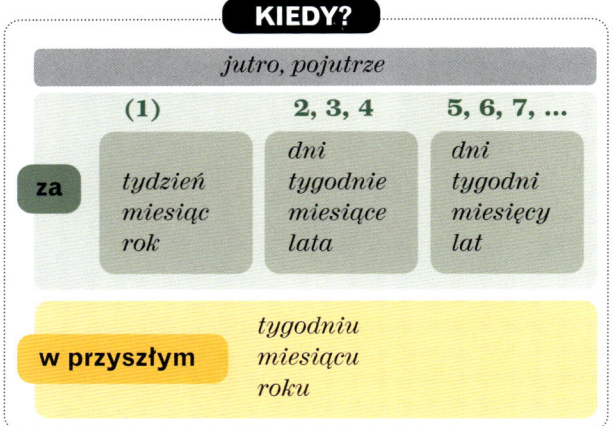

Ćwiczenie 4

Co pasuje?

a) za 2 lat / lata
b) po jutro / pojutrze
c) za 6 miesiące / miesięcy
d) w przyszłym miesiącu / miesięcy
e) za 22 lat / lata
f) za pół rok / roku
g) w przyszłym rok / roku
h) za 2 miesiące / miesięcy
i) za 40 tygodnie / tygodni
j) za 100 lat / lata

Ćwiczenie 5

Proszę uzupełnić.

a) Anna będzie ...*musiała*... (musieć) zapytać szefa.
b) Studenci nie będą .... (móc) mieć lekcji w szkole.
c) Anna będzie .... (chcieć) zorganizować fajną imprezę.
d) Aneta nie będzie .... (móc) przyjść.
e) Tomek i Iwona też nie będą .... (móc) przyjść.
f) Sylwia będzie .... (chcieć) pojechać do domu.
g) Dominika będzie .... (musieć) zostać w domu.
h) Ryszard będzie .... (musieć) zjeść wszystko sam.

D. W DZIEŃ ŚWIĘTEGO ANDRZEJA
PANNOM Z WRÓŻBY NADZIEJA

16

- cień
- lać
- zimna woda
- garnek
- świeca
- wosk
- klucz

29 listopad ANDRZEJKI

Ta noc zawsze była bardzo specjalna, magiczna. Dziewczyny, które nie miały męża (czyli panny) wróżyły, co będzie w następnym roku. „Wróżyć" to znaczy mówić co BĘDZIE – a mówić mogą karty, tarot, horoskop. Te wróżby zwykle miały charakter matrymonialny (kiedy panny wyjdą za mąż).

Jak to zrobić?
Proszę kupić normalne, białe świece. Dać je do garnka i „gotować". Ta masa to wosk. Następnie proszę lać wosk przez klucz do zimnej wody. Twardą masę bierzemy do ręki i oglądamy cień jej formy na ścianie. Ważna jest fantazja. Co będzie? Nikt nie wie... Masz smoka? Może będziesz mieszkać w Krakowie?

Ćwiczenie 1 `116D1`
Dziś wróżą wszyscy. Co oni będą robić w przyszłym roku?

> pracować, podróżować, uprawiać sport, robić zakupy, zwiedzać Paryż, grać koncerty, mieć dziecko

Co ma być, to będzie | W dzień świętego Andrzeja...

POWTÓRZENIE E

`116E1` *Proszę rozwiązać krzyżówkę.*

1.  2.  3.
4. drugi miesiąc roku
5.    11.
6. piąty miesiąc roku
7. szósty miesiąc roku
8. dziewiąty miesiąc roku
9. zielona pora roku
10. ósmy miesiąc roku

sto jedenaście __111

PLOTKI, PLOTKI. KTO Z KIM I O CZYM?
Lekcja_17

KOMUNIKACJA
Podoba ci się?
wyrażanie uczuć i opinii

SŁOWNICTWO
samopoczucie

GRAMATYKA
lubić / podobać się
deklinacja zaimków osobowych

modny, marudna, wyglądać ładnie / brzydko, plotki, plotkować, strasznie
biżuteria, bluzka, spodnie

nowe słowa

A CO O TYM MYŚLISZ?

Ćwiczenie 1 117A1
Prawda czy nieprawda?

	P	N
Mami uważa, że Angela ładnie wygląda w bluzce.	V	__
Angela nie chce bluzki, bo jest niemodna.	__	__
Angela kupuje też spodnie.	__	__
Angela myśli, że wygląda grubo w swetrze.	__	__
Mami ma taką samą figurę jak Angela.	__	__
Angela jest dziś smutna i zła.	__	__
Mami proponuje gorącą czekoladę na dobry humor.	__	__

Ćwiczenie 2 117A2
Proszę posłuchać i uzupełnić.

Angela: Co myślisz o tej bluzce? Kompletnie nie mam nic *ładnego* na imprezę u Javiera.
Mami: Świetna! I chyba bardzo modna. Będziesz w .... dobrze wyglądać. Ładnie .... w tym kolorze.
Angela: Myślisz? Czy ja wiem? Nie mam do .... spodni.
Mami: A ten sweter? Nie podoba .... się?
Angela: Nie bardzo, grubo w .... wyglądam.
Mami: Coś ty?! Bardzo ładnie wyglądasz. Chciałabym mieć taką figurę jak ....
Angela: Nie mogę się zdecydować. Mam dziś zły dzień.
Mami: Widzę. A co się dzieje?
Angela: .... mi, pogoda jest beznadziejna, mam różne problemy.
Mami: Więc zaraz mi o .... opowiesz. Idziemy na kawę albo sok.
Angela: Dobry pomysł. .... tu, pić mi się chce.
Mami: Ale jesteś dziś marudna! Idziemy! Dokąd chcesz iść?
Angela: Wszystko .... Nie mam zdania.

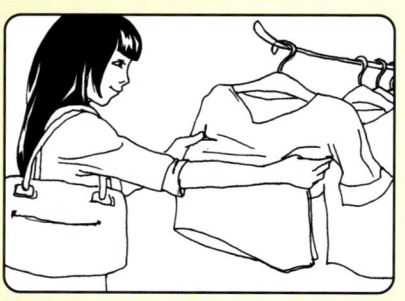

> smutno / zimno / ciepło **mi**
> chce **mi** się jeść / pić / spać
> ładnie **mi** w tym kolorze?

Ćwiczenie 3 (117A3)
Proszę pogrupować wyrażenia.

Będziesz w niej dobrze wyglądać.
Czy ja wiem?
Denerwuje mnie to.
Bardzo ładnie wyglądasz.
Nie mogę się zdecydować.
Ładnie ci w tym kolorze.
Nie bardzo, grubo w nim wyglądam.
Chciałabym mieć taką figurę jak ty.
Smutno mi.
Ale jesteś dziś marudna!
Podoba mi się. ✓
Irytuje mnie to.
Nie mam zdania.
Wszystko jedno.

Uczucia i opinie pozytywne
Podoba mi się.
....
....
....
....

Uczucia i opinie negatywne
....
....
....
....
....

Brak opinii
....
....
....
....

17

Plotki, plotki. Kto z kim o czym? | **Co o tym myślisz?**

Ćwiczenie 4 (117A4)
Co pasuje?

1. Podoba mi
2. Ładnie ci
3. Pić
4. Czy
5. Dobrze
6. Wszystko
7. Denerwuje

a) ja wiem?
b) się to.
c) w tym.
d) wyglądasz.
e) mi się chce.
f) mnie to.
g) jedno.

Ćwiczenie 5 (117A5)
Proszę uzupełnić dialogi wyrażeniami z ćwiczenia 4.

A
– Cześć, ...ładnie...... dziś wyglądasz..! Byłaś u fryzjera?
– Dziękuję, to miłe. Byłam wczoraj.

B
– Co myślisz o nim?
– .... się! Jest świetny!

C
– Ale dziś gorąco. .... mi ....
– Mnie też. Idę po wodę. Też chcesz?

D
– Co chcesz do picia?
– ....
Może być herbata, ale bez cytryny.

E
– Dlaczego tu zawsze jest taki bałagan?! .... mnie ....
– Masz rację. To skandal!

B PODOBA CI SIĘ?

Ćwiczenie 1 (117B1)
Proszę posłuchać i powtórzyć z odpowiednią intonacją.
Proszę dopasować zdania do zdjęć.

- [3] Fuj! Co to jest?! Nie podoba mi się to!
- [ ] Jak tu pięknie! Bardzo mi się podoba!
- [ ] Strasznie mi zimno!
- [ ] Ale dziś upał! Gorąco mi!
- [ ] Nie lubię czekać w korku!
- [ ] To skandal! Jak tu brudno!
- [ ] Mieszkam w Krakowie 20 lat i bardzo lubię to miasto.
- [ ] Chce mi się jeść. Chodźmy na obiad!

17

LUBIĘ + BIERNIK

Adama
tę dziewczynę
to dziecko

Lubię **Adama**, bo jest bardzo miły.
Lubię **tę dziewczynę**, bo jest sympatyczna.
Lubię **to dziecko,** bo jest wesołe i inteligentne.

PODOBA MI SIĘ + MIANOWNIK

Adam
ta dziewczyna
to dziecko

Podoba mi się **Adam**, bo jest przystojny.
Podoba mi się **ta dziewczyna**, bo jest atrakcyjna.
Podoba mi się **to dziecko**, bo jest śliczne.

Ćwiczenie 2 [117B2]
PODOBA MI SIĘ czy LUBIĘ? Proszę dopasować.

herbatę owocową ✓, lody waniliowe, ta nowa bluzka, moich przyjaciół, bigos, ten dom na ulicy, psy, ten nowy film *(oglądałem tylko raz)*, moje mieszkanie, filmy Quentina Tarantino, ten obraz w galerii, obrazy Picassa, kuchnię włoską, Portugalia *(byłem raz na wakacjach)*, polskie góry *(jeżdżę co roku na wakacje)*

LUBIĘ
herbatę owocową

PODOBA MI SIĘ

Ćwiczenie 3 [117B3]
Proszę uzupełnić zdania.

MIANOWNIK	CELOWNIK
ja	**mi**
ty	**ci**
on, ono	**mu**
ona	**jej**
my	**nam**
wy	**wam**
oni, one	**im**

a) Jestem zmęczony i nic ...*mi*... się nie chce.
b) Co myślisz o tym filmie? Podobał .... się?
c) Javier był w tej nowej dyskotece? Podobała .... się muzyka?
d) Słyszałem, że Angela była w Gdańsku. Podobał .... się?
e) Byliście wczoraj na warsztatach? Podobały .... się?
f) Moi przyjaciele byli pierwszy raz w Polsce i bardzo .... się podobało.
g) Muszę wracać do Niemiec, bo już jest koniec kursu. Smutno .... !

Ćwiczenie 4 [117B4]
Proszę uporządkować zdania.

a) podoba – się – mi – bardzo *Bardzo mi się podoba!*
b) się – jeść – chce – mi ....
c) wcale – się – nie – podobał – ten – film – mi ....
d) jedno – mi – wszystko ....
e) ci – w – tym – ładnie – kolorze ....
f) nie – mi – się – podoba ....
g) zimno – strasznie – mi ....

Podoba ci się? | Plotki, plotki. Kto z kim i o czym?

C CO O NIM MYŚLISZ?

Ćwiczenie 1
Proszę posłuchać i uzupełnić.

Mami: Więc o co chodzi? Dlaczego jesteś smutna?
Angela: A takie tam, różne sprawy rodzinne. Ale nie chcę o ...nich... mówić.
Mami: Czy mogę .... pomóc?
Angela: Raczej nie, ale dziękuję. Może porozmawiamy o czymś innym? Widziałaś nowe studentki z grupy zero?
Mami: Tak, widziałam .... i też z .... rozmawiałam. Bardzo fajne dziewczyny.
Angela: I ładne. Javier chce .... zaprosić na urodziny.
Mami: Dobry pomysł. Mogą się z .... zintegrować i .... lepiej poznać.
Angela: Tak, na pewno chcą poznać Javiera.
Mami: Myślisz?
Angela: Jasne, jest sympatyczny, przystojny, każda dziewczyna chciałaby się z .... spotykać.
Mami: .... też?!
Angela: Hi, hi, spokojnie, spokojnie, ... nie, ale widzę, że .... tak.
Mami: Co ja?
Angela: Mami, to jasne, że jesteś w .... zakochana. A co kupiłaś dla .... na prezent?
Mami: Po pierwsze, to nie jestem w .... zakochana, a po drugie prezentu dla .... jeszcze nie kupiłam, bo nie wiem, co .... się podoba. Może razem zdecydujemy?
Angela: Dobrze, to idziemy poszukać. Ale i tak wiem, że .... kochasz.
Mami: Nieprawda!
Angela: Prawda, prawda.

Dziewczyny plotkują.

Ćwiczenie 2
Prawda czy nieprawda?

	P	N
Angela ma problemy rodzinne i mówi o nich Mami.		✓
W szkole są nowe studentki w grupie Angeli i Mami.		
Nowe studentki są obiektem zainteresowania wszystkich.		
Javier chce zaprosić nowe koleżanki na urodziny.		
Angela myśli, że Mami kocha Javiera.		
Mami nie ma jeszcze prezentu dla Javiera.		
Mami i Angela kupują prezent razem.		

Ćwiczenie 3
Jak myślicie, czy Mami kocha Javiera? A może Angela go kocha? A Javier – kogo on kocha?

Ćwiczenie 4 `117C3`
Proszę wpisać do tabeli odpowiednie formy zaimków.

> ja: **mi, mną**; ty: **tobą, cię, ci**; on: **mu, go, nim**; ona: **ją, jej, nią**; ono: **mu, nim, nie**
> my: **nas, nami**; wy: **was, wam**; oni: **nimi, nich**; one: **nie, im, nich**

	ja	ty	on	ona	ono	my	wy	oni	one
MIANOWNIK	ja	ty	on	ona	ono	my	wy	oni	one
DOPEŁNIACZ	mnie	....	....	....	go	nas	....	ich	ich
* / **		ciebie	niego / jego	niej	niego / jego		....	....	....
CELOWNIK	....	....	....	jej	....	nam	....	im	....
* / **	mnie	tobie	niemu / jemu	niej	niemu / jemu			nim	nim
BIERNIK	mnie	cię	go	....	je	....	was	ich	je
* / **		ciebie	niego / jego	nią	....			nich	....
NARZĘDNIK	......	....	nim	......	nim	....	wami	....	nimi
MIEJSCOWNIK	mnie	tobie	....	niej	....	nas	was	nich	nich

> **Lubię go. / Dziękuję ci. / Nie ma jej. / Dlaczego interesujesz się nimi?**
> * Idę do niego. / Prezent dla ciebie. / Czekam na nią. (przyimek)
> ** Jemu nie dam nic. / Kocham tylko jego. / On lubi tylko ciebie. (emfaza)

Ćwiczenie 5 `117C4`
Proszę uzupełnić.

a) **ja, ty**
– Kochasz  ?
– Oczywiście, że .... kocham.

b) **on, ona, my**
– Z kim idziesz na urodziny Javiera?
– Sam, a ty z kim?
– Z .... albo z .... Chcesz iść z ....?
– Dobrze.

c) **ty, ja, my, wy**
– Mamy dla .... prezent.
– Serio, dla ....?
– Tak, to jest prezent od .... wszystkich. Sto lat!
– Dziękuję .... Świetny prezent!

D CO MU KUPIĆ?

Ćwiczenie 1 `117D1`
Mami i Angela wybierają prezent dla Javiera. Co planują kupić? Co w końcu kupują?

- słownik języka polskiego
- książka kucharska
- płyta z polską muzyką jazzową
- torba ekologiczna z aplikacją
- płyta z polską muzyką rockową
- t-shirt z aplikacją
- płyta z polską muzyką folkową
- album ze zdjęciami
- kubek
- obraz
- biżuteria z bursztynu
- film **DVD**

Ćwiczenie 2 🎧 117D2

Proszę posłuchać dialogu jeszcze raz i zaznaczyć wyrażenia, które występują w dialogu.

- ☑ Co myślisz o słowniku języka polskiego?
- ☐ To bez sensu.
- ☐ Musimy wybrać coś specjalnego.
- ☐ Może jakąś płytę?
- ☐ Wszystko jedno.
- ☐ Świetny pomysł!
- ☐ Nie, to zły pomysł.
- ☐ Nie znamy się na...
- ☐ Ja wolę rock.
- ☐ Idealnie!
- ☐ Lepiej coś egzotycznego.
- ☐ To banalne.

17

Plotki, plotki. Kto z kim i o czym? | **Co mu kupić?**

Ćwiczenie 3 117D3

Co można im kupić na prezent z Krakowa?

a) Dla eleganckiej kobiety, która lubi naturalną biżuterię?
   Dla niej proponuję .....srebrną biżuterię z bursztynu......

b) Dla osoby, która lubi testować nowe potrawy?
   Dla niej proponuję ....

c) Dla starszej pani?
   Dla ....

d) Dla wujka z Ameryki?
   Dla ....

e) Dla rodziny z zimnej Kanady?
   Dla ....

f) Dla przyjaciółki, która lubi czytać i uczy się języka polskiego?
   Dla ....

g) Dla dziadka, który interesuje się medycyną naturalną?
   Dla ....

h) Dla kuzynki, która lubi folklor?
   Dla ....

i) Dla kogoś, kto jedzie pociągiem do Warszawy i nie miał czasu kupić kanapki?
   Dla ....

miód; srebrna biżuteria z bursztynu; tradycyjna haftowana bluzka; książki do słuchania; oscypek; obwarzanek; grzane wino; książka ze zdjęciami z Polski

POWTÓRZENIE E

Ćwiczenie 1

Jakie prezenty lubisz dostawać? Co zwykle kupujesz kolegom na urodziny?

Ćwiczenie 2 117E1

Co mówi Javier? Proszę uporządkować tekst.

- .... że mam tak dużo przyjaciół
- .... się cieszę i jeszcze
- .... za wszystkie piękne prezenty.
- .... Dziękuję bardzo,
- .... że przyszliście do mnie.
- .... Nie wiedziałem,
- 1. Moi Drodzy!
- .... w Polsce. Bardzo
- .... raz dziękuję

sto siedemnaście _117

POKAŻ MI SWOJE MIESZKANIE, A POWIEM CI KIM JESTEŚ

Lekcja_18

KOMUNIKACJA
Gdzie to jest?
opis mieszkania

SŁOWNICTWO
mieszkanie, pomieszczenia i sprzęty
lokalizacja przedmiotów

GRAMATYKA
miejscownik l. poj. i l. mn.
przyimki: *na, w, przy, o, po*

piętro, mebel, parter, kamienica, kominek, spiżarnia, strych, piwnica, rękawiczki

nowe słowa

A CIASNE, ALE WŁASNE!

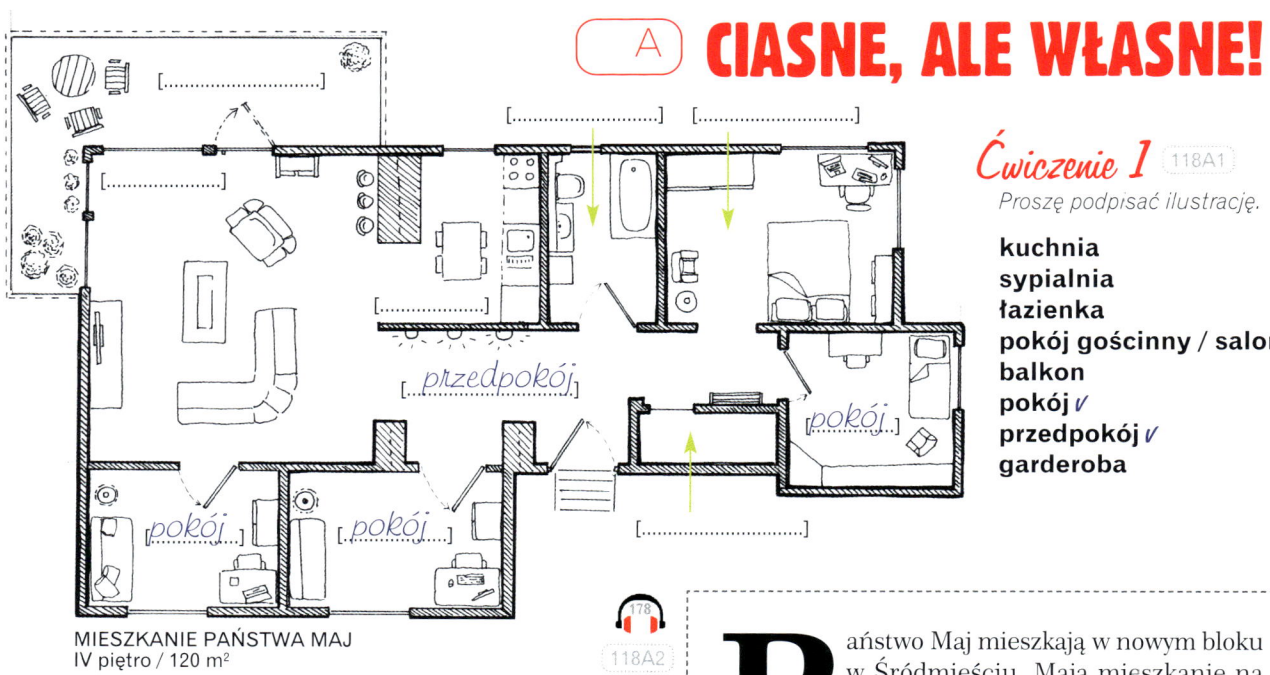

MIESZKANIE PAŃSTWA MAJ
IV piętro / 120 m²

Ćwiczenie 1 (118A1)
Proszę podpisać ilustrację.

kuchnia
sypialnia
łazienka
pokój gościnny / salon
balkon
pokój ✓
przedpokój ✓
garderoba

Ćwiczenie 2 (118A2)
Prawda czy nieprawda?

	P	N
Państwo Maj mieszkają w kamienicy.		✓
Mieszkanie państwa Maj jest na czwartym piętrze.		
Mieszkanie państwa Maj ma 70 lat.		
Rodzice pana Grzegorza kupili mieszkanie dla syna.		
Mieszkanie państwa Maj ma 78 m².		
W pokoju, w którym mieszka teraz Mami, był gabinet pana Grzegorza.		
Pani Joanna jest bardzo zadowolona z mieszkania w bloku.		

Państwo Maj mieszkają w nowym bloku w Śródmieściu. Mają mieszkanie na IV (*czwartym*) piętrze. Wcześniej mieszkali razem z rodzicami pana Grzegorza, w bloku zbudowanym w latach 70 (*siedemdziesiątych*), ale od kiedy pan Grzegorz zaczął pracować w firmie informatycznej i dobrze zarabiać, zdecydowali, że wezmą kredyt i kupili nowe, dość duże mieszkanie, 120 m² (*metrów kwadratowych*). Oprócz kuchni, łazienki, przedpokoju i sypialni, są trzy pokoje – Karola, Karoliny i Mami oraz duży salon, z którego wychodzi się na balkon. W pokoju, w którym mieszka teraz Mami, był kiedyś gabinet pana Grzegorza, ale państwo Maj przenieśli wszystkie rzeczy z gabinetu do swojej sypialni, żeby zrobić nowy pokój dla japońskiej studentki. Chociaż mieszkanie jest w dobrej okolicy i jest nowe, pani Joanna marzy o własnym domu na wsi, w którym będzie kominek, spiżarnia, strych, piwnica i dużo pokoi dla dzieci, wnuków, przyjaciół i rodziny.

Ćwiczenie 3 `118A3`
Co to jest?

stać (*stoję/stoisz*) — Lodówka **stoi** w kuchni.
leżeć (*leżę/leżysz*) — Dywan **leży** w pokoju.
wisieć (*wiszę/wisisz*) — Obraz **wisi** w salonie.

.....lodówka .....sofa .....lampa .....regał .....pralka
.....łóżko .....fotel .....wanna .....półka .....prysznic
.....lustro .....krzesło .....wieszak .....kuchenka .....zmywarka .....szafka .....telewizor .....szafa
.....kwiatek .....komoda .....stół ..5..umywalka .....ubikacja .....obraz .....biurko .....zlew

18_

Pokaż mi swoje mieszkanie… | Ciasne, ale własne!

na *stole*   w *środku*   przy *stole*   po *schodach*   o *myśli o tobie*

B) GDZIE ON JEST? MIEJSCOWNIK

MIEJSCOWNIK O KIM? O CZYM? { *w, na, przy, po* }   **l. poj.**

rodzaj męski	rodzaj żeński	rodzaj nijaki
przymiotnik – *ym* (k, g – *im*)	– *ej*	– *ym* (k, g – *im*)
rzeczownik – *e* / – *u*	– *e* / – *y* / – *i*	– *e* / – *u*
przykład Album o star**ym** Krakow**ie**. Mieszkam na Mał**ym** Rynk**u**.	On myśli o ładn**ej** dziewczyn**ie** o now**ej** prac**y** o dobr**ej** kolacj**i**.	Byłam w now**ym** kin**ie**. Oglądałam film o argentyńsk**im** tang**u**.
	JAKIEJ?	JAKIM?
JAKIM?		

sto dziewiętnaście _119

MIEJSCOWNIK — l. poj.

temat w mianowniku	r. męski	r. nijaki	r. żeński	
b, f, m, n, p, s, w, z, t→c, d→dz	-ie	-ie		-ie
r→rz, ł→l	e	e		e
k, g, ch			k→c, g→dz, ch→sz	-e
c, dz, sz, rz, ż, cz	-u	-u	c, dz, sz, rz, ż, cz	-y
l, j, ś, ć, ź, dź, ń			l, j, ś, ć, ź, dź, ń	-i

WYJĄTKI: dom – w domu, pan – o panu, syn – o synu

Gdzie on jest? | Pokaż mi swoje mieszkanie...

Ćwiczenie 1 (118B1)
Proszę odmienić.

- kobieta, tata, bilet
- szafa, szef, fotograf
- nos, sos, klasa
- Adam, mama, program
- obraz, waza, wiza
- okno, basen, kino
- chleb, torba, choroba
- mucha, macocha, blacha
- książka, Polska, Ameryka
- sklep, lampa, mapa
- Praga, droga, podłoga
- piwo, kawa, trawa
- stół, szkoła, krzesło
- rower, spacer, teatr
- obiad, woda, samochód

Ćwiczenie 2 (118B2)
„na" czy „w"?

a) Gdzie robimy zakupy?
   w sklepie, na targu
   (sklep / targ)

b) Gdzie kupujemy gazety?
   ....
   (kiosk / salon prasowy)

c) Gdzie jemy obiady?
   ....
   (restauracja / bar)

d) Gdzie tańczymy?
   ....
   (klub / dyskoteka / pub)

e) Gdzie pływamy?
   ....
   (morze / ocean / rzeka)

f) Gdzie śpiewamy?
   ....
   (lekcja muzyki / koncert)

GDZIE?

być + W
- w Polsce — KRAJ
- w Krakowie — MIASTO
- w kinie — BUDYNEK

być + NA
- na filmie — AKTYWNOŚĆ
- na rynku — PLAC
- na stole — LOKALIZACJA

UWAGA!
na poczcie / **na** policji
na dworcu / **na** basenie
na uniwersytecie

Ćwiczenie 3 (118B3)
„na" czy „w"?

a) Kasia mieszka ..*w*.. Lublinie.
b) Angela nie lubi robić zakupów .... supermarkecie.
c) Dzisiaj .... biurze jest nowa sekretarka.
d) .... kanapie siedzi kot.
e) .... domu nie ma cukru.
f) W wakacje .... plaży zawsze jest dużo turystów.
g) .... ulicy jest duży korek.
h) W weekend Javier i Uwe byli .... pubie .... piwie.
i) Wazon stoi .... stole .... pokoju.
j) Laptop stoi .... biurku.

Ćwiczenie 4 (118B4)
Javier jest młody, ale pracował już w wielu miejscach. Gdzie?

MIEJSCOWNIK O KIM? O CZYM? { w, na, przy, po }   l. mn.

rodzaj męski	rodzaj żeński	rodzaj nijaki
przymiotnik: –ych (k, g → –ich)		
rzeczownik: –ach		
przykład: Uwe myśli o **dużych pieniądzach**.	Javier był w **polskich górach**.	Tom mieszkał w **różnych miastach**.

JAKICH?

Ćwiczenie 5 (118B5)
Proszę uzupełnić w liczbie mnogiej.

a) Ula mieszka na *Mazurach* (Mazury), ale jej brat w .... (Stany Zjednoczone).
b) Javier chciałby jeździć na .... (narty).
c) Uwe miał spotkanie biznesowe w .... (Katowice).
d) Mami woli chodzić w .... (spodnie) niż w spódnicy.
e) Jest bardzo zimna jesień, wszyscy chodzą w .... (rękawiczki).
f) Mami i Javier wiosną i jesienią jeżdżą na .... (rolki).
g) Uwe będzie uczyć się jeździć na .... (łyżwy).

Pokaż mi swoje mieszkanie... | Gdzie on jest?

Podłoga. *Na podłodze leży...*
Ściana. *Na ścianie wisi...*
Sufit. *Na suficie wisi...*

Ćwiczenie 6 [118B6]

Proszę uzupełnić tekst i podpisać meble na rysunku.

Pokój Mami nie jest ani duży, ani mały. Jest w sam raz dla studentki. Jasny i cichy z widokiem na park. Mami może spokojnie uczyć się, rysować, malować i długo spać. Po .....*lewej stronie*..... (lewa strona) przy .... (ściana) w rogu jest biurko, przy którym stoi wygodne krzesło, a po prawej stronie w .... (róg) stoi szafa. W .... (szafa) wiszą i leżą ubrania Mami. Na wprost drzwi jest okno, przy .... (okno) stoi duże łóżko. Na .... (łóżko) leżą miękkie poduszki, czasem książki. Po jednej stronie łóżka stoi fotel, a po drugiej stronie na .... (podłoga) przy ścianie obok biurka stoi lampa. Po .... (prawa strona) pokoju, przy .... (ściana) jest regał, na którym stoją książki i zdjęcia Mami. Na .... (środek), na podłodze leży beżowy, miękki dywan. A na .... (sufit) Mami przykleiła plastikowe gwiazdki, które świecą się w nocy i imitują niebo.

Ćwiczenie 7 [118B7]

Gdzie co jest?

album o Witkacym, pędzelki, kopia obrazu Witkacego, kubek, laptop, herbata, telefon, ołówek, kartka z Krakowa radio, mapa, słownik, album o impresjonizmie, książka do języka polskiego, lampa, czekolada, słuchawki

na, w, przy

Ćwiczenie 8 [118B8]

Proszę zaznaczyć dobrą odpowiedź.

1. **Mami pokój jest**
   - [ ] za duży
   - [ ] za mały
   - [v] w sam raz

2. **Biurko stoi**
   - [ ] na środku
   - [ ] przy ścianie
   - [ ] na wprost

3. **Poduszki leżą**
   - [ ] obok łóżka
   - [ ] pod łóżkiem
   - [ ] na łóżku

4. **Lampa**
   - [ ] wisi na suficie
   - [ ] stoi obok fotela
   - [ ] stoi przy ścianie

6. **Mami przykleiła gwiazdki**
   - [ ] na suficie
   - [ ] na podłodze
   - [ ] na ścianie

C MARZĘ O DALEKICH PODRÓŻACH!

18

DIALOG_1 [118C1]

Angela: *Mami! Śpisz?*
Mami: *Nie, nie śpię!*
Angela: *To co robisz?*
Mami: *Myślę.*
Angela: *A o czym myślisz?*
Mami: *Myślę o Japonii i o moich rodzicach. Niedługo jadę do nich, muszę wszystkim kupić prezenty!*

myśleć o
marzyć o
rozmawiać o
dyskutować o
pamiętać o

+ MIEJSCOWNIK

Ćwiczenie 1 [118C2]
O czym oni myślą?

Uwe myśli o ...*polskim piwie*... (polskie piwo).
Javier myśli o .... (pływanie).
Mami myśli o .... (Witkacy).
Angela myśli o .... (język polski).
Karol myśli o .... (piłka nożna).
Karolina myśli o .... (kurs) tańca.

Ćwiczenie 2 [118C3]
O czym oni marzą?

JAVIER
UWE
MAMI
ANGELA

DIALOG_2 [118C4]

Uwe: *Jestem zmęczony pracą i szkołą… marzę o wakacjach!*
Angela: *Ja nie jestem zmęczona, ale też marzę o dalekich podróżach! W Polsce jest dobrze, ale chciałabym pojechać do Nepalu i Tybetu…*
Mami: *A do Japonii?*
Angela: *Jasne! Japonia też jest interesująca! Tak naprawdę to chyba chciałabym podróżować po świecie.*
Javier: *Bardzo dobrze! Podróże dużo uczą. A może razem, w weekendy, będziemy jeździć po Polsce?*

chodzić po
spacerować po
jeździć po
podróżować po

+ MIEJSCOWNIK

POWTÓRZENIE D

Ćwiczenie 1 [118D1]
Proszę uzupełnić.

a) Mami i Karolina lubią spacerować po *Krakowie* (Kraków) i robić zdjęcia.
b) Uwe czasem spaceruje po .... (Kazimierz).
c) Pani Joanna codziennie chodzi z psem po .... (park).
d) Javier, Uwe, Mami i Angela będą jeździć po .... (Polska).
e) Mami chodzi po .... (pokój) i powtarza nowe słówka.
f) Iwona i Tomek lubią chodzić po .... (góry).

Ćwiczenie 2 [118D2]
Gdzie oni są?

Pokaż mi swoje mieszkanie… | Marzę o dalekich podróżach!

sto dwadzieścia trzy _123

WSZĘDZIE DOBRZE, ALE W DOMU NAJLEPIEJ
Lekcja_19

KOMUNIKACJA
szukanie i wynajmowanie mieszkania

SŁOWNICTWO
lokalizacja przedmiotów

GRAMATYKA
przyimki statyczne

przeprowadzać się, zaspać, zdarzać się, jeśli chodzi o…

nowe słowa

A NIE MAM GDZIE MIESZKAĆ

DIALOG_1

Jest poniedziałek, 10.40. Zdenerwowana Angela wchodzi do szkoły.

Javier: *Ty spóźniona?! Co się stało?*
Angela: *Javier! O nic nie pytaj, bo zaraz eksploduję!*
Javier: *Ho, ho, ho! To musi być coś poważnego! Słucham!*
Angela: *Poszłam spać o 5 rano, bo studenci, którzy mieszkają w mieszkaniu obok, znowu robili imprezę.*
Javier: *I to jest minus??? To idealna sytuacja! Nie musisz chodzić do pubu!*
Angela: *Nie ironizuj, proszę. Dla mnie to nie jest śmieszne. Jestem wściekła! Spałam tylko 4 godziny. Jestem potwornie zmęczona. Zaspałam do szkoły! To mi się nie zdarza!*
Javier: *To nie jest duży problem. Dam ci moje notatki z lekcji, a jeśli chodzi o sąsiadów, można poinformować policję i…*
Angela: *To nie pomaga! Już zdecydowałam, dzisiaj przeprowadzam się do hotelu.*

Ćwiczenie 1
Prawda czy nieprawda? Dlaczego?

	P	N
Angela spóźniła się na zajęcia.	✓	
Angela jest zdenerwowana, bo nie spała w nocy.		
Angela nie spała, bo była na imprezie ze studentami.		
Angela wróciła do domu o 4 rano.		
Angela spała tylko 5 godzin.		
Javier proponuje, żeby zadzwonić na policję.		
Angela chce przeprowadzić się do hotelu.		

Ćwiczenie 2
Proszę uzupełnić.

zajęte, jednoosobowy ✓, cały tydzień, od dziś

Angela dzwoni do hotelu, rezerwuje pokój.
– Dzień dobry, „Hotel Smocza Jama", słucham?
– Dzień dobry. Chciałabym zarezerwować pokój *jednoosobowy*.... z łazienką.
– Od kiedy?
– ...., nawet od zaraz!
– Niestety, dziś wszystkie pokoje jednoosobowe są .... Mogę zrobić rezerwację od jutra.
– Dobrze. Proszę zarezerwować pokój od jutra na ....
– Na jakie nazwisko będzie rezerwacja?
– Angela Brown.
– Gotowe. Zapraszamy jutro. **Doba** hotelowa zaczyna się od godziny 13.00.

doba = dzień + noc

Ćwiczenie 3
Proszę odpowiedzieć na pytania.

Jaki pokój wybrała Angela?
Od kiedy ona będzie spała w hotelu?
Dlaczego ona nie może nocować w hotelu już dziś?
Jak długo Angela będzie w hotelu?

Ćwiczenie 5
Rezerwujemy miejsce w hotelu. Proszę ułożyć dialogi.

a) jednoosobowy, piątek, tydzień, bez łazienki, taras
b) dwuosobowy, niedziela, klimatyzacja, 3 dni, ostatnie piętro
c) czteroosobowy, poniedziałek - piątek, widok na morze, czwarte piętro, śniadanie

19

Ćwiczenie 4
Proszę pogrupować słowa z tabelki.

jednoosobowy ✓, klimatyzacją, parterze, widokiem na morze, dostępem do Internetu, środy, czteroosobowy, jutra, piątym, dziś, piątku, tydzień, trzyosobowy, weekend, dwa dni, trzy noce, dwuosobowy, łazienką, pierwszym, jedną noc, ostatnim

POKÓJ W HOTELU

Jaki?	Z czym? Z...	Od kiedy? Od...	Na jak długo? Na...	Na którym piętrze? Na...
jednoosobowy				

B — W POSZUKIWANIU MIESZKANIA

Ćwiczenie 1 🎧
Proszę posłuchać dialogów i odpowiedzieć na pytania. Uwaga! Możliwe są dwie dobre odpowiedzi.

1. Dlaczego Angela chce spać w hotelu?
   ☑ potrzebuje ciszy i spokoju
   ☑ chce pobyć sama
   ☐ nie lubi państwa Maj

2. Mami:
   ☐ lubi się pakować
   ☐ lubi pakować prezenty
   ☐ nie lubi pakowania, ale chce pomóc Angeli

3. Dziewczyny spotykają się:
   ☐ o trzynastej
   ☐ w domu Angeli
   ☐ około trzeciej

4. Mieszkanie Angeli jest:
   ☐ zimne ☐ słoneczne ☐ ciemne

5. W mieszkaniu nie ma:
   ☐ słońca ☐ okien ☐ łazienki

Chciałabym zamówić taksówkę...

6. 18 m² ma:
   ☐ mieszkanie Mami w Japonii
   ☐ mieszkanie Angeli w Krakowie
   ☐ pokój Mami w mieszkaniu państwa Maj

7. „Krak" to:
   ☐ ulica
   ☐ korporacja taksówek
   ☐ samochód

8. Angela musi czekać na taksówkę:
   ☐ 8 minut
   ☐ taksówka jest już pod domem
   ☐ 10 minut

Ćwiczenie 2

Proszę połączyć przeciwieństwa.

słoneczne _9_

mało przytulne __

1. ciemne
5. stare
4. małe

nowoczesne __

2. samodzielne
3. przytulne

duże __   ciasne __   zimne __

6. ciepłe
7. przestronne

wspólne __   jasne __

9. ponure ✓
8. stylowe

nowe __

Ćwiczenie 3

Proszę posłuchać i uzupełnić.

balkonem, budownictwie, ciepłe, jasne, jednopokojowego ✓, kwadratowych, miesięcznie, ogrzewanie, parter, piętrze, remoncie, samodzielne

Angela, Mami, Javier i Uwe przy komputerach, lektorki w tej samej sali.

Javier: *Podsumujmy, jakiego mieszkania szukamy.*
Angela: *Szukamy małego, jednopokojowego mieszkania, może mieć 30-40 metrów .... Najlepiej w centrum, blisko szkoły. Musi być ...., słoneczne i ...., bo idą mrozy.*
Mami: *Pamiętaj żeby było centralne ...., bo jeśli będzie elektryczne to zimą dużo zapłacisz. Wiem coś o tym od pani Maj.*
Angela: *Nie pomyślałam o tym.*
Mami: *A na którym .... chcesz mieszkać?*
Angela: *To nie ma znaczenia dla mnie, ale wolałabym, żeby to nie był ....*
Uwe: *A co z ....?*
Angela: *Może być, ale nie musi.*
Javier: *Wolisz mieszkać w starym czy nowym ....?*
Angela: *Nie zastanawiałam się nad tym. Raczej w nowym. A jeśli w starym, to mieszkanie koniecznie musi być po ....*
Uwe: *A chcesz mieć współlokatorów?*
Angela: *Wolałabym mieszkanie ...., ale jeśli nie znajdę nic interesującego, będę szukała pokoju.*
Javier: *Jeszcze tylko cena. Ile maksymalnie możesz zapłacić?*
Angela: *Myślę, że 1200 - 1400 złotych .... Mam tylko tydzień. Mam nadzieję, że znajdę coś fajnego.*
Mami: *Nie martw się. Wszyscy ci pomożemy.*
Javier: *Mamy wszystkie informacje! To do roboty!*

Ćwiczenie 4

Jakiego mieszkania szuka Angela?

Angela szuka mieszkania:
– małego
– ....
– ....
– ....
– ....
– ....
– ....
– ....

Ćwiczenie 5

Proszę połączyć.

parter — poziom zero
jednopokojowy — m²
remont — typ architektury
samodzielne mieszkanie — nad parterem
metr kwadratowy — bez współlokatorów, mieszkasz sam / sama
ogrzewanie — system, który daje ciepło do budynku
budownictwo — ma tylko jeden pokój
piętro — renowacja

Ćwiczenie 6

Proszę przeczytać ogłoszenia i zdecydować, które mieszkanie jest najlepsze dla Angeli i dlaczego?

Do wynajęcia **kawalerka 26 m² na Kazimierzu**, na trzecim piętrze w kamienicy. Aneks kuchenny, ogrzewanie na prąd. Wynajem od następnego miesiąca.
CENA: 850 zł + prąd, Internet, kaucja

Do wynajęcia nowa, bardzo ładna jasna **kawalerka na parterze w bloku czteropiętrowym, 23m²**, dla 1 osoby lub pary. Bardzo wysoki standard, umeblowana, kompletnie wyposażona: lodówka, kuchenka, pralka, zmywarka, telewizor plazmowy. Wszystko nowe. Super położenie – okolice nowego kampusu UJ. **Cena wynajmu 1500 zł** (do negocjacji). Płatność za pół roku z góry.

Dwie studentki czwartego roku medycyny **szukają spokojnej współlokatorki** do małego pokoju.
LOKALIZACJA: Bronowice. Dom jednorodzinny z osobnym wejściem.
CENA: 450 zł + Internet

DO WYNAJĘCIA JEDNOPOKOJOWE MIESZKANIE z osobną kuchnią i łazienką, w pobliżu Poczty Głównej. 35 metrów, umeblowane, z pralką i lodówką, Internetem. Opłaty: 650+220 zł czynsz + media (prąd i woda). Do wynajęcia od zaraz.
Kontakt: 12 456 57 65

NIERUCHOMOŚCI
WYDANIE 01/12/2011

Ćwiczenie 7

Proszę uporządkować dialog.

Pani: *Słucham?*
Angela: *Dzień dobry, dzwonię w sprawie ogłoszenia. Czy jest jeszcze aktualne?*
Pani: *Dzień dobry. Tak, oferta jest jeszcze aktualna.*
Angela: ....2....
Pani: ....
Angela: ....
Pani: ....
Angela: ....4....
Pani: ....
Angela: ....
Pani: ....
Angela: ....
Pani: ....

1 – Myślę, że nie więcej niż 100 – 150 zł.
2 – Chcę zapytać o szczegóły. Czy mieszkanie jest jasne, słoneczne?
3 – Kiedy mogę przyjść obejrzeć mieszkanie?
4 – A jakie są miesięczne koszty wynajmu?
5 – A jakie jest ogrzewanie?
6 – Opłaty to 650 zł za wynajem, 220 zł czynsz. Za prąd, gaz, płaci pani tyle, ile pani zużyje.
7 – Ile mniej więcej mogę płacić co miesiąc za media?
8 – Tak. Jest od strony południowej, więc słońce w mieszkaniu jest długo.
9 – Centralne, więc nie płaci pani dużo.
10 – Zapraszam od zaraz.

Wszędzie dobrze, ale… | W poszukiwaniu mieszkania

C PRZEPROWADZKA

Ćwiczenie 1

Jakie jest mieszkanie Angeli?

DIALOG_1

Nowe mieszkanie Angeli. Znajomi pomagają w przeprowadzce.

Angela: *Bardzo wam dziękuję za pomoc!*
Mami: *Naprawdę nie ma za co! Cieszymy się, że wszystko dobrze się skończyło.*
Javier: *O tak! Teraz masz piękne mieszkanie w centrum, więc w weekendy, kiedy po imprezie spóźnimy się na nocny autobus, będziemy mogli wpaść do ciebie!!!*
Angela: *Jeśli to nie będzie w każdy weekend, to zapraszam.*
Uwe: *Macie rację! Mieszkanie jest naprawdę ładne! Małe, ale dobrze rozplanowane!*
Mami: *I ma piękne, ciepłe kolory. Pasują do ciebie.*

PRZYIMKI

MIEJSCOWNIK

na — na stole

w — w butelce

przy — przy lampie

po — po dachu

DOPEŁNIACZ

obok = koło — obok siebie / kot koło psa

na wprost — na wprost siebie / kot na wprost psa

wzdłuż — wzdłuż linii

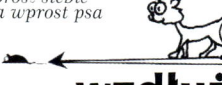

NARZĘDNIK

przed — przed domem

za — za drzewem

pod — pod krzesłem

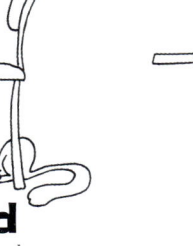
nad — nad rybką

między — między butelkami

Ćwiczenie 2

Proszę posłuchać, uzupełnić i podpisać meble.

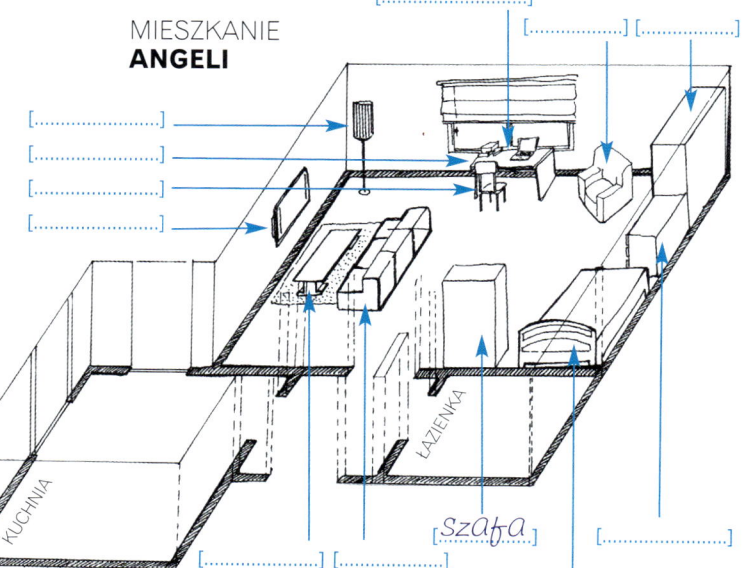

MIESZKANIE ANGELI

KUCHNIA — ŁAZIENKA — szafa

Mieszkanie Angeli jest małe. Ma tylko kuchnię, łazienkę i jeden duży pokój. Kuchnia jest po lewej stronie, łazienka po prawej, a pokój jest na wprost wejścia. ....W.... pokoju są wszystkie najważniejsze meble. .... środku stoi kanapa, ... nią na ścianie wisi telewizor. .... telewizorem a sofą, ... dywaniku, stoi mały, gustowny stolik. .... prawej stronie .... ścianie stoi szafa, a .... szafy, w rogu, łóżko. .... łóżka stoi mała komoda, a .... rogu .... oknie regał z książkami. .... oknem stoi biurko. Po prawej stronie, ... regałem a biurkiem stoi fotel, natomiast po lewej stronie .... biurkiem a kanapą – lampa. .... biurkiem jest krzesło.

obok, koło, blisko, na wprost	+ DOPEŁNIACZ
na, w, przy	+ MIEJSCOWNIK
nad, pod, przed, za, między	+ NARZĘDNIK

Ćwiczenie 3 (119C3)
Gdzie to stoi/wisi/leży?

Uwe: Gdzie postawić te duże książki?
Angela: Na *regale* (regał), na .... (półka) na .... (dół).
Mami: A zdjęcia?
Angela: Zdjęcia rodziców zawsze stoją na .... (biurko). Inne możesz postawić na .... (komoda).
Javier: A to? Co to? Mydło? Szampon?!! Twoje kosmetyki z książkami? Kto cię pakował?
Angela: Nie miałam dużo czasu na pakowanie. Jeśli możesz, zanieś je do łazienki. Dzisiaj mogą stać na .... (pralka), albo na .... (stołek) przy .... (wanna).
Uwe: A wino?
Angela: Wino zaraz będziemy pić, więc możesz postawić w .... (kuchnia) na .... (stół).
Tom: Masz książkę kucharską? Lubisz gotować?
Angela: Uczę się. Możesz ją też położyć w .... (kuchnia) na .... (półka) nad .... (lodówka).

Javier: Ja nie mam krawata, a ty masz? Dobrze wiedzieć! Nie znałem cię! Co z nim robimy?
Angela: Proszę powieś go w .... (szafa) obok .... (pasek/l. mn.) i innych .... (krawat/l. mn.).
Mami: Dokumenty leżą na .... (regał) i na .... (biurko), potem sobie posegregujesz. A chustka?
Angela: Chustka zwykle wisi w .... (przedpokój) na .... (wieszak), ale może leżeć też na .... (półka) za .... (drzwi).
Tom: A te płyty? Gdzie?
Angela: Dzisiaj mogą leżeć na .... (okno) przy .... (radio).
Javier: Znowu kosmetyki! Gdzie je położyć?
Angela: Ręcznik wisi na .... (ściana) przy .... (umywalka), pasta do zębów na .... (umywalka) w .... (kubek), a te kremy na .... (szafka) przy .... (lustro).

Wszędzie dobrze, ale... | przeprowadzka

góra ≠ dół
na górze ≠ na dole

Ćwiczenie 4 (119C4)
Proszę powiedzieć, gdzie są:

wazon z kwiatkami, okulary, aparat fotograficzny, słownik, książka do języka polskiego, czerwona torebka, zdjęcie przyjaciół, ciężarki, rolki, pluszowy pies, szachy

POWTÓRZENIE D

(119D1)

 Proszę posłuchać i dorysować brakujące elementy: dom, kot, pies, samochód, łyżka, kubek, piłka, serwetka.

PODRÓŻE KSZTAŁCĄ
Lekcja_20

KOMUNIKACJA
dworzec PKP

SŁOWNICTWO
kierunki geograficzne
atrakcje turystyczne w Polsce

GRAMATYKA
przyimki statyczne i dynamiczne

graniczyć, granica, łączyć, połączenie, wycieczka, średniowiecze

nowe słowa

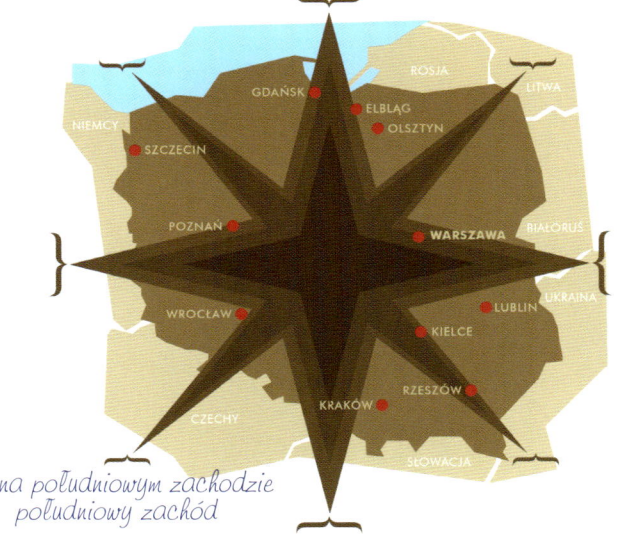

na południowym zachodzie
południowy zachód

A DOKĄD MOŻNA POJECHAĆ NA WEEKEND?

Javier marzył o podróżach weekendowych po Polsce. Niestety, ani on, ani reszta grupy nie wie, dokąd mogą pojechać. Dlatego mają warsztaty geograficzne i nietypowe zadanie domowe: zrobić plan wycieczki na weekend. Najlepszy projekt będzie zrealizowany!

Ćwiczenie 1
Czy pamiętacie, co to jest: **kraj, stolica, rzeka, zabytek, pomnik, kościół, wieża, ratusz, zamek**? *Jakie znacie regiony geograficzne Polski?*

Ćwiczenie 2 [120A1]
Na podstawie tekstu proszę uzupełnić nazwy kierunków w miejscowniku oraz napisać formy w mianowniku.

Ćwiczenie 3 [120A2]
Gdzie leżą miasta zaznaczone na mapie?

WIELKA ENCYKLOPEDIA EUROPY   160

POLSKA

Rzeczpospolita Polska (RP) leży w Europie Środkowej. Graniczy z Niemcami *na zachodzie*, Czechami i Słowacją *na południu*, Ukrainą i Białorusią *na wschodzie*, z Litwą i z Rosją *na północy*. Polska to duży kraj - dziewiąty w Europie pod względem wielkości terytorium.

Stolica Polski to Warszawa – centrum polityczne kraju. Tam mieszka Prezydent RP, tam jest parlament i inne ważne instytucje. Symbolem Warszawy jest syrena.

Polska leży nad Morzem Bałtyckim, do którego wpływa Wisła, najdłuższa polska rzeka. *Na północnym zachodzie* na Bałtyku leżą wyspy Uznam i Wolin. *Na południu* Polski znajdują się góry: bardzo turystyczne Tatry z Zakopanem, ale też mniej popularne Beskidy oraz Sudety *na południowym zachodzie* i Bieszczady *na południowym wschodzie*. *Na północnym wschodzie* leży piękny region, Mazury: „Kraina tysiąca jezior" i zielonych lasów.

Syrenka Warszawska

Ćwiczenie 4

Co pasuje?

a) Polska to <u>duży</u> / największy kraj w Europie.
b) Granica z Niemcami jest na wschodzie / na zachodzie.
c) Granica z Rosją jest na wschodzie / na północy.
d) Polska ma granicę z Litwą / Łotwą.
e) Bałtyk to morze / jezioro.
f) Polska nie ma granicy ze Słowenią / Słowacją.
g) Wisła to wyspa / rzeka.
h) Warszawa to stolica / kapitał.
i) Warszawa jest najstarsza / największa w Polsce.
j) Tatry to góra / góry.
k) Ukraina to miasto / kraj.

Ćwiczenie 5

Co to jest?

a) Polska to *kraj / państwo* .
b) Berlin to .... Niemiec.
c) Sycylia to ....
d) Sudety to ....
e) Wisła to ....
f) Adriatyk to ....
g) Zakopane to ....
h) Odra to ....
i) Beskidy to ....
j) Warszawa to .... Polski.

Ćwiczenie 6

Co to jest?

skała, mur, szczyt ✓, wyspa, brama, góry, las, cegła, morze, jezioro, schronisko, szlak, ziemia, most, kamienica

.... *szczyt* ....

Ćwiczenie 7

Proszę przeczytać opisy atrakcji turystycznych w Polsce oraz dopasować tekst do fotografii.

Toruń, Kanał Elbląski, Zamość, Malbork, Spływ Dunajcem, Wieliczka, Morskie Oko, Puszcza Białowieska

Dokąd można pojechać na weekend? | Podróże kształcą

……………………: największe jezioro tatrzańskie o krystalicznie czystej wodzie. Według legendy ma podziemne połączenie z Adriatykiem - stąd nazwa. Powyżej jeziora stoi schronisko - jedno z najstarszych i najpiękniejszych. Czerwony szlak idzie na Rysy (2499 m **n.p.m.**) - najwyższy szczyt polskich Tatr.

n.p.m. = nad poziomem morza

……………………: ta kopalnia soli to jedyny obiekt górniczy na świecie czynny bez przerwy od średniowiecza do dzisiaj. Znaną na całym świecie podziemną Trasę Turystyczną zwiedza około miliona turystów rocznie. Warto zobaczyć **np.** kaplicę świętej Kingi, patronki kopalni. Stoi tam też jedyny na świecie pomnik Jana Pawła II (drugiego) wykuty w soli.

np. = na przykład

……………………: kanon atrakcji turystycznych: zwiedzić Polskę i nie spłynąć przełomem tej malowniczej rzeki, to tak jak być w Egipcie i nie odbyć rejsu po Nilu. Przełom ma jedną wielką zaletę – można go oglądać płynąc meandrującą rzeką (tradycyjną tratwą z góralami, kajakiem lub pontonem) albo idąc czy też jadąc na rowerze wzdłuż rzeki po słowackiej stronie.

……………………: „Padwa Północy" lub „Miasto Arkad", w którym w pełni zachował się jego renesansowy układ urbanistyczny. Na Rynku, który miał pełnić funkcje reprezentacyjne, a nie handlowe, stoi ratusz i piękne arkadowe kamienice. Najładniejsze – z kolorowymi fasadami – wybudowali kupcy ormiańscy. Dawniej mieszkało tu co najmniej dziesięć różnych narodowości, w tym wielu Żydów.

……………………: zamek wielkich mistrzów krzyżackich z XIV-XV wieku, otoczony murami obronnymi, składający się z trzech części. Jeden z największych zachowanych kompleksów gotyckiej architektury na świecie. Kiedyś do zamku wchodziło się przez 14 bram i cztery mosty, a zamek posiadał wszystkie znane wtedy elementy obronne.

……………………: to stare miasto pomorskie ma łącznie 1100 budynków wpisanych do rejestru zabytków, z czego prawie połowa to średniowieczne gotyckie budowle z czerwonej cegły, np. zespół gotyckich kamienic (**m.in.** Dom Kopernika), ratusz, ruiny zamku krzyżackiego, mury miejskie, gotycki most, kilka wież (**m.in.** Krzywa Wieża).

m.in. = między innymi

……………………: żeglowna droga wodna i jedyny taki projekt hydrotechniczny na świecie. Różnica poziomów to **ok.** 100 metrów, a żegluga białej floty jest możliwa dzięki systemowi specjalnych platform, ciągniętych po szynach mechanizmami linowymi napędzanymi przez wodę. Wybudowany w połowie XIX wieku miał połączyć szlakiem żeglownym Prusy Wschodnie z Bałtykiem.

ok. = około

……………………: ogromny kompleks leśny. Leży po obu stronach granicy polsko-białoruskiej i jest ostatnim tak wielkim naturalnym lasem. Mieszkają tu żubry, „polskie bizony", które są wizytówką rezerwatu. Rośnie także tutaj aromatyczna trawa dodawana do znanej polskiej wódki „Żubrówki".

B DWORZEC PKP

20

Mami planuje wycieczkę do Torunia i być może do Malborka. Idzie na dworzec PKP, żeby dowiedzieć się, jak tam dojechać.

Podróże kształcą | dworzec PKP

Ćwiczenie 1 120B1
Proszę połączyć słowo z definicją.

bilet normalny	jedzie za lokomotywą
bilet ulgowy	rezerwacja miejsca siedzącego
bilet tam i z powrotem	zmiana jednego pociągu na drugi pociąg
pociąg osobowy	bardzo szybki pociąg, z rezerwacją miejsc
pociąg pospieszny	bilet w obie strony
Intercity	„pokój" w wagonie
pociąg bezpośredni	zwykle lokalny, bardzo wolny pociąg
przesiadka	jednym pociągiem na miejsce
wagon	szybki pociąg, ale bez rezerwacji miejsc
przedział	bilet ze zniżką dla studentów, emerytów *itd.*
miejscówka	bilet za 100% ceny

itd. = i tak dalej

Ćwiczenie 2 120B2
Proszę uporządkować dialogi.

A W INFORMACJI

.... – O 19:42.
.... – Niestety nie. A o cenę proszę pytać w kasie.
___1___ – Dzień dobry. Przepraszam, o której godzinie odjeżdża pociąg z Krakowa do Torunia? Chcemy jechać w piątek po południu.
.... – Może być, nie za późno. A ile kosztuje bilet? Jesteśmy studentami, ale obcokrajowcami i nie wiem, czy możemy kupić bilet ulgowy.
.... – Niestety, nie ma bezpośredniego połączenia. To znaczy, że najpierw trzeba jechać Intercity do Warszawy o 14:00, a potem pospiesznym do Torunia. Na przesiadkę jest kwadrans.
.... – O której będziemy na miejscu?

B W KASIE

.... – Słucham?
.... – Druga.
.... – Z drugiego.
.... – Intercity Kraków Główny – Warszawa Centralna z miejscówką kosztuje 107 zł. Pospieszny Warszawa – Toruń 42 zł.
.... – Tak, ale tylko w okienku obok.
.... – Która klasa?
.... – Czy można płacić kartą?
.... – A z którego peronu odjeżdża ten pociąg?
.... – Przepraszam, ile kosztuje bilet normalny do Torunia przez Warszawę?

Ćwiczenie 3 120B3
Proszę posłuchać komunikatów dworcowych, i zaznaczyć prawda czy nieprawda.

	P	N
1. Pasażerowie muszą pójść na inny peron.	✓	
2. Pociąg będzie w Krakowie punktualnie.		
3. Pociąg jedzie dalej do Tarnowa.		
4. Tym pociągiem można przesłać paczkę.		
5. Pociąg jedzie na lotnisko.		

sto trzydzieści trzy _133

C GDIE JESTEŚ? DOKĄD JEDZIESZ?

DIALOG_1

Angela: *Halo, Mami, gdzie jesteś?*
Mami: *Na dworcu.*
Angela: *Po co poszłaś na dworzec? Jedziesz dokądś?*
Mami: *Nie, pytałam tylko jak dojechać do Torunia.*
Angela: *Marzy ci się weekend w Toruniu? Eee, w mieście jest zawsze tak samo. Ja wolałabym jechać do puszczy, natura, las, zwierzęta i tak dalej. Absolutnie nie do miasta!*
Mami: *Ale w Toruniu nigdy nie byłam, a naturę wolę oglądać w telewizji.*
Angela: *A wiesz, że Javier chce jeszcze raz jechać w Tatry? Romantyczny weekend w Tatrach z Javierem, w Zakopanem...*
Mami: *Skąd wiesz?*
Angela: *Bo właśnie wszyscy spacerujemy nad Wisłą i rozmawiamy o tej wycieczce. Przyjedź, co?*
Mami: *A jak dojadę z dworca nad Wisłę?*

Ćwiczenie 1

Na podstawie dialogu proszę podkreślić poprawną formę.

a) Mami poszła na dworcu / <u>na dworzec.</u>
b) Mami pytała, jak dojechać w Toruniu / do Torunia.
c) Mami nigdy nie była w Toruniu / do Torunia.
d) Angela woli pojechać w puszczy / do puszczy.
e) Angela nie chce jechać w mieście / do miasta.
f) Javier chciałby znowu pojechać w Tatrach / w Tatry.
g) Zakopane jest w Tatrach / w Tatry.
h) Studenci spacerują nad Wisłą / nad Wisłę.
i) Tramwajem numer 13 można dojechać nad Wisłą / nad Wisłę.
j) Mami jest na dworcu / na dworzec.

Ćwiczenie 2

Proszę uzupełnić.

a) Kupili ziemię *w Polsce* (Polska).
b) Urlop spędzali .... (morze).
c) Marzę o domu .... (góry).
d) Jadę na narty .... (Alpy).
e) Chodźmy .... (Wisła)!
f) Nigdy nie byłem .... (Czechy).
g) Idę .... (szkoła).
h) Jestem .... (szkoła).
i) Jutro będę .... (Katowice).

134_ sto trzydzieści cztery

Ćwiczenie 3

Proszę uzupełnić tabelkę.

	GDZIE?	DOKĄD?
Warszawa	w Warszawie	do Warszawy
Niemcy	w Niemczech	
		do Rosji
Europa		
Małopolska		
	w Wieliczce	
		do Puszczy Białowieskiej
Toruń		
	w Beskidach	
Sudety		
	w Bieszczadach	
		nad Morskie Oko
Adriatyk		
Kanał Elbląski		
Dunajec		
	na dworcu	
		na peron
szczyt		
Sycylia		

POWTÓRZENIE

Dokąd oni planują wycieczkę?

Turyści z Europy Zachodniej rzadko zwiedzają wschód. No i ta natura!

Uwielbiam wodę i sporty ekstremalne. I górskie powietrze!

W Japonii nie mamy gotyku, a tam jest całe centrum w tym stylu! Chcę też spróbować specjałów fabryki cukierniczej „Kopernik".

To niedaleko od Krakowa, ok. 100 kilometrów. Już tam byłem. Dużo ludzi, ale ja to lubię!

To miejsce leży na północy Polski. Lubię zabytki techniki, a ten jest unikatowy.

Tom chciałby pojechać nad ....
Javier chciałby pojechać w ....
Uwe chciałby pojechać nad ....
Mami chciałaby pojechać do ....
Angela chciałaby pojechać do ....

KIEDY TO BYŁO?
Lekcja_21

KOMUNIKACJA
Kiedy? W którym roku?
życzenia

SŁOWNICTWO
pary aspektowe
biografia

GRAMATYKA
aspekt w czasie przeszłym
daty

obchodzić urodziny / imieniny, upadł komunizm

nowe słowa

Ćwiczenie 1
Prawda czy nieprawda?

	P	N
Karolina zaprasza Mami na urodziny dziadka.	✓	
Karolina ma imieniny piątego lipca.		
Imieniny można mieć kilka razy w roku.		
W firmach raczej obchodzi się urodziny.		
Mami nie obchodzi imienin.		

A KIEDY MASZ URODZINY I IMIENINY?

Ćwiczenie 2
Proszę posłuchać i uzupełnić.

Karolina: *Mami, jesteś zajęta?*
Mami: *Nie, wejdź proszę.*
Karolina: *Mam pytanie: czy <u>chciałabyś</u> pojechać z nami do Gdańska, na urodziny mojego dziadka? Dziadkowie bardzo chcieliby cię poznać.*
Mami: *Jasne! Dziękuję za zaproszenie. Kiedy?*
Karolina: *W tę sobotę. Jedziemy wszyscy razem samochodem.*
Mami: *Dobrze. Chętnie. A to urodziny, tak, nie imieniny?*
Karolina: *Tak, urodziny, ... Przyjeżdża cała rodzina, będzie duża impreza.*
Mami: *Cieszę się, nie byłam jeszcze na dużej polskiej imprezie. A propos, co to dokładnie są imieniny?*
Karolina: *To dzień twojego imienia, na przykład ja mam na imię Karolina, więc mam imieniny piątego lipca. Ale mogłabym też mieć .... maja, osiemnastego lipca albo osiemnastego ....*
Mami: *Cztery razy w roku?!*
Karolina: *Nie, imieniny są tylko raz w roku, nie można mieć ich kilka razy ani kilka razy dostawać prezentów. Wszystkie imieniny są zapisane w polskich .... Też są informacje w radiu, kto tego dnia ma imieniny.*
Mami: *I są tak samo ważne jak urodziny?*
Karolina: *Różnie, zależy od tradycji rodzinnych. Na przykład u nas w domu obchodzimy urodziny, ale u taty w pracy imieniny. Generalnie w firmach raczej obchodzi się ....*
Mami: *Aha. A kiedy ja mam imieniny?*
Karolina: *„Mami" to nie jest polskie imię, więc nie ma go, niestety, w kalendarzu.*
Mami: *Szkoda!*

21

Kiedy to było? | **Kiedy masz urodziny i imieniny?**

Ćwiczenie 3
Proszę posłuchać i napisać, kto kiedy obchodzi urodziny, a kiedy imieniny?

	URODZINY	IMIENINY
Karolina		05.07.
Angela		
Uwe		
Karol		
Mami		
Pan Grzegorz		
Javier		
Pani Joanna		

Ćwiczenie 4
Proszę zapisać datę.

a) Dzień Dziecka jest pierwszego czerwca.
   01.06.

b) Sylwester jest trzydziestego pierwszego grudnia. ....

c) Kurs kończy się za tydzień, szóstego lutego. ....

d) Mam test w piątek, dwunastego września. ....

e) Mam wizytę u lekarza ósmego lipca. ....

f) Będę w Warszawie od drugiego do dziewiątego marca. .... - ....

g) Jestem w Polsce od dwudziestego czwartego listopada. ....

h) Dzień dobry państwu, dziś jest piątek, trzynasty sierpnia. ....

Kiedy masz urodziny?

... – *ego*	... – *a*
pierwszego	*stycznia*
dwudziestego	*marca*
piątego	*lipca*

UWAGA!
czternastego — *lutego*

... stycznia
... lutego
... marca
... kwietnia
... maja
... czerwca
... lipca
... sierpnia
... września
... października
... listopada
... grudnia

Który dziś jest?

... – *y*	... – *a*
pierwszy	*stycznia*
dwudziesty piąty	*marca*

UWAGA!
czternasty — *lutego*

Ćwiczenie 5
Proszę zapisać daty urodzin i imienin wszystkich osób z grupy oraz nauczyciela.

sto trzydzieści siedem _137

21 B STO LAT I WSZYSTKIEGO NAJLEPSZEGO!

Ćwiczenie 1 `121B1`
Mami uczy się składać życzenia po polsku. Proszę posłuchać dialogu i uzupełnić tekst życzeń dla dziadka.

Sto ....

....

i pomyślności!

życzy Mami

Ćwiczenie 2 `121B2`
Proszę posłuchać, przeczytać, a następnie zaśpiewać piosenkę „Sto lat".

Sto lat, sto lat, niech żyje, żyje nam!

Sto lat, sto lat, niech żyje, żyje nam!

Jeszcze raz, jeszcze raz, niech żyje, żyje nam!

Niech żyje nam!

...2... Nowy Rok (01.01.)

Ćwiczenie 3 `121B3`
A jakie życzenia składamy na inne okazje? Proszę dopasować tekst życzeń do okazji.

1. Wesołych świąt!
2. Szczęśliwego Nowego Roku! ✓
3. Wesołych świąt! Wesołego alleluja!
4. Wszystkiego najlepszego na nowej drodze życia!
5. Udanych wakacji!

.... ślub

.... Wielkanoc

.... Boże Narodzenie (25-26.12.)

.... wyjazd na urlop

Ćwiczenie 4 `121B4`
Proszę powiedzieć jaka to okazja i kiedy jest?

2010 KALENDARZ ŚWIĄTECZNY

1 STYCZEŃ	☐	**30** LIPIEC	☐
14 LUTY	☐	**15** SIERPIEŃ	d
8 MARZEC	☐	**23** WRZESIEŃ	☐
1 KWIECIEŃ	☐	**14** PAŹDZIERNIK	☐
3 MAJ	☐	**1** LISTOPAD	☐
1 CZERWIEC	☐	**24** GRUDZIEŃ	☐

NOTATKI

a) Święto Konstytucji Trzeciego Maja
b) Walentynki
c) Dzień Nauczyciela
d) Wniebowzięcia Najświętszej Marii Panny
e) Wigilia
f) Dzień Kobiet
g) Prima Aprilis
h) Nowy Rok
i) Dzień Dziecka
j) Pierwszy dzień jesieni
k) Dzień Wszystkich Świętych

C W KTÓRYM ROKU?

21

W KTÓRYM ROKU?

1981 r. - *w tysiąc dziewięćset osiemdziesiątym pierwszym roku*
1492 r. - *w tysiąc czterysta dziewięćdziesiątym drugim roku*
2001 r. - *w dwa tysiące pierwszym roku*
UWAGA! 2000 r. - **w dwutysięcznym roku**

Ćwiczenie 1

Mami jest na urodzinach dziadka Karola i Karoliny. Proszę posłuchać dialogu, a następnie wybrać daty, o jakich mówi dziadek.

2001 r. · 1989 r. · 1983 r. · 1978 r. · 1955 r. · 1950 r. · 08.05.1945 r. · 1944 r. · 1943 r. · 1941 r. · 1940 r. · 1939 r. · 1930 r. ✓ · 1913 r.

Ćwiczenie 2

Proszę jeszcze raz posłuchać dialogu z ćwiczenia 1 i dopasować wydarzenie do daty.

KIEDY?	CO?
w 1930 r.	Matka dziadka zginęła w powstaniu warszawskim.
w 1939 r. →	Dziadek się urodził.
w 1940 r.	Dziadek ożenił się z babcią.
w 1944 r.	Ojciec dziadka zginął w Katyniu.
w 1945 r.	Lech Wałęsa dostał nagrodę Nobla.
w 1950 r.	Komunizm upadł w Polsce.
w 1955 r.	Zaczęła się wojna.
w 1983 r.	Dziadek zdał maturę.
w 1989 r.	Skończyła się wojna.

Ćwiczenie 3

Proszę dopasować.

1999 r.	w dwa tysiące drugim roku
2002 r. →	w tysiąc dziewięćset dziewięćdziesiątym dziewiątym roku
1536 r.	w tysiąc osiemset czterdziestym czwartym roku
1973 r.	w tysiąc dziewięćset trzydziestym dziewiątym roku
1939 r.	w tysiąc pięćset trzydziestym szóstym roku
1844 r.	w tysiąc dziewięćset siedemdziesiątym trzecim roku

Ćwiczenie 4

Proszę wpisać daty słownie.

a) 1980 r. - *w tysiąc dziewięćset osiemdziesiątym roku*
b) 1914 r. - ....
c) 1748 r. - ....
d) 1968 r. - ....
e) 1196 r. - ....
f) 2004 r. - ....

Ćwiczenie 5 `121C5`

Proszę dopasować słowa do ilustracji.

pobrać się = wyjść za mąż/ożenić się

urodzić się, urodzić dziecko, chodzić do szkoły podstawowej, *pobrać się* ✓, zakochać się, chodzić do liceum, robić karierę, zdać maturę, mieć wnuki, pracować, studiować na uniwersytecie, poznać dziewczynę / chłopaka, skończyć studia

chodzić do przedszkola ... *pobrać się* ... *być w ciąży* ... *przejść na emeryturę* ... *umrzeć*

Ćwiczenie 6 `121C6`

Proszę uzupełnić tekst podanymi słowami.

pracował, chodził ✓, ożenił się, organizatorów, czerwcu, dostał

Lech Wałęsa urodził się 29 września 1943 r. w Popowie. *Chodził* do szkół w Chalinie i Lipnie. W 1969 r. ……………….. z Danutą, z którą ma 8 (ośmioro) dzieci. W latach 1967-1976 ……………….. jako elektryk w Stoczni Gdańskiej. Należał do związków zawodowych. W sierpniu 1980 r. był jednym z ……………….. i liderów strajku w Stoczni Gdańskiej. W 1983 r. jako lider Solidarności ……………….. Pokojową Nagrodę Nobla. W 1989 r. był też jednym z organizatorów „Okrągłego Stołu" – negocjacji z komunistami, których rezultatem były wybory parlamentarne w ……………….. 1989 r. W 1990 r. został wybrany Prezydentem RP. Był prezydentem do 1995 r.

{ *Biografia Lecha Wałęsy na podstawie pl.wikipedia.org* }

KIEDY?

dzień + miesiąc + rok
...-ego ...-a ...-ego

(21.12.1973 r.)
dwudziest**ego** pierwsz**ego** grudni**a** tysiąc dziewięćset siedemdziesiąt**ego** trzeci**ego** roku

W KTÓRYM ROKU?

w... -ym/-im

(1981 r.)
w tysiąc dziewięćset osiemdziesiąt**ym** pierwsz**ym** roku

Ćwiczenie 7 `121C7`

Co to za data? Ty czytasz, a kolega pokazuje.

A KIEDY?	B KIEDY?	C W KTÓRYM ROKU?
IV 1934 r.	15.07.1998 r.	1998 r.
I 1923 r.	22.11.1999 r.	2009 r.
II 1915 r.	01.05.1791 r.	1567 r.
III 2009 r.	24.12.2010 r.	1346 r.
V 1943 r.	17.08.1964 r.	2001 r.
VI 1837 r.	06.05.1945 r.	1863 r.
VII 1128 r.	13.12.1981 r.	1492 r.
VIII 2004 r.	28.02.2000 r.	998 r.
IX 1946 r.	29.11.1978 r.	1201 r.

D MAMI, CO ROBIŁAŚ?

Ćwiczenie 1

Proszę posłuchać dialogu. Co Angela i Mami robiły w weekend?

Co Angela robiła w weekend?
1. *Sprzątała* mieszkanie.
2. ....
3. .... książkę.
4. ....
5. ....

Co Mami zrobiła w weekend?
1. *Poznała nowych ludzi* .
2. ....
3. ....
4. ....
5. ....

CZAS PRZESZŁY

ASPEKT NIEDOKONANY *robiłem*	ASPEKT DOKONANY *zrobiłem*
RUTYNA codziennie, zawsze, często, od czasu do czasu, rzadko, co tydzień, …	**JEDEN RAZ**
*Gdy byłem dzieckiem, codziennie **wstawałem** o 7:00.*	*Wczoraj **wstałem** o 10:00.*
PROCES W CZASIE cały rok, dwa dni, pięć godzin, od pierwszej do drugiej, długo, …	**MOMENT** bardzo szybko, nagle, …
*Od pierwszej do drugiej **jadłem** obiad.*	*Szybko **zjadłem** obiad, bo nie miałem czasu.*
AKCJE RÓWNOCZESNE jednocześnie, w tym samym czasie, … i …, …	**AKCJE CHRONOLOGICZNE** najpierw…, potem…
***Piliśmy** kawę i **rozmawialiśmy**.*	*Najpierw **wypiliśmy** kawę, a potem **porozmawialiśmy**.*
NIE MA REZULTATU	**JEST REZULTAT** już, w końcu, wreszcie, nareszcie, …
*Wczoraj **sprzątałam** mieszkanie, ale jeszcze nie jest czysto.*	*Wczoraj **posprzątałam** mieszkanie i nareszcie jest czysto.*

UWAGA: nie decydują o aspekcie słowa typu: *wczoraj, w piątek, rok temu, o 20:00, …*
CZASOWNIKI: *być, mieć, mieszkać, pracować, studiować* mają tylko formę niedokonaną.

Ćwiczenie 2

Jaki to aspekt? Proszę uzupełnić w czasie przeszłym.

a) We wtorek ...*pojechałem*........... (jechać / pojechać – ja, r. m.) do Gdańska.
b) Ile lat .... (uczyć się / nauczyć się – ty, r. ż.) polskiego? Kiedy .... (zaczynać / zacząć)?
c) Wczoraj nagle .... (dzwonić / zadzwonić) moja koleżanka ze Stanów. To dziwne, bo nie .... (dzwonić / zadzwonić – ona) kilka lat.
d) W zeszłym tygodniu .... (pisać / napisać – wy, r. m.) test. Są już rezultaty?
e) Co .... (robić / zrobić – ty, r. m.) z włosami?! Byłeś u fryzjera? To straszne!

Ćwiczenie 3 121D3

Proszę powiedzieć, co Mami zrobiła ostatnio?

Ćwiczenie 4 121D4

Proszę dopasować.

a) Zawsze w lipcu jeździłam na wakacje.
b) Nigdy nie jadłam bigosu.
c) Wczoraj spałam bardzo długo – od 22:00 do 9:00 rano.
d) Dzwoniłem do ciebie cały wieczór na komórkę, gdzie byłaś?
e) Na studiach spotykaliśmy się ze znajomymi w klubach studenckich.
f) Co pan robił wczoraj od 22:00 do 23:00?

☐ W Polsce zjadłam go po raz pierwszy. Nie smakował mi.
☒ W tym roku pojechałam w sierpniu.
☐ Najpierw obejrzałem film, a potem poszedłem spać.
☐ W ten weekend mieliśmy rocznicę matury i spotkaliśmy się z kolegami z klasy w świetnej restauracji.
☐ I wreszcie się wyspałam.
☐ W domu. Dlaczego nie zadzwoniłeś na stacjonarny?

Ćwiczenie 5 `121D5`

Proszę uzupełnić tekst, a następnie zamienić go na wersję optymistyczną – „Słuchajcie, wczoraj miałem fantastyczny dzień!"

zjadłem, zadzwonił, miałem, umyłem się, poszedłem, poszedłem, padał, było, była, ubrałem, czekałem, wstałem ✓

Słuchajcie, wczoraj miałem koszmarny dzień! Najpierw ....*wstałem*.... nie jak zwykle o 7:00, ale dopiero o 10:00, bo mój budzik nie .... Szybko .... i .... się, ale nie .... śniadania. Głodny i zły .... na przystanek, ale – oczywiście – .... na autobus pół godziny. W końcu zrezygnowałem i .... pieszo. Pogoda .... okropna: .... deszcz ze śniegiem, a ja nie .... parasola. Na uniwersytecie wszystko .... zamknięte. I nagle pomyślałem: Dziś jest niedziela! I miałem rację, niestety.

FORMY ASPEKTOWE
Lista podstawowych czasowników.

FORMY NIEDOKONANE	FORMY DOKONANE
być	—
mieć	—
mieszkać	—
pracować	—
studiować	—
czytać	przeczytać
dziękować	podziękować
dzwonić	zadzwonić
gotować	ugotować
jeść	zjeść
kupować	kupić
lubić	polubić
pić	wypić
prosić	poprosić
spotykać	spotkać
zapraszać	zaprosić

ASPEKT

NIEDOKONANY	DOKONANY
Jak często? Ile razy? Jak długo?	*jeden raz / akcja skończona*

POWTÓRZENIE E

`121E1`

Proszę ułożyć tekst w logicznej kolejności.

- [1] Urodziłem się w 1973 roku,
- [ ] w małym miasteczku blisko Warszawy.
- [ ] Potem zdałem do technikum
- [ ] Nie chodziłem do przedszkola,
- [ ] bo zawsze chciałem reperować i montować auta.
- [ ] bo mieszkałem z babcią,
- [6] Gdy miałem 7 lat,
- [ ] która miała dużo czasu.
- [ ] poszedłem do szkoły podstawowej, ale
- [ ] nie lubiłem się uczyć.
- [ ] mechanicznego i robiłem to, co lubię,
- [12] Teraz mam własny warsztat samochodowy.

Kiedy to było? | Mami, co robiłaś?

DOKĄD POJEDZIEMY NA WEEKEND?
Lekcja_22

KOMUNIKACJA
Co robisz w weekend?
telefonowanie

SŁOWNICTWO
plany na weekend

GRAMATYKA
aspekt w czasie przyszłym

kieliszek, zostawać, zająć, zejść, należeć, zabór / zabory, pod względem, międzywojenne

nowe słowa

A RÓŻNE ASPEKTY PRZYSZŁOŚCI

Ćwiczenie 1 [122A1]
Proszę posłuchać dialogów i napisać, co oni zrobili interesującego w weekend.

Angela
zrobiła porządek
....
....
....
....
....
....

Mami
....
....
....
....
....
....
....

Javier
....
....
....
....
....
....
....

Ćwiczenie 2 [122A2]
Proszę uzupełnić formy aspektowe.

robić - zrobić
kończyć - ....
czytać - ....
jeść - ....
jechać - ....
planować - ....
uczyć się - ....
iść - ....
gotować - ....
dzwonić - ....
rozmawiać - ....
pisać - ....
pić - ....
poznawać - ....
kupować - ....
zwiedzać - ....
zapraszać - ....

Ćwiczenie 3 [122A3]
Proszę posłuchać dialogów i zdecydować: prawda czy nieprawda?

		P	N
DIALOG 1	Javier jest zrelaksowany, bo dużo odpoczywał w weekend.	___	✓
	Javier pojechał w Tatry do pensjonatu „Kazimierz".	___	___
	Pierwszego maja pracujemy.	___	___
	W Święto Konstytucji 3 Maja nie wolno imprezować.	___	___
DIALOG 2	„Wspólny" to znaczy „każdy sam".	___	___
	Uwe będzie zajęty w weekend.	___	___
	Mami myśli, że on będzie spacerować.	___	___
	Żona Uwego bardzo dobrze go rozumie.	___	___

CZAS PRZYSZŁY

ASPEKT NIEDOKONANY	ASPEKT DOKONANY
będę robić / będę robił(a)	*zrobię*
być + bezokolicznik / forma czasu przeszłego III os.	normalna koniugacja

RUTYNA codziennie, zawsze, często, od czasu do czasu, rzadko, co tydzień, …	**JEDEN RAZ**
▸ Na wakacjach, codziennie **będę wstawać** o 10:00.	▸ Jutro **wstanę** o 05:00, bo mam samolot.
PROCES W CZASIE cały rok, dwa dni, pięć godzin, od pierwszej do drugiej, długo, …	**MOMENT** bardzo szybko, nagle, …
▸ Od pierwszej do drugiej **będę gotować** obiad.	▸ Szybko **ugotuję** obiad, bo szkoda mi czasu.
AKCJE RÓWNOCZESNE jednocześnie, w tym samym czasie, … i …, …	**AKCJE CHRONOLOGICZNE** najpierw…, potem…
▸ *Będziemy pić kawę i rozmawiać.*	▸ *Najpierw wypijemy kawę, a potem porozmawiamy.*
NIE MA REZULTATU	**JEST REZULTAT** już, w końcu, wreszcie, nareszcie
▸ *Jutro będę sprzątać mieszkanie.*	▸ *Jutro posprzątam całe mieszkanie i nareszcie będzie czysto.*

UWAGA: nie decydują o aspekcie słowa typu: *jutro, w piątek, za rok, o 20:00, …*

ASPEKT	CZAS przeszły (wczoraj)	teraźniejszy (teraz)	przyszły (jutro)
niedokonany	robiłem	robię	będę robić
dokonany	zrobiłem		zrobię

Ćwiczenie 4 `122A4`
Proszę uzupełnić tabelkę.

WCZORAJ	JUTRO
zrobiłem	*zrobię*
skończyłem	……………
obejrzałam	……………
przeczytałeś	……………
zjadłaś	……………
pojechał	……………
zaplanowała	……………
spotkało się	……………
zobaczyliśmy	……………
nauczyłyśmy się	……………
poszliście	……………
zwiedziłyście	……………

Ćwiczenie 5 `122A5`
Co pasuje?

a) Nie mam tego numeru w kalendarzu, będę dawać / **dam** ci go jutro.
b) Nigdy nie będę pić / nie wypiję ani kieliszka!
c) Jutro od rana do nocy będę czytać / przeczytam ten kryminał.
d) Ekscytująca książka! Jutro na pewno ją będę kończyć / skończę.
e) Pani Joanna ma imieniny 24.05. Mąż na pewno będzie kupować / kupi jej elegancki prezent.
f) Wieczorem będę iść / pójdę do kina na „Rewers".
g) W sobotę chyba też będziemy jechać / pojedziemy za miasto.
h) Latem Aneta często będzie zapraszać / zaprosi gości na pikniki.
i) Nie masz teraz czasu? Więc będę dzwonić / zadzwonię za kwadrans.

Dokąd pojedziemy na weekend? | różne aspekty przyszłości

Ćwiczenie 6

Proszę wyobrazić sobie, że następny weekend będzie identyczny jak ostatni. Co oni zrobią?
Proszę uzupełnić, a następnie posłuchać i skorygować.

Angela:
...*Zrobię*... porządek, ... zadanie domowe, ... książkę, ... „Dzień świstaka" na DVD, ... kilka ciekawych wiadomości w Internecie, ... zupę i od razu .... ją całą, ponieważ na pewno będzie pyszna!

Mami:
.... weekend w Toruniu, lecz w końcu .... do Gdańska, ... nowych ludzi, ... z seniorem rodziny, ... śpiewać „100 lat", ... też Gdańsk oraz .... Bałtyk.

Javier:
.... z kolegą, ... po jego koleżanki i .... na kawę albo .... nad Wisłą, potem .... dziewczyny na dyskotekę, będzie super, więc .... rano i po prostu .... spać.

Ćwiczenie 7

Jakie oni mają plany? (aspekt dokonany)

W niedzielę pani Joanna będzie mieć imieniny, więc zaprosi gości na tradycyjną polską kolację.

PANI JOANNA

TERMINARZ

Pn.	18.05	telefon do taty
Wt.	19.05	artykuł
Śr.	20.05	rachunki za gaz
Czw.	21.05	kosmetyczka i fryzjer
Pt.	22.05	zakupy
So.	23.05	bigos
Nd.	24.05	(imieniny)

KAROL I KAROLINA

TERMINARZ

Pn.	18.05	galeria handlowa
Wt.	19.05	kolacja z rodzicami
Śr.	20.05	samochód taty (brudny!)
Czw.	21.05	kino
Pt.	22.05	koledzy i koleżanki
So.	23.05	mieszkanie
Nd.	24.05	kwiaty dla mamy

Ćwiczenie 8

Proszę uzupełnić.

| *iść* ⇨ **idę, idziesz**... |
| *pójść* ⇨ **pó**jdę, **pó**jdziesz... |
| wyjść ⇨ .... |
| wejść ⇨ .... |
| zejść ⇨ .... |
| przyjść ⇨ .... |
| przejść ⇨ .... |
| dojść ⇨ .... |

| *zostać* ⇨ **zo**stanę, **zo**staniesz... |
| wstać ⇨ .... |
| dostać ⇨ .... |

| *zacząć* ⇨ **zacznę, zaczniesz**... |
| odpocząć ⇨ .... |

| *zająć* ⇨ **zajmę, zajmiesz**... |
| wynająć ⇨ .... |

| *móc* ⇨ **mogę, możesz**... |
| pomóc ⇨ .... |

UWAGA!
brać / wziąć ⇨ **wezmę, weźmiesz**...

różne aspekty przyszłości | Dokąd pojedziemy na weekend?

B TELEFONY, TELEFONY

22

Ćwiczenie 1 (122B1)
Proszę posłuchać i uzupełnić.

A
Pani Joanna: *Halo!*
Angela: *Dzień dobry, mówi Angela. Czy mogę rozmawiać z Mami?*
Pani Joanna: *Dzień dobry. Nie ma jej. Poszły z Karoliną na zakupy. Czy coś ....przekazać...........?*
Angela: *Proszę jej powiedzieć, że .... za godzinę.*

B
Uwe: *To numer 0900 764 532. Po usłyszeniu sygnału proszę zostawić ....*
Angela: *Cześć, tu Angela. Pewnie masz jakieś spotkanie. Jak ...., to zadzwoń do mnie na komórkę. Do usłyszenia!*

C
Angela: *O, cześć Javier, w końcu .... Wiesz, dzwonię, bo...*
Głos: *.......................!*
Angela: *Przepraszam.*

(Dzień dobry, mówi Angela.)

D
Dziewczyna: *Halo?*
Angela: *Eeee, czy to numer 606 999 741?*
Dziewczyna: *Eeee, nie wiem. To .... Javiera.*
Angela: *Proszę mi go dać do telefonu!*
Dziewczyna: *Zaraz ...., teraz jest w...*
Angela: *Proszę mu przekazać, że dzwoniła Angela, koleżanka ze szkoły.*
Dziewczyna: *Na pewno do pani ....*

E
Mami: *No, w końcu odebrałaś! Cały czas było ....*
Angela: *A, bo dzwoniłam do wszystkich w sprawie weekendu, ale albo ...., albo .... Z nikim nie porozmawiałam!*
Mami: *Zostawiłaś wiadomość? Oddzwonią?*
Angela: *Ciekawe tylko kiedy... .... im SMS-a, kiedy coś zaplanujemy. Koniec, kropka!*

Ćwiczenie 3 (122B3)
Proszę przygotować swój komunikat poczty głosowej.

Ćwiczenie 2 (122B2)
Proszę dopasować słowa do definicji.

przekazać	zły numer
pomyłka	...paczkę, list, e-mail
oddzwonić	powtórzyć informację
komórka	sygnał, że ktoś inny rozmawia
odebrać	informacja
zajęte	zadzwonić potem
wiadomość	„automatyczna sekretarka"
wysłać	telefon mobilny
poczta głosowa	podnieść słuchawkę

Dokąd pojedziemy na weekend? | telefony, telefony

sto czterdzieści siedem _147

Ćwiczenie 4 `122B4`

Proszę wstawić polskie fonty (ogonki, kreski, kropki), a następnie ułożyć SMS-y Javiera i Angeli w porządku chronologicznym.

22 | telefony, telefony | Dokąd pojedziemy na weekend?

SMS 1: Jasne, że chcę! A dokąd? |........

SMS 2: Nawet wiem kim. To juz niewazne. |........ (2)

SMS 3: No dobrze. Probuje zaplanowac nasz weekend i nawet nie wiem czy chcesz z nami jechac |........

SMS 4: Dzwonilas, o co chodzi? Bo wiesz, jestem troche zajety ;-) |........ (1)

SMS 5: A gdzie? |........

SMS 6: A…no wlasnie tam siedze… |........

SMS 7: Jestes zla? Daj spokoj! Nie bedziemy sie chyba teraz klocic? |........

SMS 8: Moze w twojej ulubionej kawiarni? |........

SMS 9: No wlasnie o tym chcialabym pogadac. Moze się spotkamy i zdecydujemy o miejscu? |........

`122B5` 🎧 215

DIALOG_1

Angela: Cześć, Javier.
Javier: O, cześć dziewczyny. Zaraz przedstawię wam moją znajomą. To jest Majka, studentka turystyki, a to moje koleżanki ze szkoły, Mami i Angela.
Angela: Bardzo nam miło, bardzo.
Majka: Javier mówił mi, że planujecie długi weekend. Chciałabym zaproponować wam coś interesującego.
Angela: Posłuchamy z przyjemnością.
Majka: Ja i moi znajomi pojedziemy na te kilka dni do Lwowa, zapraszam.
Javier: Lwów! Słyszałyście! Weźmiemy paszporty, pieniądze, trochę bagażu i jedziemy!
Mami: Ja nie pojadę, bo… eee, Japończycy na pewno potrzebują wizy, a nie mamy już czasu…

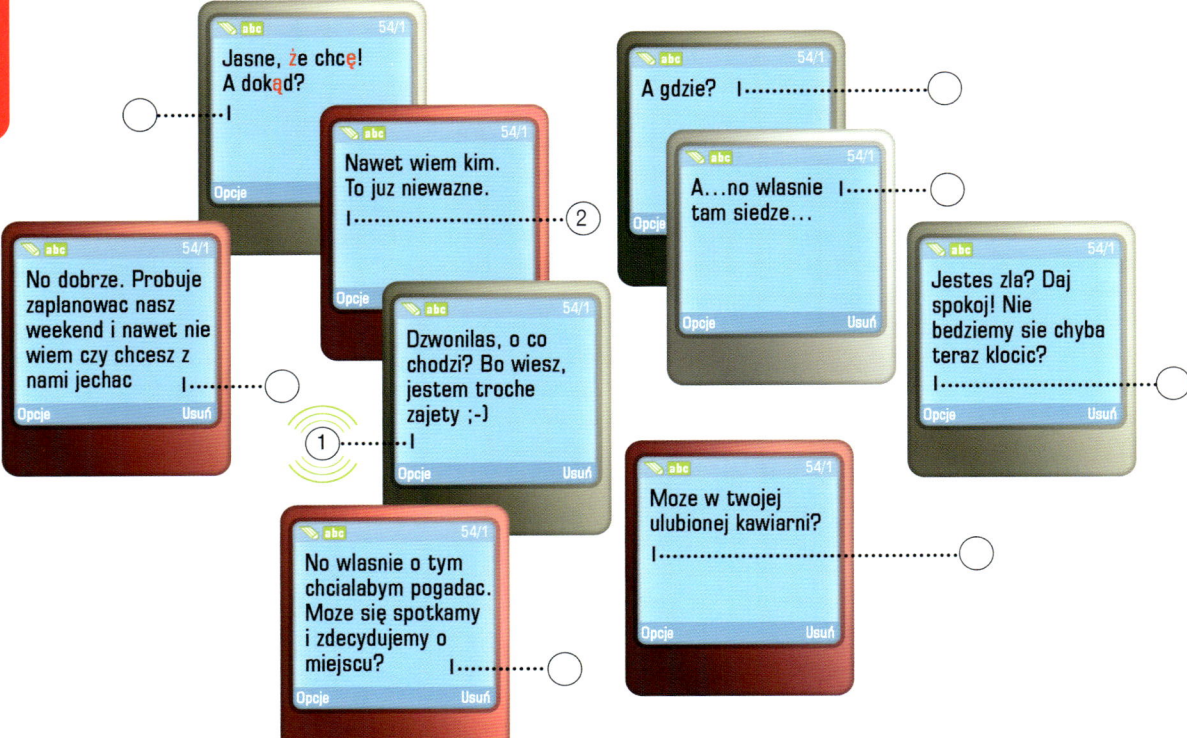

KRAKÓW → LWÓW

Ćwiczenie 5

*To nieprawda, obywatele Japonii nie potrzebują wizy na pobyt na Ukrainie do 90 dni.
Jak myślisz, dlaczego Mami nie chce pojechać ze wszystkimi?*

C LWÓW — TROCHĘ HISTORII

Ćwiczenie 1
Proszę przeczytać tekst. Uwaga na daty!

To miasto ma bardzo długą, skomplikowaną i tragiczną historię. W latach 1340-1772 należało do Królestwa Polskiego. Od 1772 do 1918 było pod zaborem austriackim. W latach 1918-1945 należało do Polski, 1945-1991 – do ZSRR, a od 1991 – do Ukrainy.

W okresie międzywojennym Lwów był trzecim pod względem liczby ludności po Warszawie i Łodzi miastem Polski oraz stolicą województwa. Był też drugim po Warszawie ośrodkiem nauki i kultury polskiej. Dziś znajduje się tu cenny zespół obiektów zabytkowych wpisany na listę światowego dziedzictwa UNESCO w 1998 r.

Ćwiczenie 2
Co oni tam będą robić? Co zrobią?

zwiedzać / zwiedzić, jeść / zjeść, słuchać / posłuchać
widzieć / zobaczyć, fotografować / sfotografować, pić / wypić
iść / chodzić / pójść, oglądać / obejrzeć, wchodzić / wejść

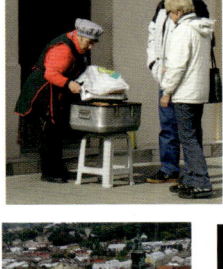

D POWTÓRZENIE

Ćwiczenie 1
Czas teraźniejszy czy czas przyszły?

CZASOWNIK	CZAS TERAŹNIEJSZY	CZAS PRZYSZŁY
zrobię		✓
ugotuję		
daję		
jadę		
spotkam się		
pójdę		
kupuję		
zobaczę		
pomogę		
zwiedzam		

Ćwiczenie 2
Proszę uzupełnić.

nigdy   nie   nigdzie   niczego ✓   nikt

Nie znalazłeś …*niczego*… do spania w Zakopanem?

…………………… nie byłem!

Nigdy ………… wypiję ani kieliszka!

Nigdy nie mów …………………… .

…………………… nie jest doskonały!

Dokąd pojedziemy na weekend? | Lwów, trochę historii

ZA MAŁE? ZA DUŻE? W SAM RAZ!

Lekcja_23

KOMUNIKACJA	SŁOWNICTWO	GRAMATYKA
zakupy	ubrania	stopniowanie przymiotników
komplementy	materiały i wzory	konstrukcje: mieć na sobie / nosić + biernik

ciuch / -y, ubranie, nosić, mieć na sobie, olśniewający, kiepski

nowe słowa

A NIE MAM W CO SIĘ UBRAĆ!

Ćwiczenie 1
Proszę posłuchać dialogu. Jaki problem ma Angela?

Ćwiczenie 2
Proszę dopasować dialogi do rysunków.

DIALOG ....   DIALOG ....   DIALOG ....   DIALOG ....   DIALOG ....

DIALOG_1
Mami: *Może ta?*
Angela: *Ta sukienka jest okropna!*
Mami: *Raczej stylowa!*
Angela: *To nie jest ani mój fason, ani moje kolory!*

DIALOG_2
Mami: *To jest interesujące!*
Angela: *A co to jest?*
Mami: *Spódnica.*
Angela: *To nie mój styl. Wolę coś bardziej eleganckiego.*

DIALOG_3
Mami: *A takie szerokie spodnie?*
Angela: *Fajne, ale materiał jest kiepski.*

DIALOG_4
Mami: *A ta bluzka?*
Angela: *Jest bardzo oryginalna!*
Mami: *I piękna!*
Angela: *Ale nic mi do niej nie pasuje! Nie mam takich ubrań.*

DIALOG_5
Mami: *To może klasyczny kostium?*
Angela: *Ładny kolor! I fason w porządku.*

Ćwiczenie 6
Co oni mają na sobie?

Ćwiczenie 7
Co to jest?

a) Nosimy to na głowie, kiedy na dworze jest chłodno lub zimno. Może mieć różne kolory, różne formy. To c z a p k a.

b) Noszą to do garnituru elegancko ubrani mężczyźni. To __ r __ __ __ __ __ .

c) Jest zrobiony z wełny, nosimy go, kiedy jest zimno. To s __ __ __ __ __ .

d) Ubranie, które noszą kobiety, ale nie jest to sukienka. To __ __ __ __ __ __ c __ .

e) Mogą być skórzane lub wełniane. Nosimy je na rękach, kiedy jest zimno.
To __ ę__ __ __ __ __ __ __ __ .

f) Buty, które nosimy, kiedy jest bardzo ciepło. To __ __ n __ __ __ .

g) Zwykle jest skórzany. Mężczyźni noszą go do spodni, a kobiety do wszystkiego.
To __ __ s __ __ .

h) Mogą być z materiału albo dżinsowe. To __ __ __ __ __ __ e.

B ZA KRÓTKIE? ZA DŁUGIE?

Ćwiczenie 1 `123B1`
Proszę uzupełnić dialog.

> czuję się jak ryba w wodzie
> czysta przyjemność ✓
> z góry dziękuję za pomoc

Angela, Mami, Karolina i jej znajomy stylista Kriss spotykają się w Galerii Krakowskiej.

Karolina: Cześć! Świetnie, że znalazłeś dla nas czas.
Kriss: Cześć kochane dziewczęta! Och, nie ma problemu, to dla mnie _czysta przyjemność_!
Karolina: To Mami i Angela, moje koleżanki. Dziś najbardziej musisz pomóc Angeli.
Angela: Cześć! ....
Kriss: Moja droga, naprawdę nie ma za co dziękować! Jesteś wysoka, szczupła, zgrabna, bez trudu znajdziemy ci coś wystrzałowego! Już nie mogę się doczekać! Tutaj ....!
No, chodźmy!

Cześć kochane dziewczęta!

Ćwiczenie 2 🎧 219 `123B2`
Proszę posłuchać i uzupełnić.

DIALOG_1

Kriss: Masz doskonałą figurę, więc możemy szukać krótkiej sukienki lub spódnicy.
Angela: Dobrze, tylko żeby nie była za _krótka_. Styl minimalistyczny odpowiada mi tylko w mieszkaniu.
Kriss: Jak sobie życzysz kochana, nie za ...., nie za ...., znajdziemy więc taką w sam raz.

DIALOG_2

Angela: Czy nie uważasz, że te rękawy są za ....?
Kriss: Kochanie, takie rękawy są najmodniejsze w tym sezonie! Wyglądasz bosko!
Angela: Tak? Nie jestem przekonana, wolę rękawy .... dopasowane, ale zaufam ci, przecież jesteś stylistą. A wy, dziewczyny, co myślicie?
Mami: .... pięknie!
Karolina: Super! Ta sukienka .... idealnie do twojej figury!

za + PRZYMIOTNIK

Ćwiczenie 3 `123B3`
Jakie są te ubrania?

23

Ćwiczenie 4

Proszę napisać przeciwieństwa.

a) Ta sukienka jest za ....**krótka**............ (długa).
b) Ten sweter jest za .... (gruby) na zimę.
c) Ta bluzka jest bardzo ładna, ale za .... (mała).
d) Piękny ten żakiet, ale jest za .... (duży)!
e) Te rajstopy są chyba za .... (cienkie) na wiosnę.
f) Te spodnie są fantastyczne, ale za .... (obcisłe).

Za krótkie? Za długie? | Za małe? Za duże? W sam raz!

DIALOG_1

Karolina:	Szybko poszło! Angela jest już ubrana, więc...
Kriss:	Ależ nie! Musimy jeszcze kupić buty i dodatki! Koniecznie jakąś malutką torebkę, szeroki pasek, może jakąś biżuterię.
Karolina:	A możesz wcześniej jeszcze nam doradzić?
Kriss:	Z przyjemnością! Szukamy czegoś na konkretną okazję czy na co dzień?
Karolina:	Czegoś na co dzień, do szkoły.
Mami:	Ja już mam coś dla siebie! Pasuje mi ta koszula?
Kriss:	Moja kochana! Bardzo dobry wybór! Bardzo dobry! Świetne kolory! Cudowna kratka! Ale musisz znaleźć **mniejszą**!
Mami:	Ale ja lubię luźne ubrania.
Kriss:	Nie mówię, że masz chodzić w rozmiarze XS, ale w tej koszuli rękaw jest dla ciebie za długi, poza tym masz ją prawie do kolan! To nie jest sukienka! Rozmiar XL jest nie dla ciebie! Będziesz wyglądała jak worek. No już, leć po **mniejszą**!
Karolina:	A ja, jak wyglądam w tej bluzce?
Kriss:	Fason świetny, rozmiar idealny, ale kolor!!! Okropny! Obrzydliwy! Koszmarny! Masz jasne włosy lepiej będziesz wyglądała w **bardziej intensywnym** kolorze. O! W tym zielonym albo w tej fioletowej bluzce! Fiolet jest **najmodniejszy**! Wszystkie odcienie!

STOPNIOWANIE PRZYMIOTNIKÓW

		równy	wyższy	najwyższy
1. REGULARNIE	–szy	gruby	grubszy	najgrubszy
	–ejszy	modny	modniejszy	najmodniejszy
alternacje	ł ⇨ l	miły	milszy	najmilszy
	g ⇨ ż	długi	dłuższy	najdłuższy
	n ⇨ ń	tani	tańszy	najtańszy
	s ⇨ ż	wąski	węższy	najwęższy
redukcja	–ki	krótki	krótszy	najkrótszy
	–oki	szeroki	szerszy	najszerszy
	–eki	daleki	dalszy	najdalszy
2. NIEREGULARNIE		duży	większy	największy
		mały	mniejszy	najmniejszy
		dobry	lepszy	najlepszy
		zły	gorszy	najgorszy
3. OPISOWO		kolorowy	bardziej kolorowy	najbardziej kolorowy

więcej niż jedna spółgłoska –ejszy

Ćwiczenie 5 `123B6`
Prawda czy nieprawda? Dlaczego?

	P	N
Angela ma już skompletowane ubranie.	__	v
Karolina prosi Krissa o radę.	__	__
Mami i Karolina szukają czegoś specjalnego.	__	__
Mami wybrała gustowną koszulę w rozmiarze XS.	__	__
Koszula Mami jest w kratkę.	__	__
Mami woli luźne ubrania.	__	__
Karolina wybrała bluzkę w świetnym kolorze.	__	__
Zielony to najmodniejszy kolor tego sezonu.	__	__

STOPIEŃ WYŻSZY

niż + MIANOWNIK
Ten sweter jest **grubszy niż mój**.

od + DOPEŁNIACZ
Ten sweter jest **grubszy od mojego**.

STOPIEŃ NAJWYŻSZY

z/ze + DOPEŁNIACZ
Ten sweter jest **najgrubszy ze wszystkich**.

Ćwiczenie 6 `123B7`
Proszę uzupełnić.

duży	*większy*	**największy**
	tańszy	
cienki		
	brzydszy	
		najkrótszy
nowy		
	szerszy	
		najdroższy

Ćwiczenie 7 `123B8`
Proszę uzupełnić zdania formą stopnia wyższego.

a) Wujek Janek jest ..*starszy*.............. (stary) niż tata.
b) Mój brat jest .... (wysoki) niż ja.
c) Ten samochód jest .... (szybki) niż tamten.
d) Język polski jest .... (łatwy) niż język chiński.
e) Gorąca herbata jest .... (dobry) niż zimna.
f) Marta jest .... (młody) ode mnie.
g) Czekolada jest .... (słodki) od szarlotki.
h) To wino jest .... (mocny) od tamtego.
i) Ta książka jest .... (ciekawy) od tamtej.
j) Moje rękawiczki są .... (ciepły) od twoich.

Za małe? Za duże? W sam raz! | Za krótkie? Za długie?

Ćwiczenie 8
Jakie co jest?

{ *niski* .... }

{ .... }

{ .... }

{ .... }

{ .... }

Za krótkie? Za długie? | Za małe? Za duże? W sam raz!

---

wiedzieć + kto? jak? ile? gdzie?...
Czy wiesz, jak nazywa się stolica Polski?

znać + kogo? co? (BIERNIK)
Czy znasz panią Teresę?

Ćwiczenie 9
Wiesz czy znasz?

Czy znasz...
Czy wiesz, ...

- ...**najnowsze** polskie filmy?
- ...te **najlepsze** nauczycielki?
- ...jak nazywa się **najdłuższa** rzeka w Polsce?
- ...gdzie są **najpiękniejsze** kobiety?
- ...które polskie miasto jest **największe**?
- ...**najciekawsze** miejsca w Krakowie / w Polsce?
- ...jakie jest **najbardziej** popularne polskie nazwisko?
- ...która szkoła językowa w Krakowie jest **najlepsza**?
- ...jak nazywa się **najgłębsze** jezioro w Polsce?

DIALOG_2

Kriss: *Myślę, że te będą idealne!*
Angela: *Chciałabym przymierzyć te buty.*
Sprzedawczyni: *Oczywiście, jaki rozmiar?*
Angela: *38.*
Sprzedawczyni: *Proszę.*
Angela: *Przepraszam, czy mogę prosić o rozmiar większe? Te są za małe.*
Sprzedawczyni: *Zaraz sprawdzę. Są, proszę.*
Angela: *Świetnie! Te są w sam raz!*

Ćwiczenie 10
Proszę ułożyć analogiczne dialogi.

1. sandały, rozmiar 37, brak, są tylko większe rozmiary
2. trampki, rozmiar 42, czerwone, brak, są niebieskie i czarne
3. białe adidasy, rozmiar 40,
4. czerwone buty na obcasie, rozmiar 39

C WYGLĄDASZ CUDOWNIE!

23

Jesteś szczuplejsza!
Masz dłuższe włosy!
Pięknie wyglądasz!

DIALOG_1

Emily, Kate, Sarah spotkały się z Angelą w eleganckiej restauracji w Krakowie.

Emily: *Tak dawno cię nie widziałam! Wyglądasz olśniewająco!*
Kate: *To prawda! Jesteś szczuplejsza. Pobyt w Polsce ci służy!*
Sarah: *I masz piękną sukienkę! Gdzie kupiłaś?*
Angela: *Dziękuję! Jesteście bardzo miłe! Zaraz wam wszystko opowiem.*

Ćwiczenie 1
Proszę pogrupować informacje.

modny krawat, cudownie, tym fasonie, olśniewająco, tych spodniach, pięknie, twojej figury, przepięknie, piękną bluzkę, idealną figurę, tym kolorze, ładnie ✓, twoich oczu ✓, czerwonym, ciebie, tych butów, świetne włosy, tej spódnicy, piękne oczy ✓, tej sukience ✓, tych spodni

wyglądasz (jak?)	masz (co?)	dobrze ci w (czym?)	pasuje do (czego?)
ładnie	_piękne oczy_	_tej sukience_	_twoich oczu_
—	—	—	—
—	—	—	—
—	—	—	—
—	—	—	—
—	—	—	—

Ćwiczenie 2
Co oni mówią?

POWTÓRZENIE D

Proszę dopasować definicję do słowa.

obuwie	miejsce w sklepie, w którym sprawdzamy, czy ubranie jest na nas dobre
bielizna	buty
fason	wielkość ubrania lub obuwia
odcień	to, co nosimy pod ubraniem
dodatki	coś do dekoracji, np. biżuteria, pasek, torebka
rozmiar →	ubranie
przymierzalnia	kolor mniej lub bardziej intensywny
odzież	kształt, forma ubrania, butów

JAK CIĘ WIDZĄ, TAK CIĘ PISZĄ
Lekcja_24

KOMUNIKACJA
u fryzjera, w studio fitness
wyrażanie aprobaty i dezaprobaty

SŁOWNICTWO
wygląd zewnętrzny
części ciała

GRAMATYKA
stopniowanie przysłówków

strzyżenie, pozwolić (sobie) na, wygląd zewnętrzny, części ciała

nowe słowa

A U FRYZJERA

FRYZJER damsko-męski
SZYK-I-SZOK

PANIE
STRZYŻENIE
  włosy krótkie — 99 zł
  włosy długie — 120 zł
MYCIE+MASAŻ — 50 zł
MODELOWANIE — 80 zł
KOLORYZACJA — 180 zł

DIALOG_1

Karolina: *Chciałabym coś zmienić na wiosnę. Mama mówi, że nowa fryzura zawsze poprawia humor, a fryzurę zmienić najłatwiej.*
Mami: *I najbezpieczniej. Włosy szybko rosną.*
Angela: *Ale tu drogo! Drożej niż w Londynie.*
Mami: *Ale może oryginalniej. Pamiętasz? Twoje londyńskie koleżanki wyglądały identycznie. Spróbujemy?*
Karolina: *Raz kozie śmierć!*

Ćwiczenie 1

Proszę posłuchać i uzupełnić. Następnie proszę wyjaśnić, co te słowa znaczą.

Karolina: *Dzień dobry, czy możemy ..umówić się.. do fryzjera?*
Pani: *A co będziemy robić? ....? Kolor?*
Karolina: *Ja chciałabym coś ...., ale nie radykalnie. Odświeżyć .... na wiosnę, rozumie pani?*
Pani: *Oczywiście. Pan Olo będzie zaraz wolny, poczeka pani kwadrans?*
Karolina: *Tak, pooglądam w tym czasie .... A moje koleżanki?*
Pani: *Mają panie szczęście, pani Bożenka nie ma teraz ...., a u pani Grażynki ktoś właśnie .... wizytę. Zapraszam!*

24

Jak cię widzą, tak cię piszą | u fryzjera

DIALOG_1

– Chciałabym tylko podciąć końcówki, są zniszczone. Ale maksymalnie centymetr!
– Może dłużej z przodu, a krócej z tyłu? Będą się lepiej układać. I przedziałek z boku.
– Dobrze. I może coś pan zrobi z kolorem.
– Hm, ma pani cienkie włosy. Sugeruję jasne pasemka. I proszę używać odżywki!

DIALOG_2

– Piękny kolor! Naturalny?
– Tak, nigdy nie farbowałam włosów. Są grube i gęste, mogę pozwolić sobie na coś szalonego.
– To może trwała? Będzie pani wyglądać bosko!
– Loki à la afro? Hm, dlaczego nie? Zawsze marzyłam o bardzo kręconych włosach.

DIALOG_3

– Proszę obciąć na krótko, chcę wyglądać modnie i nowocześnie.
– Ma pani takie piękne włosy, długie i proste, szkoda obcinać!
– No, to może przynajmniej coś z grzywką? Chciałabym asymetryczną.
– O, tak. I może zmienimy fryzurę. Uczeszę panią w kok, będzie pani wyglądać jak… Japonka!

Ćwiczenie 2 `124A3`

Proszę połączyć antonimy.

Włosy mogą być:

jasne — długie — rzadkie
proste → ciemne
cienkie
krótkie   grube   gęste
kręcone

Ćwiczenie 3 `124A4`

Proszę dopasować słowa do obrazków.

Włosy mogą być:

blondyn/-ka   szatyn/-ka   brunet/-ka

czarne   blond   rude   siwe   farbowane

Ćwiczenie 4 `124A5`

Proszę dopasować słowa do obrazków.

..... pasemka
..... loki
..... szczotka
..... odżywka
..... nożyczki
..1.. grzywka
..... suszarka
..... grzebień
..... kok
..... przedziałek

sto pięćdziesiąt dziewięć _159

Ćwiczenie 5

Proszę dopasować słowo do definicji.

1 – **farbować / ufarbować** ☐ *permanentne loki*
2 – **podcinać / podciąć** ☐ *stosować, brać*
3 – **obcinać / obciąć** ☐ *formować, kształtować, modelować*
4 – **układać / ułożyć** ☑ *powiększać się, wydłużać się*
5 – **używać / użyć** ☐ *bardzo skrócić*
6 – **zmieniać się / zmienić się** ☐ *stare, brzydkie*
7 – **rosnąć / urosnąć** ☐ *skrócić tylko trochę same końcówki*
8 – **czesać / uczesać** ☐ *zmieniać kolor*
9 – **trwała** ☐ *ryzykować*
10 – **zniszczone** ☐ *być innym niż wcześniej*
11 – **raz kozie śmierć!** ☐ *zrobić fryzurę*

Ćwiczenie 6

Proszę napisać dialog „U fryzjera".

....
....
....
....
....
....
....
....
....
....
....
....

B WYGLĄD ZEWNĘTRZNY

Ćwiczenie 1

Proszę posłuchać i uzupełnić.

MAMI jak typowa Japonka ma ciemne, skośne _o c z y_. Jej _ _ _ _ _ _ jest owalna. Ma wąskie _ _ _ _ _ i trochę zadarty _ _ _ . Jest trochę za _ _ _ _ _ _ (tak mówi pani Maj). Mami jest czasem nieśmiała, więc chowa _ _ _ _ _ w ramiona. Jej uroda jest bardzo oryginalna.

JAVIER jest średniego wzrostu. Jest _ _ _ _ _ _ _ _ _ . Ma _ _ _ _ _ _ oczy i szerokie czarne _ _ _ _ _ . Nosi brodę i _ _ _ _ _ . Na szyi często wiąże fantazyjny szalik. Jest bardzo zadowolony ze swojego wyglądu, no może tylko ten _ _ _ _ _ _ _ …

UWE nie jest _ _ _ _ _ _ _ _ _ _ , ale też nie jest _ _ _ _ _ _ czy _ _ _ _ _ _ _ , po prostu ma mocną budowę ciała. Ma kwadratową _ _ _ _ _ _ i duży nos. Kiedy był mały, miał z tego powodu kompleksy. Zawsze chciał wyglądać jak amerykański aktor, więc od wielu lat nosi długie _ _ _ _ _ . Ponieważ ma wysokie _ _ _ _ _ , jego żona uważa, że to nie wygląda dobrze. Uwe najbardziej boi się, że kiedyś będzie _ _ _ _ .

ANGELA jest bardzo atrakcyjna, ładna i _ _ _ _ _ _ _ . Ma niebieskie oczy i bardzo długie _ _ _ _ _ , które codziennie maluje na czarno. Od czasu do czasu nosi w _ _ _ _ _ _ _ kolczyki, zawsze dopasowane do ubrania. Angela boi się starości, codziennie ogląda się w lustrze i szuka _ _ _ _ _ _ _ _ _ _ _ . Kiedy była mała, miała _ _ _ _ _ _ .

24

Jak cię widzą, tak cię piszą | wygląd zewnętrzny

Ćwiczenie 2 `124B2`
Proszę podpisać rysunek.

- oko / oczy
- ucho / uszy
- twarz
- czoło
- usta, nos
- broda, brwi
- zmarszczka / -i
- szyja
- zęby
- włosy

GŁOWA

Ćwiczenie 3 `124B3`
Proszę opisać te osoby.

Ćwiczenie 4 `124B4`
Co nie pasuje? Dlaczego?

a) **oczy:** ciemne / czarne / skośne / ~~wysokie~~
b) **figura:** on jest szczupły / chudy / średni / gruby
c) **brwi:** wąskie / czarne / szerokie / zgrabne
d) **czoło:** szczupłe / wysokie / niskie
e) **usta:** pełne / wąskie / małe / kwadratowe
f) **oczy:** piwne / niebieskie / szare / długie
g) **nos:** zadarty / otyły / prosty / duży
h) **twarz:** okrągła / miła / piegowata / łysa

C — W ZDROWYM CIELE, ZDROWY DUCH!

DIALOG_1 `230` `124C1`

Karolina: *Co my zrobiłyśmy?*
Angela: *Chciałyśmy coś zmienić na wiosnę…*
Mami: *Na szczęście włosy szybko rosną. Widzicie ten plakat? Jaka zgrabna dziewczyna!*
Karolina: *A, to reklama nowego studia fitness.*
Mami: *A co to znaczy BPU?*
Karolina: *B jak brzuch, P jak pośladki, U jak uda. Gimnastyka odchudzająca, rozumiesz?*
Mami: *Nie bardzo, nigdy nie chodziłam ani na siłownię, ani do takiego klubu.*
Angela: *Mam pomysł! Zrobimy sobie gimnastykę same. Proponuję u mnie, bo mam dużo miejsca na podłodze. I mogę być instruktorką.*
Karolina: *No i będziemy wyglądać szczuplej na wiosnę!*

sto sześćdziesiąt jeden _161

Ćwiczenie 1

Proszę uzupełnić tabelkę oraz dopasować definicje do słów.

LICZBA POJEDYNCZA	LICZBA MNOGA		DEFINICJA
ręka	ręce	1	..... biust
noga		2	..... nosimy na nich buty
głowa		3	..... najgrubsza część nogi
—	plecy	4	..... kiedy ktoś pije dużo piwa, ma duży :-)
brzuch		5	..... mamy 20, u rąk i u nóg
kolano	*kolana*	6	..... żyrafa ma bardzo długą
	pośladki	7	..... na nich siedzimy
mięsień	mięśnie	8	..... stół ma cztery, fortepian trzy, my dwie
stopa		9	..... muskuły
szyja		10	..... dzięki niej myślimy
	biodra	11	*6.* część nogi, klęczy się na nich w kościele
	palce	12	..... u modelek 60 cm, a my nosimy na niej pasek
pierś	piersi	13	..... trzymamy w niej długopis, kiedy piszemy
talia		14	..... nosimy na nim torbę
udo		15	..... u kobiet większe i bardziej zaokrąglone niż u mężczyzn
ramię	ramiona	16	..... są z tyłu, nosimy na nich plecak

Ćwiczenie 2

Proszę napisać antonimy.

ugięta ≠ *prosta*   szeroko ≠ *razem*
do góry ≠ ....   na prawo ≠ ....
w górze ≠ ....   do przodu ≠ ....

Ćwiczenie 3

Aprobata (+) czy dezaprobata (–)?

- **–** Jesteś za chuda!
- **+** Podobasz mi się w tej fryzurze!
- .... Nie pasuje ci kok!
- .... Musisz uważać, masz nadwagę!
- .... Ale mięśnie!
- .... Masz słabą kondycję!
- .... Pijesz za dużo piwa!

Ćwiczenie 4

Dlaczego ludzie chodzą do studia fitness?
Proszę użyć następujących słów:

nadwaga, słaba kondycja, odchudzać się, mięśnie, ćwiczenia, motywacja, dieta, tkanka tłuszczowa, redukować, powtarzać, regularnie, zgrabna sylwetka, wyszczuplać, spalać kalorie, wzmacniać, instruktor

W zdrowym ciele zdrowy duch! | Jak cię widzą, tak cię piszą

Ćwiczenie 5 124C6

Proszę posłuchać instrukcji Angeli i dopasować do ćwiczeń Mami.

Jak cię widzą, tak cię piszą | **W zdrowym ciele zdrowy duch!**

D. STOPNIOWANIE PRZYSŁÓWKÓW

Ćwiczenie 1 `124D1`
Proszę wrócić do części A i podkreślić w dialogach wszystkie przysłówki.

STOPNIOWANIE PRZYSŁÓWKÓW			STOPIEŃ	
		równy	wyższy	najwyższy
1. REGULARNIE	–ej	tanio	taniej	najtaniej
alternacje	ł ⇨ l	miło	milej	najmilej
	g ⇨ ż	długo	dłużej	najdłużej
	ch ⇨ sz	cicho	ciszej	najciszej
	st ⇨ ść	często	częściej	najczęściej
redukcja	–ko, –oko, –eko	daleko	dalej	najdalej
alternacje	s ⇨ ż	blisko	bliżej	najbliżej
	r ⇨ rz	szeroko	szerzej	najszerzej
	d ⇨ dź	rzadko	rzadziej	najrzadziej
2. NIEREGULARNIE		dużo	więcej	najwięcej
		mało	mniej	najmniej
		dobrze	lepiej	najlepiej
		źle	gorzej	najgorzej
3. OPISOWO		kolorowo	bardziej kolorowo	najbardziej kolorowo

Ćwiczenie 2 `124D2`
Proszę uzupełnić.

a) Kupuję *częściej* (często) na targu niż w supermarkecie.
b) Ona ubiera się .... (dobrze) z całej grupy.
c) Chodzimy na kurs .... (długo) niż ty.
d) Mami mieszka .... (blisko) szkoły niż Angela.
e) Jak się czujesz? .... (źle) niż rano?
f) Proszę mówić .... i .... (głośno i wolno)!
g) Zjadłam .... (mało) ze wszystkich.
h) On mówi .... (interesująco) od nauczyciela.
i) Pani Maj wygląda .... (staro) niż jej mąż.
j) Musisz .... ćwiczyć (dużo).
k) Ten samochód kosztuje .... (mało) z tych wszystkich.

STOPIEŃ WYŻSZY

niż + MIANOWNIK
Mami wygląda **lepiej niż my**.

od + DOPEŁNIACZ
Mami wygląda **lepiej od nas**.

STOPIEŃ NAJWYŻSZY

z / ze + DOPEŁNIACZ
Mami wygląda **najlepiej ze wszystkich**.

Ćwiczenie 3 `124D3`
Części ciała. Co to jest?

....
....
....

....

....

....

....

24

Jak cię widzą, tak cię piszą | stopniowanie przysłówków

POWTÓRZENIE E

U FRYZJERA `124E1`
Proszę uzupełnić zdania.

farbowałam, uczeszę, zniszczone, rosną kręconych, układać, odżywki, umówić się podciąć, obciąć, zmienić ✓

a) Chciałabym coś ......*zmienić*...................... na wiosnę.
b) Włosy szybko ....
c) Chciałabym tylko .... końcówki, są ....
d) Będą się lepiej ....
e) I proszę używać ....!
f) Nigdy nie .... włosów.
g) Może .... panią w kok.
h) Dzień dobry, możemy .... do fryzjera?
i) Zawsze marzyłam o .... włosach.
j) Proszę .... na krótko.

W STUDIO FITNESS `124E2`
Proszę napisać instrukcje do ćwiczeń.

sto sześćdziesiąt pięć __165

ANI RĘKĄ, ANI NOGĄ...
Lekcja_25

KOMUNIKACJA
u lekarza, u dentysty
dawanie rad

SŁOWNICTWO
idiomy związane z częściami ciała

GRAMATYKA
czasownik: *powinien*

boleć, zażywać, powinien, przypadek

nowe słowa

Ćwiczenie 1
Co to jest? Proszę podpisać obrazki.

A „MĄDREJ GŁOWIE DOŚĆ DWIE SŁOWIE"

    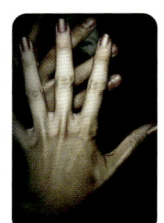 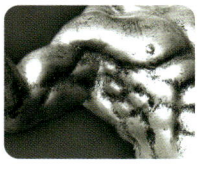

głowa

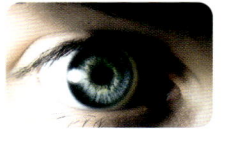 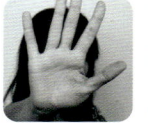  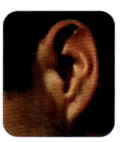  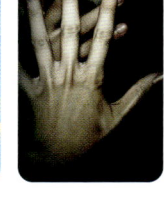

....

Ćwiczenie 2
Co to znaczy?

do nogi!, na drugą nogę, **do góry nogami**, noga za nogą, nóżka, kłamstwo ma krótkie nogi

prawa ręka, **dwie lewe ręce**, jak bez ręki, z drugiej ręki, do rąk własnych, ręce do góry!, złota rączka, prosić o rękę

za plecami, mieć plecy, plecak

głowa państwa, głowa kościoła, głowa rodziny, główka, słaba głowa, dach nad głową, głowa do góry! co dwie głowy to nie jedna

mieć oczy i uszy otwarte, ściany mają uszy, powyżej uszu, uszko

na oko, na oczach, w cztery oczy, pod okiem, oko za oko, w żywe oczy, **strach ma wielkie oczy**

leżeć do góry brzuchem

Ćwiczenie 3
Proszę uzupełnić zdania wyrażeniami z ćwiczenia 2.

a) Mój tata to ....*złota rączka*........ – sam wszystko umie zreperować.
b) Nie mogę tego przeczytać, bo trzymasz gazetę ....
c) Nie mogę pić wódki, bo mam bardzo ....
d) .... jest lepszy w góry niż torba.
e) Dokładnie nie wiem, ale .... to będzie jakieś 20 km.
f) Nie martw się, ..., wszystko będzie dobrze!
g) Zawsze kupuję ubrania ...., są tanie i oryginalne.
h) Teraz bez komórki to ...., trudno żyć!

Ćwiczenie 4
Proszę napisać zdania z pozostałymi wyrażeniami z ćwiczenia 2.

Ćwiczenie 1 〔125B1〕

Proszę posłuchać dialogów i dopasować do nich obrazki.

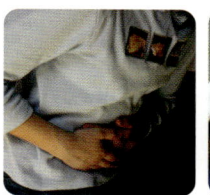 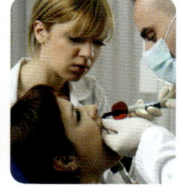 

DIALOG ___   DIALOG ___   DIALOG ___

B ZDROWIE JEST NAJWAŻNIEJSZE

25

Nauczycielki są zdenerwowane, bo studenci nie przyszli dziś na lekcje. Czy zrobili sobie Dzień Dziecka i poszli na zieloną trawkę? Nauczycielki boją się, że stało się coś poważnego i dzwonią do studentów. Niestety, nie mają numeru do Toma.

BIERNIK
mnie
cię / pana, panią
go / ją / je
nas
was
ich / je

boli / bolą   ząb / zęby

Ćwiczenie 2 〔125B2〕

Co kogo boli?

....

Ćwiczenie 3 〔125B3〕

Proszę uzupełnić.

a) Często boli ...*mnie*....... (ja) głowa.
b) Czy .... (ty) coś boli?
c) Moja babcia ma 89 lat, często boli .... (ona) serce.
d) Zjadł coś nieświeżego, boli .... (on) żołądek.
e) Co .... (pani) boli?
f) Pracowaliśmy w ogrodzie cały dzień, bardzo bolą .... (my) plecy.
g) Dziecko płacze, chyba boli .... (ono) brzuch.
h) Dzieci płaczą, kiedy bolą .... (one) zęby.
i) Czy boli .... (pan) noga?
j) Boli .... (ja) wszystko.
k) Nigdy nie bolały .... (wy) uszy?!

Ćwiczenie 4 〔125B4〕

Proszę dopasować dialogi do ilustracji, a następnie uzupełnić tabelę.

r. męski	r. żeński
	powinnam
powinien	
powinniśmy	**powinnyśmy**
powinni	**powinny**

☐ – Zobacz jak jej zimno.
– Powinna ubierać się cieplej.

☐ – Nikt z nas nie pamięta tego słowa.
– Powinniście więcej się uczyć.

☐ – Boli mnie głowa.
– Powinnaś wziąć tabletkę przeciwbólową.

☐ – Nie było już biletów.
– Zawsze powinnyście robić rezerwację.

☐ – Fatalnie, mam strasznego kaca!
– Nie powinieneś pić, masz słabą głowę.

☐ – Kasia pytała o ciebie.
– Myślisz, że powinienem zadzwonić?

Ani ręką, ani nogą... | Zdrowie jest najważniejsze

sto sześćdziesiąt siedem _167

C PRZYPADEK MAMI

25

DIALOG_1

Pani Maj: *Jak się czujesz? Lepiej?*
Mami: *Ach, tak mi wstyd, przepraszam!*
Pani Maj: *Mami, nic co ludzkie nie jest mi obce, naprawdę.*
Mami: *Co to znaczy?*
Pani Maj: *Że to nie twoja wina, biegunka i wymioty to normalne, kiedy masz zatrucie żołądkowe. Zjesz coś? Może chleb z masłem?*
Mami: *Niedobrze mi, kiedy myślę o jedzeniu.*
Pani Maj: *To może herbata miętowa? Musisz dużo pić.*
Mami: *Może potem, znów muszę biec do toalety, przepraszam!*
Pani Maj: *Mami, w porządku?*
Mami: *Tak, ale trochę mi słabo. I boli mnie głowa.*
Pani Maj: *Wracaj do łóżka. Poczytam ci, nie będziesz myśleć, tylko odpoczywać. A potem pójdę do apteki i kupię ci jakieś lekarstwo, np. krople żołądkowe.*

Ćwiczenie 1
Co jest Mami i co ona powinna robić / zrobić?

Symptomy: ....

Rady: ....

**Co ci jest?
Co cię boli?
Co ci dolega?**

Ćwiczenie 2
Proszę posłuchać i uzupełnić.

Pan kotek był .*chory*..........
i .... w łóżeczku.
I przyszedł pan ....
- *Jak się masz, koteczku?*
- .... *bardzo* – i łapkę
wyciągnął do niego.
Wziął za .... pan doktor
.... chorego
I dziwy mu prawi:
- *Zanadto się ....,
co gorsza, nie myszki,
lecz .... i sadło;
Źle bardzo… ....!
Źle bardzo, koteczku!
Oj .... ty, długo
poleżysz w łóżeczku (…)*

{ *Chory Kotek,*
Stanisław Jachowicz }

Ćwiczenie 3
Proszę uzupełnić.

kości
mózg
serce
żołądek
płuca

mózg

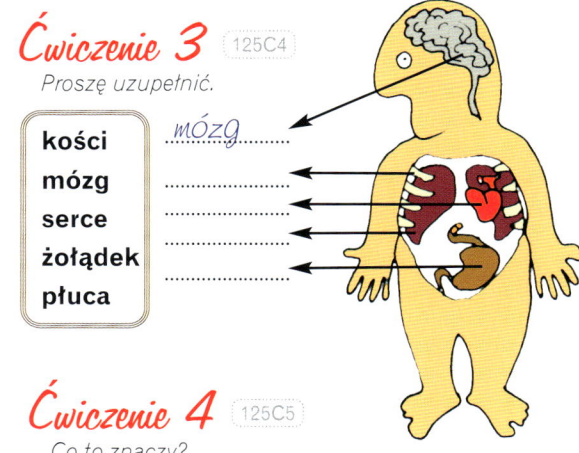

Ćwiczenie 4
Co to znaczy?

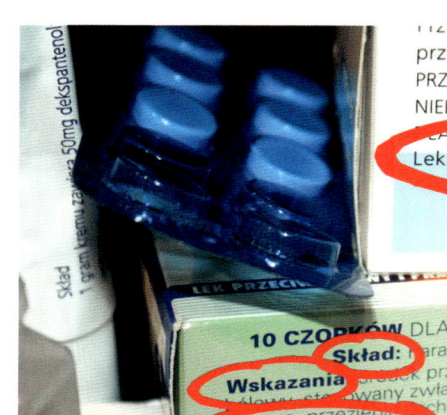

D PRZYPADEK JAVIERA

25

Ćwiczenie 1  `125D1`
Proszę uzupełnić dialog, a następnie posłuchać.

> przeziębiony, przychodnia, ubezpieczenia, grypa, obcokrajowcem, kartę, termin, wizytę, zarejestrować, przychodnia ✓

Pani: Dzień dobry, ...przychodnia... „Zdrówko", słucham?
Javier: Chciałbym umówić się na .... do lekarza.
Pani: Czy ma pan już u nas ....?
Javier: Nie, będę pierwszy raz. Ale jestem ...., nie mam polskiego ....
Pani: To prywatna ...., wizyta u specjalisty kosztuje 75 zł. Do jakiego lekarza?
Javier: Jestem ...., ale boję się, że to .... Proszę mnie .... do lekarza ogólnego.
Pani: Mam wolny .... na jutro rano na 7.30. do doktor Kowalik. Pasuje panu?
Javier: Trochę za wcześnie, ale trudno.
Pani: Jak się pan nazywa?
Javier: Javier Pérez. Przeliterować?

Ćwiczenie 2 `125D2`
Proszę uporządkować dialog Javiera z lekarką, a następnie posłuchać.

- [1] Dzień dobry pani doktor.
- [6] Proszę się rozebrać, muszę pana zbadać. Proszę głęboko oddychać. No, płuca w porządku. A teraz proszę pokazać język i powiedzieć „aaa". Proszę się ubrać.
- [ ] Antybiotyk?
- [ ] Dzień dobry, co panu dolega?
- [ ] Nie, jestem studentem, nie pracuję. Kiedy mam przyjść do kontroli?
- [ ] Wczoraj wieczorem miałem 38,5.
- [ ] No cóż, to prawdopodobnie grypa. Tu są recepty.
- [ ] Nie, nigdy nie miałem żadnej alergii.
- [ ] Za tydzień.
- [ ] A więc proszę go zażywać 3 razy dziennie przez 7 dni. Proszę leżeć w łóżku, dużo pić i odpoczywać. Czy potrzebuje pan zwolnienia z pracy?
- [ ] Tak, to konieczne. Czy jest pan uczulony na jakieś leki?
- [ ] Czy to coś poważnego?
- [ ] Boli mnie wszystko: głowa, gardło, mięśnie, trochę żołądek. Mam katar i kaszel.
- [ ] Ma pan gorączkę?

Ćwiczenie 3 `125D3`
Co jest Javierowi i co on powinien robić/zrobić?

Symptomy:
....
....
....

Rady:
....
....
....

Ćwiczenie 4 `125D4`
Proszę uzupełnić.

> głowa ✓, migrenę, słaby, duszno, żołądek, mięśnie, gorączkę, gorąco, katar, gardło, przeziębiony, serce, kaszel, plecy, słabo, chory, wysokie ciśnienie, niedobrze

Boli mnie ...głowa...............
....
Bolą mnie ....
....
Mam ....
....
Jestem ....
....
Jest mi ....
....

Ani ręką, ani nogą... | przypadek Javiera

sto sześćdziesiąt dziewięć _169

E PRZYPADEK ANGELI

Ćwiczenie 1 `125E1`

Co mówi Ania? Proszę uzupełnić dialog.

Pani: *Gabinet stomatologiczny „Biały kieł", w czym mogę pomóc?*
Ania: Chciałabym zarejestrować znajomą do dentysty
Pani: *Czy ta pani ma u nas kartę?*
Ania: ....
Pani: *W takim razie proszę imię i nazwisko. Czy ona mówi po polsku?*
Ania: ....
Pani: *Rozumiem. To może doktor Kowal? Jest bardzo miły i cierpliwy.*
Ania: ....
Pani: *Doktor Kowal przyjmuje w piątki od 10 do 17.*
Ania: ....
Pani: *Niestety, ale jeśli tę panią bardzo boli, to nie ma co czekać na doktora.*
Ania: ....
Pani: *Sprawdzę... O, ktoś odwołał wizytę do pani doktor Rozwadowskiej.*
Ania: ....
Pani: *Za godzinę. Pasuje pani?*
Ania: ....

`125E2` 🎧 239

DIALOG_1

Angela: *Dzień dobry. Nazywam się Angela Brown.*
Dentystka: *Zapraszam na fotel. Co się dzieje?*
Angela: *Strasznie bolą mnie zęby.*
Dentystka: *Zęby? A które?*
Angela: *Nie wiem, o tutaj.*
Dentystka: *Proszę otworzyć usta. Ten?*
Angela: *Auuu!*
Dentystka: *To tylko prawa górna ósemka, tak zwany ząb mądrości.*
Angela: *I co teraz?*
Dentystka: *Ząb jest zepsuty, przez chwilę będę borować, a potem założę plombę.*
Angela: *Ojej, a może lepiej usunąć tego zęba?*
Dentystka: *Na to, proszę pani, zawsze jest czas. Dam znieczulenie, nic nie będzie panią boleć.*
Angela: *Jest pani pewna?*

Ćwiczenie 2 `125E2`

Prawda czy nieprawda? Dlaczego?

	P	N
Ania zatelefonowała do gabinetu stomatologicznego.	✓	__
Angela idzie do doktora Kowala.	__	__
Angela nie czeka długo na wizytę.	__	__
Boli ją lewa dolna ósemka.	__	__
Dentystka chce usunąć ząb.	__	__
Angela dostanie uczulenie.	__	__

Ćwiczenie 3

Proszę napisać dialog „U dentysty".

Ćwiczenie 4 `125E3`

Proszę uzupełnić.

dziesiątka, trójka, szóstka, dziewiątka, jedynka, dwójka, czwórka, siódemka, piątka, ósemka

F PRZYPADEK TOMA

Ćwiczenie 1 `125F1`
Na podstawie komiksu proszę dokończyć list Toma do jego koleżanki Alicji.
Proszę użyć wszystkich podanych słów.

Kraków, 01.06.2010 r.

Droga Alicjo!
Tylko się nie denerwuj, ale leżę w szpitalu. Miałem naprawdę pecha! Dzień wcześniej długo uczyłem się ....
....
....
....
....
....

Pozdrawiam Cię serdecznie
TOM

PS. Piszę list, bo nie mam komórki, nie mam laptopa, czuję się jak bez ręki ;)

zaspać, budzik | kroić, skaleczyć się | upaść, kolano | zostać, ręka
uderzyć się, głowa | rozbić, widzieć | przypadek, wypadek | złamać, gips

POWTÓRZENIE G

Kto i dlaczego chodzi do tych lekarzy?

Do pediatry chodzą rodzice z małymi dziećmi na kontrolę albo kiedy je coś boli.

DERMATOLOG, LARYNGOLOG, OKULISTA, NEUROLOG, PEDIATRA, INTERNISTA, KARDIOLOG, PSYCHOLOG, STOMATOLOG, ORTOPEDA, GINEKOLOG

SAME PROBLEMY!
Lekcja_26

KOMUNIKACJA
wymiana informacji
prośby, reklamacje

SŁOWNICTWO
usługi
wypadek, kradzież

GRAMATYKA
tryb przypuszczający czasowników:
móc, chcieć

sprawa do załatwienia, usługi, pożar, wypadek, doładować kartę, korzystać, zepsuć się, naprawić, nieodpowiedzialny

nowe słowa

A. MAM TYLE DO ZAŁATWIENIA!

Ćwiczenie 1 (126A1)
Proszę podpisać szyldy i wyjaśnić, w jakich sytuacjach korzystamy z tych punktów usługowych.

1. szewc
2. krawiec
3. warsztat samochodowy
4. fryzjer
5. optyk
6. ksero
7. poczta
8. przychodnia
9. serwis RTV

- USŁUGI KRAWIECKIE szycie na miarę skracanie, przeróbki
- REPERACJA OBUWIA (*naprawa = reperacja*)
- NAPRAWY SPRZĘTU RTV CZĘŚCI ZAMIENNE USŁUGI GWARANCYJNE
- LISTY PACZKI PRZESYŁKI WPŁATY / WYPŁATY ABONAMENT RTV
- USŁUGI KSEROGRAFICZNE KOPIA A4 – 10 GR
- MODELOWANIE STRZYŻENIE
- NAPRAWY CZĘŚCI ZAMIENNE WULKANIZACJA OPON
- INTERNISTA, OKULISTA CHIRURG, GINEKOLOG PRACOWNIA DIAGNOSTYCZNA: badania laboratoryjne, analizy
- OKULARY, OPRAWKI OKULARY SŁONECZNE SOCZEWKI KONTAKTOWE

Ćwiczenie 2 (126A2)
Proszę posłuchać dialogów i zaznaczyć, z jakich punktów usługowych, kto będzie korzystać.

Tom ....4,........................
Javier ....
Uwe ....
Angela ....
Mami i Karolina ....
Joanna ....
Grzegorz ....

1. FRYZJER
2. Krawiec
3. SZEWC
4. SPRZEDAŻ BILETÓW MPK
5. KEBAB
6. PRZYCHODNIA
7. SERWIS RTV
8. POCZTA
9. OPTYK
10. WARSZTAT samochodowy
11. BANKOMAT
12. KSERO
13. KIOSK

172_ sto siedemdziesiąt dwa

Ćwiczenie 3

Proszę posłuchać dialogów jeszcze raz i uzupełnić tekst.

DIALOG_1

Javier: Tom, idziesz na pierogi?
Tom: Chętnie, ale potem lecę, bo mam kilka **spraw** do załatwienia.
Javier: Do czego?
Tom: Do …………………, hm trochę jak do zrobienia. Na przykład: muszę doładować moją kartę na tramwaj, kupić nowe ………………… do okularów, bo stare mi pękły, zapłacić ………………… na poczcie i iść do księgarni.
Javier: Warto zapamiętać: do za–ła–twie–nia. Ja też mam coś do załatwienia. Muszę ………………… notatki, które pożyczyłem od Angeli. Wiesz, ona ma fantastyczne notatki, a ja się chcę pouczyć przed testem.

DIALOG_2

Angela: Zostajesz ………………… film? Dziś są „Sami swoi". Stara, ale podobno fajna komedia.
Uwe: Tak, słyszałem, że to niezły film i chcę go ………………… . Wychodzę na moment ze szkoły. Mam ………………… do odebrania i jeszcze powinienem **skoczyć** do bankomatu.

skoczyć = pójść szybko po coś

Angela: Wiesz, a ja chyba ………………… po coś do jedzenia.

DIALOG_3

Karolina: Cześć Mami, co tam masz?
Mami: Kupiłam sobie spodnie.
Karolina: O, …………………!
Mami: Tak, ale chyba są trochę za długie.
Karolina: Rzeczywiście, trzeba je trochę ………………… . Po obiedzie idę do szewca, tam obok jest ………………… . Może skróci ci te spodnie od ręki.
Mami: Od ręki?
Karolina: Tak się mówi. To znaczy …… ………… .

DIALOG_4

wybierać się = iść

Karol: Hej, słyszę, że **wybieracie się** do ………… . Czy mogłybyście wziąć moją torbę?
Karolina: Po co?
Karol: Urwał się ………………… .
Karolina: Nie wiem, czy to się opłaca ………………… .
Karol: Fakt, ale możesz zapytać i sama zdecydujesz.
Karolina: Dobra, kasę poproszę.

Karol: Oddam ci potem. O kurczę! Muszę jeszcze ………………… komórkę. Możesz mi kupić kartę za 25 złotych?
Karolina: Nie za dużo chcesz?
Karol: Proszę cię, muszę się uczyć, a i tak idziecie ………………… kiosku.

DIALOG_5

Grzegorz: Jest już obiad?
Joanna: Będzie za moment. ………………… gdzieś?
Grzegorz: Tak, samochód się znowu ………………… .
Joanna: Coś poważnego?
Grzegorz: Chyba nie. Mam nadzieję, że ………………… mi to do jutra naprawi.
Joanna: Proszę, jedzenie gotowe. Aha, czy jak wrócisz, to ………………… wziąć psa na spacer? Ja nie zdążę, bo zaraz biegnę do fryzjera, a potem po wyniki badań do ………………… .
Grzegorz: Mam trochę pracy, dzieci nie mogą iść?
Joanna: Karolina ………………… do miasta, a Karol ma jutro test z łaciny. Spacer po parku dobrze ci zrobi.

PO CZYM? + MIEJSCOWNIK
KIEDY? po obiedzie
GDZIE? po parku

PO COŚ / PO KOGOŚ + BIERNIK
po chleb
po lekarza

po co? = dlaczego?

DIALOG_6

Grzegorz: Słucham?
Joanna: Cześć, to ja Joanna. Jesteś ………………… w domu? Co z samochodem?
Grzegorz: Jutro mam ………………… , powinien być po południu.
Joanna: Byłeś już z psem na spacerze?
Grzegorz: Yyy, ………………… wychodzimy.
Joanna: To świetnie, czy możesz wziąć mikser i … ………………… zanieść go do naprawy?
Grzegorz: Ale…
Joanna: Żadnego „ale", to ci ………… pięć minut!

26

Same problemy! | Mam tyle do załatwienia!

sto siedemdziesiąt trzy _173

26
Mam tyle do załatwienia! | Same problemy!

Ćwiczenie 4 (126A4)
Prawda czy nieprawda?

	P	N
DIALOG_1 Tom nie chce iść na pierogi.		✓
Tom musi doładować kartę do komórki.	__	__
Javier idzie zrobić kopię notatek.	__	__
DIALOG_2 Uwe idzie na pocztę.	__	__
„Sami swoi" to nie jest dobry film.	__	__
Angela chce kupić coś do jedzenia.	__	__
DIALOG_3 Karolinie podobają się spodnie Mami.	__	__
Mami musi iść do szewca, bo ma za długie spodnie.	__	__
Od ręki to znaczy zaraz.	__	__
DIALOG_4 Karol chce zreperować buty.	__	__
Karolina prosi brata o pieniądze na naprawę torby.	__	__
Kartę do komórki można kupić za 25 złotych.	__	__
DIALOG_5 Grzegorz będzie sam naprawiał samochód.	__	__
Joanna zdąży pójść z psem na spacer.	__	__
Joanna idzie najpierw do przychodni.	__	__
DIALOG_6 Grzegorz wrócił już ze spaceru.	__	__
Mikser jest zepsuty.	__	__

Ćwiczenie 5 (126A5)
Co pasuje?

naprawić — kartę
odebrać → spodnie
doładować — przesyłkę
skopiować — samochód
skrócić — notatki

Ćwiczenie 6 (126A6)
Proszę powiedzieć, co się zepsuło, co się urwało, co się stłukło, a co zawiesiło.

URWAĆ SIĘ

ZEPSUĆ SIĘ

STŁUC SIĘ

ZAWIESIĆ SIĘ

Ćwiczenie 7 (126A7)
Proszę opowiedzieć, co się stało?

Ale pech!

B CO ZA DZIEŃ!

26

Ćwiczenie 1
Proszę uporządkować dialogi.

DIALOG_1

☐	Tom:	*Nie powinnaś go wyrzucać, tylko reklamować. Gdzie go kupiłaś?*
☐	Angela:	*Najpierw urwał mi się pasek w sandale, potem uciekł mi tramwaj, a teraz umieram z głodu, bo sprzedali mi przeterminowany jogurt i muszę go wyrzucić. Co za dzień!*
☐	Angela:	*Masz rację. To niedaleko, zdążę przed lekcją.*
1	Tom:	*Angela, dlaczego jesteś taka zdenerwowana?*

DIALOG_2

☐	Angela:	*Niestety, nie.*
☐	Sprzedawczyni:	*To nic, pamiętam panią. Proszę zaczekać, zaraz go wymienię.*
☐	Sprzedawczyni:	*Proszę pokazać. Faktycznie, data ważności minęła wczoraj.*
☐	Angela:	*Dzień dobry, kupiłam dziś tutaj przeterminowany jogurt.*
4	Sprzedawczyni:	*Czy ma pani paragon?*
☐	Angela:	*No właśnie!*

Ćwiczenie 2
Proszę odpowiedzieć na pytania.

a) Kiedy reklamujemy towar?
b) Co to jest data ważności?
c) Co to znaczy przeterminowany?
d) Czego potrzebujemy, żeby reklamować produkt?
e) W jakiej sytuacji sprzedawca może nie przyjąć reklamacji?
f) Jaki znasz inny sens słowa „reklamować"?

Ćwiczenie 3
Składamy reklamacje.
Proszę napisać dialogi.

a) UWE - nowy modem nie działa.
b) ANGELA - wadliwie wykonane sandały
c) TY - dowolny produkt

C WYPADEK ZGUBA KRADZIEŻ

Ćwiczenie 1
Proszę uzupełnić dialog.

warsztatu, mogłabym, czas ✓, poważnego, niestety, uszkodzony, wszystko

Ania: *Halo!*
Iwona: *Cześć Aniu, nie dojadę na ...czas......... do szkoły. Czy mogłabyś poprowadzić za mnie lekcję?*
Ania: *Tak, ... Jesteś zdenerwowana. Czy coś się stało?*
Iwona: *Miałam mały wypadek samochodowy.*
Ania: *Coś ....?*
Iwona: *Na szczęście, nie. Taksówkarz wymusił pierwszeństwo, ja zdążyłam zahamować, ale samochód za mną - ...., nie.*
Ania: *Czy .... w porządku?*
Iwona: *Ze mną tak, tylko samochód jest trochę .... Teraz czekamy na policję, a potem chciałabym od razu pojechać do .... samochodowego.*

Ćwiczenie 2

Proszę połączyć synonimy.

- dojść, dojechać na czas — zdążyć
- wypadek — kraksa
- od razu — natychmiast
- zahamować — zatrzymać samochód
- uszkodzony — zniszczony, zepsuty
- zdenerwowana — zestresowana

Ćwiczenie 3

Prawda czy nieprawda?

	P	N
Iwona nie spóźni się do szkoły.	__	v
Iwona jest spokojna, bo nic się nie stało.	__	__
Wypadek był niebezpieczny.	__	__
Iwona nie zdążyła zatrzymać samochodu.	__	__
Samochód jest poważnie uszkodzony.	__	__
Iwona chciałaby pojechać do mechanika.	__	__

Ćwiczenie 4

Proszę przedyskutować jakie są najczęstsze przyczyny wypadków.

- alkohol
- zbyt szybka jazda
- ślisko
- wąska i kręta droga
- brak chodników dla pieszych
- nieprzestrzeganie (nierespektowanie) przepisów drogowych
- zmęczenie kierowcy

Ćwiczenie 5

Proszę uzupełnić tabele.

MÓC

r. męski		r. żeński	
mógł**bym**	mogli**byśmy**		
		mogła**byś**	
			mogły**by**

CHCIEĆ

r. męski		r. żeński	
		chciała**bym**	
	chcieli**byście**		chciały**byście**
chciał**by**			

Ćwiczenie 6

Proszę uzupełnić.

a) Czy ...*mogłybyście*... (wy, r. ż. –móc) zaczekać na mnie?
b) Czy Javier .... (chcieć) jechać z nami?
c) Czy państwo .... (chcieć) zobaczyć ten film?
d) Czy .... (ty, r. ż. –móc) pożyczyć mi notatki?
e) Czy oni .... (móc) nam pomóc?
f) Czy .... (móc) pan to powtórzyć?
g) .... (ja –r. ż. – chcieć) mówić tak dobrze po polsku jak ty.

26

Same problemy! | wypadek zguba kradzież

DIALOG_1

Mami:	*Javier? Co się stało?*
Javier:	*Zgubiłem notatki Angeli.*
Tom:	*To masz pecha, Angela miała zły dzień i na pewno nie będzie zadowolona.*
Mami:	*Może je zostawiłeś w domu?*
Javier:	*Nie. Pamiętam, że wychodziłem z nimi, miałem je jeszcze na przystanku, kiedy rozmawiałem z Elą.*
Tom:	*Kto to jest Ela?*
Javier:	*Yyy, sąsiadka.*
Tom:	*I co potem.*
Javier:	*Potem wsiadłem do tramwaju i też rozmawiałem z jakąś dziewczyną i potem wysiadłem i... i gdzieś zgubiłem te notatki.*
Mami:	*Wiesz, jesteś zupełnie nieodpowiedzialny.*
Tom:	*Powinieneś zadzwonić do Biura Rzeczy Znalezionych MPK, jeśli zostawiłeś je w tramwaju, to może ktoś odda.*

Ćwiczenie 7

Proszę odpowiedzieć na pytania.

a) Dlaczego Javier zgubił notatki?
b) Dlaczego Angela miała ciężki dzień?
c) Dlaczego Mami mówi, że Javier jest nieodpowiedzialny?
d) Jak myślisz, co powinien zrobić Javier, żeby przeprosić Angelę?
e) Jak myślisz, co powie Angela?
f) Jakie rzeczy ludzie gubią najczęściej i gdzie?
g) Czy ty często coś gubisz?
h) Jak reagujesz, jeśli ktoś zgubi ważną dla ciebie rzecz?

Ćwiczenie 9

Proszę opisać złodzieja.

Ćwiczenie 8

Proszę posłuchać dialogu i uzupełnić.

Policjant:	*Słucham pana?*
Tom:	*Ktoś ukradł mi ....*
Policjant:	*.......................... to się stało?*
Tom:	*W pubie. Miałem go w kieszeni w .... i powiesiłem kurtkę na krześle.*
Policjant:	*Czy miał pan jakieś dokumenty w portfelu?*
Tom:	*Nie. Karty kredytowe już zablokowałem, ale przyszedłem zgłosić kradzież, bo .... zarejestrowała mężczyznę, który .... portfel.*
Policjant:	*Dziękuję bardzo, to cenna informacja. Proszę jeszcze .... ten formularz.*

POWTÓRZENIE D

Ćwiczenie 1

Proszę połączyć synonimy.

zepsuty	do załatwienia
reperować	warto
przeterminowany	nie funkcjonuje
nie działa	uszkodzony
do zrobienia	naprawiać
opłaca się	data ważności minęła

Ćwiczenie 2

Co robisz, kiedy:

a) masz za długi płaszcz
b) chcesz naprawić buty
c) kupiłeś przeterminowane mleko
d) zgubiłeś dokumenty
e) masz zepsuty samochód

sto siedemdziesiąt siedem _177

Polski krok po kroku
dla studenta

Seria „Polski, krok po kroku" jest napisana **tylko po polsku**, gdyż właśnie taka metoda przekazywania materiału **przynosi najlepsze efekty**. W sposób naturalny wprowadza ona w system języka i od pierwszych momentów nauki **mobilizuje do mówienia wyłącznie po polsku**. Duża ilość ilustracji i materiałów audio sprawia, że **nauka przebiega** podobnie jak u dziecka, które obserwując świat i słuchając otoczenia, przyswaja język.

Podręczniki „Polski, krok po kroku" można także z powodzeniem wykorzystywać do **samodzielnej nauki języka polskiego**, gdyż są one zintegrowane z platformą internetową **e-polish.eu**. Dostępne w Internecie komentarze gramatyczne w różnych językach oraz rozbudowany **słownik multimedialny** umożliwiają pracę bez pomocy nauczyciela. Przy każdym ćwiczeniu w książce podano numer pozwalający na odnalezienie go na platformie e-polish.eu. Daje to możliwość sprawdzenia odpowiedzi do niego, zapoznania się z problemem gramatycznym, które ono ilustruje, posłuchania nagrań lub też zrobienia ćwiczeń alternatywnych, które pomogą utrwalić materiał czy wyjaśnić wątpliwości. Ponadto specjalny **system zapamiętywania** wiedzy ułatwia naukę, skracając czas potrzebny do opanowania nowych słów, zwrotów i wyrażeń.

for the student

Polski, krok po kroku is written **only in Polish**, as this method of presenting a new language **brings the best results**. It leads students into the language system in a natural way and from the very start **encourages you to speak in Polish**. As this handbook constitutes a part of a larger interactive course in Polish, available at **e-polish.eu**, it can equally be used for **studying on your own**. The website includes comments in different languages and a **multimedia dictionary**, which allows you to learn without the help of teachers.

Next to each exercise in the handbook there is a number which helps you to find the exercise in the Internet course and check the answers, listen to the recordings or do alternative exercises that will help in consolidating the material or explaining any doubts you may have. A special **memorisation system** shortens the time necessary for learning new words and phrases. Thanks to the large number of illustrations and audio materials, **learning comes naturally** - as it does with children, who acquire their mother tongue by observing the world and listening to the sounds that surround them.

Zarejestruj się i korzystaj bezpłatnie z wersji online podręcznika. Twój kod dostępu znajduje się pod płytą CD mp3.

Register to get free aceess to the online version of the coursebook. Your access code can be found under the mp3 CD.

Registrieren Sie sich und nutzen Sie kostenlos das Lehrbuch als Online-Version. Ihr Zugangskode befindet sich unter der CD mp3.

e-polish.eu/register

für Lernende

Das Lehrbuch *Polski, krok po kroku* wurde **nur auf Polnisch** verfasst, da dies die **erfolgreichste** Lehrmethode für den Fremdsprachenerwerb ist. Auf natürliche Art und Weise führt es ins Sprachsystem des Polnischen ein und **mobilisiert von Anfang an, ausschließlich Polnisch zu sprechen**. Dieses Lehrbuch ist Teil des interaktiven Polnischsprachkurses, der unter der Adresse **e-polish.eu** zugänglich ist. Er kann folglich auch zum **selbständigen Lernen** genutzt werden. Auf der Internetseite sind weiterhin Kommentare in verschiedenen Sprachen, sowie ein **multimediales Wörterbuch** zu finden, was das Lernen auch ohne die Hilfe des Lehrers möglich macht.

Bei jeder Übung im Lehrbuch ist die Nummer angegeben, die es ermöglicht, die jeweilige Übung im Internetkurs zu finden, die Lösungen zu überprüfen, die Aufnahmen abzuhören sowie alternative Übungen zu machen, die den entsprechenden Lernstoff noch einmal vertiefen oder auch helfen, Fragen zu klären. Das im Kurs vorgeschlagene besondere **Lernsystem verkürzt die Lernzeit**, die nötig ist, sich neue Vokabeln und Wendungen zu merken. Dank zahlreicher Illustrationen und Audioaufnahmen findet das **Lernen auf natürliche Weise** statt – so wie bei einem Kind, das sich die Sprache aneignet, indem es die Welt beobachtet und der Umgebung zuhört.

nazewnictwo, oznaczenia i skróty

samogłoska	vocalis	vowel	Vokal
spółgłoska	consonantis	consonant	Konsonant
czasownik	verbum	verb	Verb
bezokolicznik	infinitivus	infinitive	Infinitiv
rzeczownik	substantivum	noun	Substantiv
przymiotnik	adiectivum	adjective	Adjektiv
przysłówek	adverbium	adverb	Adverb
zaimek	pronomen	pronoun	Pronomen
przyimek	praepositio	preposition	Präposition
liczebnik	numerale	numeral	Numerale

PRZYPADEK	CASUS	CASE	FALL
mianownik	nominativus	nominative	Nominativ
dopełniacz	genetivus	genitive	Genitive
celownik	dativus	dative	Dativ
biernik	accusativus	accusative	Akkusativ
narzędnik	instrumentalis	instrumental	Instrumental
miejscownik	locativus	locative	Lokativ
wołacz	vocativus	vocative	Vokativ

CZAS	TEMPUS	TENSE	TEMPUS
przeszły	perfectum	past	Perfekt
teraźniejszy	praesens	present	Präsens
przyszły	futurum	future	Futur

 **rodzaj męski** *masculinum* *masculine* *maskulin*

 rodzaj żeński *femininum* *feminine* *feminin*

 rodzaj nijaki *neutrum* *neutral* *neutral*

 oficjalnie
formally *offiziell*

 nieoficjalnie
informally *inoffiziell*

 uniwersalnie
universally *universell*

🎧 materiał dźwiękowy
audio material
Audioaufnahme

✏️🎧 przed wysłuchaniem nagrania należy wykonać ćwiczenie
do the exercise before listening to the recording
vor dem Abhören der Aufnahme zuerst die Übung machen

 czasownik lub przyimek statyczny
static verb or preposition
Verb oder Präposition statisch

 czasownik lub przyimek dynamiczny
active verb or preposition
Verb oder Präposition dynamisch

l. poj. liczba pojedyncza *singularis* *singular* *Singular*

l. mn. liczba mnoga *pluralis* *plural* *Plural*

 numer ćwiczenia w kursie e-polish.eu
number of the exercise in the e-polish.eu course
Nummer der Übung im Kurs: e-polish.eu

należy je sprawdzić przed lekcją w słowniku
words that have to be checked in a dictionary before the lesson
Vokabeln, die vor der Lektion im Wörterbuch nachzuschlagen sind

tak, nie, proszę, dziękuję, przepraszam, nie rozumiem, nie wiem → **nowe słowa**

Polski krok po kroku
dla nauczyciela

Drodzy nauczyciele!

Mamy nadzieję, że „Polski, krok po kroku" spełni Wasze oczekiwania i pomoże Wam przygotowywać ciekawe, żywe i przynoszące szybkie efekty lekcje. Szczegółowe rady i sugestie jak pracować z podręcznikiem znajdziecie w materiałach dla nauczycieli dostępnych na stronie **e-polish.eu**. Poniżej tylko kilka najważniejszych uwag.

TYLKO PO POLSKU

Książka *Polski, krok po kroku* jest napisana **tylko po polsku**, gdyż taka metoda przekazywania materiału **przynosi najlepsze efekty**. W naturalny sposób wprowadza ona uczącego się w system języka, pozwala uniknąć podświadomego tłumaczenia z własnego języka na polski, co często prowadzi do używania błędnych konstrukcji, a przede wszystkim od pierwszych momentów nauki **mobilizuje do mówienia wyłącznie po polsku**. Opracowując podręcznik autorki wykorzystały swoje bogate, wieloletnie doświadczenie pracy w międzynarodowych grupach, gdzie zajęcia prowadzone są tylko w języku polskim.

INTUICYJNE TABELE GRAMATYCZNE

Ćwiczenia, dialogi, tabele gramatyczne są tak przygotowane, że student nie potrzebuje komentarza w swoim języku. **Wiele reguł uczący się mogą odkrywać sami**, również nowe słowa zwykle wyjaśniane są w kontekście. Warto przyzwyczaić studentów do tego, żeby zanim spytają, co znaczy słowo lub sięgną po słownik, doczytali dialog do końca.

W podręczniku bardzo ważna jest kolorystyka, dzięki niej tabele gramatyczne i wszystkie **zestawienia reguł są przejrzyste**, mogą być intuicyjnie uzupełniane przez studentów, a kolory dodatkowo ułatwią zapamiętanie nowych końcówek.

MATERIAŁY UZUPEŁNIAJĄCE

Podręcznik jest zintegrowany z platformą internetową **e-polish.eu** oferującą ponad dwa tysiące gotowych materiałów uzupełniających do nauczania języka polskiego jako obcego - takich jak: ćwiczenia i dialogi, gry komunikacyjne, plansze, fiszki i komentarze gramatyczne. Ponadto do każdej lekcji przygotowany jest praktyczny komentarz dla nauczyciela oraz testy sprawdzające opanowanie materiału.

Przy każdym zadaniu i tekście w podręczniku podano numer, który pozwala odnaleźć je w wersji online. Daje to możliwość sprawdzenia odpowiedzi do ćwiczeń, posłuchania nagrań, przejrzenia ćwiczeń alternatywnych (utrwalających materiał lub poszerzających jego zakres) oraz znalezienia dodatkowych tekstów i dialogów.

Dlatego też sugerujemy, aby przy planowaniu lekcji sprawdzić, jakie dodatkowe materiały są dostępne na **e-polish.eu** oraz by zapoznać się z uwagami w podręczniku dla nauczyciela.

Aby bezpłatnie korzystać z platformy **e-polish.eu** podczas rejestracji należy wprowadzić kod dostępu znajdujący się pod płytą CD mp3.

e-polish.eu/rejestracja

INSPIRACJE DO MÓWIENIA

Atutem książki jest **bogactwo słów i zwrotów**, także tych z języka codziennego. Materiał gramatyczny jest zawsze wprowadzany **w kontekście sytuacji komunikacyjnych**. Często zamiast typowych ćwiczeń gramatycznych, studenci znajdą dialogi do uzupełniania, by w bardziej naturalny sposób opanowali nowe końcówki. Duży wybór standardowych ćwiczeń znaleźć można w materiałach dla nauczycieli na stronie **e-polish.eu**.

Ponieważ obawialiśmy się, że nasz podręcznik rozrośnie się do wymiarów przysłowiowej cegły, zrezygnowaliśmy z wypisywania oczywistych instrukcji i pytań typu: „Proszę ułożyć analogiczny dialog.", „Jak lubisz spędzać wolny czas?", „Proszę zapytać kolegę, co zwykle je na śniadanie.", „Co robiłeś w weekend?" czy „Proszę opisać obrazek.". Miejsce tych poleceń zajęła dodatkowa grafika oraz fotografie, które nie pełnią jedynie funkcji dekoracyjnej, ale mają służyć jako **zachęta do samodzielnego swobodnego mówienia**.

Z doświadczenia wiemy, że często studenci potrafią bezbłędnie rozwiązać wszystkie ćwiczenia, ale niestety nie umieją mówić. Zdarza się, że do szkoły przyjeżdża ktoś po rocznym kursie, świetnie rozwiązuje test, a potem w czasie rozmowy jest w stanie powiedzieć jedynie kilka podstawowych zdań - tyle, ile nasi studenci mówią po tygodniu intensywnego kursu. Dlatego tak ważne jest, by **wykorzystywać każdy pretekst do mówienia**. Jeśli w podręczniku jest na przykład ramka ze słowami: ambitny, atrakcyjny, energiczny itd. - to na pewno nie jest tylko po to, by przeczytać przykłady, ale po to, żeby student opowiedział jaki jest, jacy są jego koledzy w grupie, a jakie osoby na fotografii. Gdy jest ćwiczenie do tekstu typu „Prawda czy nieprawda?" to jego głównym celem nie jest postawienie znaczka w odpowiednim miejscu, ale zadanie pytania „Dlaczego?", które **zmusi studentów do samodzielnego formułowania zdań**.

Wszystkie pomysły i sugestie, jak najlepiej wykorzystać materiał z podręcznika, są zamieszczone w szczegółowym opisie do każdej z lekcji pod adresem **e-polish.eu**.

BOGATY WYBÓR MATERIAŁÓW AUDIO

Podręcznik obfituje w materiały do słuchania. Nagrane są nie tylko wszystkie dialogi, ale także spora część ćwiczeń, gdyż **rozumienie ze słuchu jest podstawą dobrej komunikacji**.

PRZEJRZYSTY UKŁAD LEKCJI

Każdy rozdział ma ten sam układ.

Nowe słowa, które znajdują się na początku każdej lekcji, to lista haseł dla studenta, które powinien on sprawdzić w słowniku przed zajęciami. Zwykle nie są to słowa kluczowe tylko te, które nie są zilustrowane czy wyjaśnione w kontekście.

Wszystkie lekcje podzielone są na mniejsze części odpowiadające wprowadzanemu materiałowi leksykalnemu i gramatycznemu. **Podtytuły** na marginesach ułatwiają śledzenie ich zawartości.

Powtórzenie w formie dialogów, ćwiczeń, ilustracji lub krzyżówek zamyka każdy rozdział.

Życzymy owocnej pracy!
Autorki